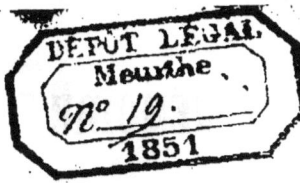

MÉMOIRE

D'UN

VOYAGE A PIED

EN ITALIE.

Par Chavouy.

NANCY,

IMPRIMERIE DE HINZELIN ET Cᵉ, PLACE DU MARCHÉ, 67.

1851

MÉMOIRE

D'UN

VOYAGE A PIED

EN ITALIE.

———◆———

Italie, Rome, Naples, Florence, leurs produits, leurs merveilles, leur histoire, vingt ans d'études, de contemplations, de rêveries, qui vont saisir, palper ces rêves de l'imagination ; avec quel charme, quel élan, ces grands noms, ces grandes choses appellent l'âme déjà imprégnée de leurs images !

Nous les visiterons, nous recueillerons, pas à pas, leurs impressions, leurs enseignements sublimes !

Hâtons-nous de franchir l'espace qui nous en sépare.

Le pas rapide des chevaux sera lent pour nous porter à Langres, où nous arrivons au lever du jour.

On le voit de loin au sommet de sa montagne, élever vers le ciel ses pans démantelés de tours et de murs, débris de tous les temps, de tous les empires.

Son aspect embellit ses environs ; ceux-ci le lui rendent avec usure. Pendant la halte du déjeûner, je cours au clocher, d'où je contemple son vaste horizon majestueusement encadré par les Vosges, le Jura, et les sommets lointains des glaciers de la Suisse ; tandis que sous mes pieds se déroulent, dans de gracieux contours, les trois vallées dont les eaux coulent vers trois mers différentes. Là, en effet, naît la Saône, qui porte son tribut à la Méditerranée ; la Marne, tributaire de l'Océan, et la Meuse qui traverse notre Lorraine, pour aller mêler ses eaux fécondes aux flots glacés de la mer du Nord.

De là jusqu'à Dijon, des vignes, des champs fertiles étalent leurs richesses. Les villages y sont nombreux ; mais le regard habitué à l'aspect vif et gai de la tuile, se fait difficilement à celui de toitures de pierres, qui semblent écraser les habitations qu'elles abritent. De ces constructions si lourdes, il se porte avec joie vers la flèche élancée de la cathédrale de Dijon, qui proclame le nom déjà méridional de Bourgogne. Cette flèche de 100 mètres de hauteur, a chancelé sous son propre élan ; pliée sur elle-même, elle menace ruine.

Mais une gloire qui monte plus haut et qui ne fléchira jamais, c'est l'histoire de Dijon, antique capitale d'un empire puissant; c'est son auréole de gloire, dont les fleurons portent les noms des Ducs Philippe, Jean, Charles; les noms de Bossuet, Buffon, Daubenton, Crébillon, Soufflot, Crecy, Monge, Carnot et tant d'autres de ses fils, qui ont brillé par leurs vertus autant que par leur génie.

De beaux édifices y conservent des restes de grandeur. Le Palais-des-Etats orne noblement la Grande-Place; un nouveau théâtre élève son portique sur huit colonnes corinthiennes; deux églises, celle de Notre-Dame et surtout celle de Saint-Michel, construite par Sambino, émule et ami de Michel-Ange, y représentent dignement l'architecture gothique. Un vieux château construit par Louis XI, a vu effacer les dernières traces de ses lugubres souvenirs, pour faire place à une jolie promenade, tandis que de l'autre côté, mais peut-être un peu trop loin de la ville, le Parc ouvre ses majestueuses avenues entourées de frais ombrages.

De Dijon à Châlons, règne une plaine de vingt lieues, source inépuisable de richesses. La route y suit, à courtes distances, des côteaux plus riches encore. C'est là qu'on cultive et récolte les vins qui vont chez tous les peuples du monde, faire envier à la France le sol qui lui ouvre les trésors de Beauregard, de Clos-Vougeot et de cent autres lieux célèbres par leurs délices. En ces lieux fortunés, la volupté trouve à chaque pas un nom cher à sa mémoire, un nom qui lui dit que là se distillent les vins délicats et énergiques, aliment de la gaîté et de la vivacité française, cette gaîté, tipe national qui en est l'image, comme aussi peut-être elle en est le fruit.

On s'arrête à Baune pour payer tribut à la renommée de son vin, déjà si goûté au XIVe siècle, que les Papes et Anti-Papes d'Avignon le regardaient comme un cinquième élément, et que, disait Pétraque: « Si les Papes ne veulent pas retourner en Italie, c'est que Baune est en France. »

Quant au tribut, il n'est que trop vrai qu'on nous le fait payer, mais le vin qu'on nous donne n'a rien de bien divin, pas même de papal; de sorte que nous partons un peu désenchantés, sinon des Papes, du moins de leur vin.

Châlons est situé à l'issue de ce riche pays, comme un port sur un heureux rivage, pour en exporter les produits. Il est de plus l'entrepôt du Nord, de l'Ouest et du Sud, qui y portent leurs grandes artères commerciales, la Saône, le canal du Centre, celui de Bourgogne et celui du Rhin. La Saône est couverte de barques qui chargent ou déchargent des marchandises.

Les derniers rayons du jour qui s'abaissent sur ce beau spectacle, me le laissent à peine entrevoir, que déjà la cloche du bateau-poste annonce le départ.

De nombreux voyageurs accourent avec force malles et paquets, femmes et enfants. Les chevaux commencent leur demi-trot, leur demi-pas ; la brume et la fraîcheur chassent les passagers dans les chambres, où ils fument, boivent et chantent ; tout y est sale pour les oreilles comme pour le nez et les yeux. Je préfère la pluie qui m'accueille sur le pont ; là, du moins, je puis résumer en paix les impressions de mon voyage, y associer les souvenirs, les affections de la famille et de l'amitié ; je puis, dans l'isolement du silence et de la nuit, me livrer avec mélancolie et ravissement aux idées qui m'entraînent.

Au point du jour, nous sommes en vue de Mâcon.

Bientôt nous atteignons ses quais élevés ; nous passons sous le pont qui l'unit au bourg de Saint-Laurent ; pont de triste mémoire, car c'est de là que, en 1556, le cruel De Point, gouverneur de Mâcon, fit jeter à la Saône un grand nombre de protestants.

Le soleil du matin a dissipé les brumes de la nuit ; c'est à sa douce clarté, à sa douce chaleur, que nous contemplons le cours et le bassin du fleuve ; tantôt s'approchant d'une chaîne de collines, il prête son brillant miroir aux tableaux qui les décorent ; tantôt il s'en écarte pour appeler les regards vers les vastes plaines de la Bresse et leur enceinte de montagnes ; partout ses rives sont animées par une foule de bourgs et de villages qui y puisent et y donnent l'abondance et la vie.

Parmi tant de beaux sites, un village se distingue ; c'est Irotiers, délicieusement placé au pied d'un massif de côteaux couronnés de vignes et de bosquets. Ces côteaux forcent la Saône à un long détour ; mais un sentier qui les traverse, offre aux voyageurs une occasion charmante de substituer, pour quelques instants, l'excitation de la marche, au mouvement insensible et monotone du bateau.

Trévoux que l'on trouve à la descente, est petit, mais riant comme tout ce qui est entouré de sourires.

Sans doute, pour attirer des habitans dans un tel lieu, les anciens seigneurs n'ont pas dû imiter ceux de Villefranche sa voisine, qui, pour peupler leur ville déserte, avisèrent l'étrange moyen de proclamer dans les environs, que quiconque viendrait s'y établir, aurait le droit de battre sa femme jusqu'au sang, sans être pour ce, recherché ni puni par leur haute et puissante justice.

La ville s'est peuplée. Quant à savoir si les femmes sont plus douces et soumises à Villefranche ; si elles sont moins battues à à Trévoux, la chronique actuelle n'en parle pas.

A partir de Trévoux, de nombreuses maisons de plaisance annoncent l'approche de Lyon. Parmi elles on remarque la Folie-Guyot, où le caprice d'un riche commerçant a imité des monuments de tous les temps et de tous les lieux, depuis la ruine féodale ou romaine, jusqu'au kiosque chinois, et la mosquée turque.

Ici, la Saône, jalouse de ses rives, s'est parsemée d'iles qui leur disputent le prix de la fraîcheur, de la richesse et de l'élégance. L'art s'est joint à la nature pour orner l'une d'elles, l'île Barbe, rendez-vous de fêtes pour la population de Lyon et de ses environs. La Saône alors se couvre de barques élégantes où une jeunesse brillante fait entendre le bruit des jeux, les éclats de la joie.

Mais les rives cessent, et nous longeons des quais surchargés de maisons, surchargées elles-mêmes de rues qui les surmontent. Sur les ponts, sur les quais, dans les rues, circule à flots pressés une population active, affairée. Bientôt le bateau aborde, et, au milieu de ce dédale mobile, à travers des rues tortueuses, sales et sombres, je vais chercher mon gîte.

C'est une sensation difficile à décrire que le trouble, le brisement d'idées qui me saisissent dans cette grande ville, la première que j'aie visitée. Qu'il y avait loin de là, aux scènes grandes, mais calmes et douces, qui s'étaient succédé dans le cours de la journée ; qu'il y avait loin de là, aux scènes majestueuses, imposantes, mais si calmes aussi, de mon voyage en Suisse !

La nuit eut peu de sommeil ; il fallait classer dans le souvenir et l'imagination, ce que j'avais vu, ce que j'avais à voir.

Un beau soleil m'appelle de bonne heure au milieu du mouvement qui déjà agit et résonne dans le grand atelier, cœur de notre industrie.

Je suis ce mouvement qui me porte sur l'antique Pont-de-Pierre, d'où je revois la Saône couverte de barques ; les quais couverts de marchandises, que reçoivent ou expédient les magasins qui les bordent. Des cafés, des hôtels y étalent à l'envi, le luxe et l'élégance.

Au milieu de ce tableau de couleurs si vives, la vieille cathédrale aux formes lourdes, aux teintes sombres, semble une tombe plutôt qu'un souvenir du passé.

Le pont de Tilsit, riche d'un nom glorieux, riche de formes et de matériaux, me ramène à la rive gauche, vers la place Bellecour qui mérite peut-être trop bien son double nom : En effet, elle est grande, elle est belle, mais l'uniformité de son cadre y donne trop l'aspect d'une cour. Elle est loin, à cet égard surtout, d'avoir l'ensemble si élégamment coordonné, de notre place

Stanislas avec sa gracieuse et noble perspective des Trottoirs et de l'Arc-de-Triomphe.

Tout ce cadre de Bellecour est neuf; mais cette nouveauté, son éclat rappellent les ruines d'où elle est sortie. Ces façades élégantes et fraîches, sont bâties des débris qui ont croulé sous les boulets révolutionnaires, alors que Couthon, impuissant à marcher, mais disputant à d'autres, une joie cruelle, se faisait porter près des édifices qu'il voulait signaler à la fureur populaire, et les touchant de son marteau, disait ces mots d'un laconisme terrible : « La loi te frappe ; tu n'es plus. » Alors que son collègue Collot d'Herbois, écrivait en lettres de sang, à la Convention : « Lyon a été criblé, percé comme une écumoire ; Lyon n'est plus ! »

Une statue bronze de Louis XIV, ou plutôt, de son cheval, occupe le milieu de la place. C'est l'œuvre estimée de Lemot, sculpteur lyonnais.

De là, les quais du Rhône, bordés d'hôtels somptueux, se relient par deux ponts d'une construction hardie, aux faubourgs, ou plutôt aux deux villes industrielles de la Guillotière et des Brotteaux.

Moins de commerce, mais plus de grandeur et de luxe caractérisent ces quais du Rhône ; ils ont de plus l'avantage d'une perspective qui s'étend à la rive gauche, jusqu'aux Alpes de la Savoie.

L'espace est large, l'air y est sain. C'est là que, au milieu des palais de l'opulence, la bienfaisance a élevé celui de l'infortune, l'Hôtel-Dieu, l'honneur de Lyon et de la France ; l'Hôtel-Dieu où, selon sa devise et le vœu de ses fondateurs, 1,800 lits sont prêts en tout temps, à accueillir ceux qui, nationaux ou étrangers, peuvent dire : « Secourez-moi ! » L'habile construction des salles, leurs vastes dimensions, l'air pur qui y circule, les soins intelligents et attentifs que les malades reçoivent d'une charité à la fois fraternelle et maternelle, tout contribue à faire de cet asyle des douleurs, celui de leur soulagement et de leur consolation.

Plus ornée, plus riche d'architecture, plus heureuse aussi que la place Bellecour, celle des Terreaux, échappant à la rafale révolutionnaire, a conservé son Hôtel-de-Ville, l'un des plus beaux de l'Europe.

Au-delà, à l'entour, c'est de nouveau le dédale des rues tortueuses, étroites, puantes, étouffées sous des façades de sept et huit étages qui les laissent sans air ni jour. Comment un Jacquard a-t-il pu y trouver une étincelle du génie ? Comment la race industrieuse des Canuts peut-elle y conserver le feu de l'inspiration, qui y crée tant de chefs-d'œuvre ?

Cependant Lyon, comme tant d'autres villes anciennes, sort

de son enceinte devenue trop étroite, et se répand, s'étale à l'air et à la lumière, dans les plaines, sur les collines qui l'environnent.

Plusieurs rues nouvelles montent du quartier des Terreaux, à celui de la Croix-Rousse, ville nouvelle aussi, bâtie sur le plateau élevé qui sépare les bassins du Rhône et de la Saône.

Une de ces rues mène au Jardin botanique, où sont réunies les plantes qui ont à la fois le caractère de la rareté et surtout celui de l'utilité. La situation avantageuse de ce lieu, relevé à la pente du côteau; le bon goût de son dessin et sa proximité de deux quartiers populeux, en font un but précieux de promenade pour les habitants, qui y trouvent ce qu'on devrait trouver dans tous les jardins publics, l'utile uni à l'agréable.

Plus haut, à une des saillies du plateau, pour montrer dans sa grandeur, le magnifique tableau qu'on y découvre sur les deux fleuves, et les quatre villes qui se pressent à leurs rives, un Lyonnais construit une tour à laquelle il donnera 100 mètres de hauteur. Elle en a atteint 40, et déjà, de cette élévation, on jouit d'un panorama admirable. Cette tour aura aussi son but utile; elle servira d'observatoire astronomique (1).

Je reste au sommet jusqu'à ce que j'aie vu les derniers rayons du jour se réfracter en mille nuances de pourpre et d'azur, sur les brumes légères, sur les vapeurs transparentes qui montent vers le ciel, comme une hymne du soir, doucement accentuée par les bruits lointains des rues et des ports. Déjà ces vapeurs sont devenues des ombres qui voilent tout autour de moi; au loin, vers l'Orient, je vois encore des jets de vive lumière rejaillir du manteau étincelant des glaciers des Alpes, et du diadème que leur roi, le Mont-Blanc, porte au-dessus de leurs têtes.

Au retour, j'avais projet de visiter le théâtre; je ne pus me résoudre à y enclaver l'expansion de mon extase.

Grâce à la marche retardataire de notre industrie, le Rhône n'a pas encore été subjugué par la vapeur; il n'a pas encore vu ses flots pourfendus par ces géants qui, sans ailes ni bras, glissent comme de monstrueux reptiles, à la surface des eaux qu'ils déchirent de leurs griffes; il n'a pas encore vu sa blanche écume ternie par leur noire et pesante haleine; il n'a vu, il ne porte sur ses flots indomptés, que des barques légères, dont il se joue selon ses caprices, auxquelles il permet de suivre, mais jamais de remonter son cours.

(1) Depuis que j'y ai monté, le sol ayant fléchi sous le poids de cette construction Babélienne, elle s'est écroulée, et malheureusement on ne doit pas, dit-on, en relever les ruines.

Notre barque de départ semble une coquille détachée du rivage; d'environ quatre mètres sur deux, elle contient une douzaine de voyageurs et deux bateliers.

Aussi, à peine sortie du lit calme de la Saône, à peine saisie par le courant du fleuve, elle part avec la rapidité de la flèche; elle se balance avec la légèreté d'une feuille qu'un vent d'automne a jetée sur un torrent. Les flots se jouent d'elle; elle se joue sur les flots. Le fleuve, ses rives, ce mouvement animé qui nous entraîne, tout cela a du charme. Bientôt la scène grandira; nous assisterons à une lutte du Rhône contre un ennemi digne de lui, le *Mistral*, qui, soufflant du sud, le refoule, bourrèle sa surface, et saccade, ou souvent même, suspend entièrement notre marche.

Nous ne sommes pas sans souffrir des coups que se portent ces violents ennemis. A tout instant notre barque est traversée par des flaques qui nous pénètrent d'eau et de froid; car c'est un des caractères du *Mistral*, d'amener tout à coup, au sein de l'été, dans ces pays méridionaux, la température de nos pluies d'octobre. La pluie non plus ne manque pas de l'accompagner.

C'est une vraie navigation qui a ses inconvénients, peut-être même, ses dangers; mais elle a aussi son côté pittoresque, rendu presque dramatique, par les craintes et les cris de quelques passagers, qui tiennent peu de compte à la barque, de la grâce et de la prestesse de ses mouvements.

Ce n'est pour ainsi dire, qu'à la dérobée, que je puis songer à observer les rives qui cependant, surtout celle de droite, prennent du caractère.

Ainsi nous avons longé le chemin des Etroits, sans y évoquer les mânes de Rousseau et d'Héloïse, qui, du reste ne se seraient peut-être pas beaucoup empressés d'accourir, par un temps si peu fait pour la promenade dans les roseaux. Nous passons de même devant Givors et son canal, sans lui savoir beaucoup de gré, du tribut de ses eaux dont nous n'avons que faire. Saint Simphorien et sa poste aux ânes; Vienne et ses hauts quais, et les belles ruines de son pont; la fameuse Côte-Rôtie, alors fort peu rôtie, passent presque inaperçus derrière leur voile épais de brume et de pluie. Enfin nous arrivons à Condrieux, où nous attend une de ces jouissances que ne goûteront jamais ceux qui n'auront pas souffert : Trempés, morfondus, affamés, nous y trouvons bon feu, bonne table, bon vin. Et ce n'est pas un seul feu, un seul dîner, mais vingt feux, vingt dîners qui nous attendent. Car dès-lors, à chaque point de relâche, on voit accourir au rivage, les hôtes et hôtesses de toutes les auberges, qui vous prennent par le bras, par l'habit, en vous disant, vous criant : « Venez donc, mon petit; venez donc, ma belle dame; n'allez pas chez ceux-là, qui n'ont rien, vous pouvez me croire;

pas de soupe, ma chère; et du vin, mon fils; venez voir quel vin, moi, que je vous donne! »

Et on ne va pas; on est tiré, poussé; et, grâce à la concurrence, si on paie grassement, le dîner n'est pas maigre.

On se quitte contents les uns des autres. Nous serons aussi plus satisfaits du temps, qui est devenu moins pluvieux; mais le vent toujours plus violent, entrave encore plus notre marche. Le fleuve irrité devient menaçant; la scène est sévère; cependant elle nous donne pour un moment un intermède très-plaisant : Un grenadier Corse, fatigué de plusieurs étapes, s'était couché à l'avant, où il dormait délicieusement bercé par les mouvements de la barque, quand au détour d'un rocher, un flot vint retomber et se briser sur la tête du dormeur. Tout grenadier qu'il était, on peut se figurer sa frayeur à un tel réveil; il se croyait au fond du Rhône.

La nuit nous arrête à Saint-Vallier.

Le lendemain, encore la pluie, encore le vent, même le froid. C'est vraiment dommage de ne pouvoir observer plus à loisir les rives du Rhône, leurs rochers pittoresques; les vignes qui les tapissent; les bourgs et les villages qui en occupent tous les replis; les ruines qui en couronnent les sommets.

Ce n'est pas sans admiration, cependant, que nous passons sous le pont de Tournon, pont suspendu, qui en deux bonds, franchit toute la largeur du fleuve, pour joindre les rochers stériles du Vivarez, aux côteaux vineux du Valentinois.

Un peu plus bas, les eaux du Rhône sont doublées par celles de l'Isère, gonflée alors par les pluies torrentielles des Alpes, et par la fonte de leurs neiges.

Puis vient Valence, avec son aspect romantique, ses rochers brodés de fortifications en ruines; ses environs aussi ornés que riches. Là, enfin, le Mistral las de souffler, et la pluie lasse de tomber, cessent de nous battre et de nous baigner. L'air est calme; le soleil brille, et le Rhône, désormais sans entrave, reprend sa rapidité. Des rochers traversent son cours; il s'y lance comme dans une vanne.

Notre seconde halte est à Viviers, où les inconvéniens d'une misérable auberge, sont compensés par la gaîté d'une réunion nombreuse de voyageurs. On prolonge la veille pour abréger le temps qu'on aura à passer dans de mauvais lits; et le lendemain, c'est avec joie encore, que nous saluons le beau jour qui nous appelle.

Notre petite troupe s'est accrue de quelques passagers, dont trois surtout vont jouer le principal rôle dans notre intérieur : C'est une dame déjà âgée, accompagnée de sa fille, jeune, jolie, à l'air roman de petite ville, et un jeune homme portant moustaches et barbe d'artiste, avec l'accessoire d'un porte-feuilles et de crayons. Il a pour la mère, des attentions qui ne sont pas d'un fils; il a pour la jeune personne, des prévenances, des regards, des demi-mots qui ne sont pas d'un frère. On porte vers le ciel et on ramène vers lui, des regards qui ne sont pas d'une sœur. Il y a des soupirs, il y a des sourires; il y a des exclamations sur les beautés de la nature, sur ses harmonies qui parlent à l'âme. La mère couve tout cela d'un regard d'affection et d'anxiété. C'est un roman que je m'amuse à lire pendant un trajet assez long, parmi de nombreuses îles et des rives sans relief.

Tout-à-coup, ma lecture est interrompue par la mère, qui s'écrie avec effroi : « Ah! le pont Saint-Esprit! bateliers, les eaux sont trop hautes; nous ne pourrons pas passer; nous périrons! Bateliers, je veux descendre! — Ouich! Est-ce que nous remontons, par exemple? » lui répond une voix râpeuse : « Soyez tranquille, la mère, vous descendrez, et du bon coin; c'est moi qui vous le dis, a pas peur, cabasse. » Et Hélina saisit la main de Paul, comme pour lui dire : « Quel bonheur de mourir ensemble! » Et Paul se passe la barbe et les moustaches, sans doute pour effrayer la mort; et notre barque, plus rapide que la parole, plus prompte que le regard, dardée d'abord contre une des piles, est détournée par un vigoureux coup d'aviron qui la met au fil de l'eau. Le gouffre est franchi, et cependant longtemps encore nous dansons sur ses vagues agitées.

Hélina a resserré la main de Paul, mais cette fois sans doute, pour lui dire : « Quel bonheur de vivre ensemble! » Paul a repassé sa barbe et ses moustaches, sans doute pour lui dire : « Avec celles-là, tu n'as rien à craindre. » Et moi, je recommençais mon roman, quand un nouvel incident vint le clore d'une manière assez peu romantique. L'âme d'Hélina avait été grande comme le danger; mais sa constitution délicate avait été ébranlée par tant d'émotions, non moins que par l'élancement et les ressauts de la barque. Je vis ses traits se contracter pour réprimer quelques soubresauts de ses épaules et de son menton. Elle ne répondait plus à Paul. Enfin, je la vis se retourner et.... confier au Rhône la cause de ce silence, de ces contractions. Le fleuve discret n'en décéla rien; mais, dès ce moment, soit souffrance de l'héroïne, soit désenchantement du héros, les soupirs, les regards au ciel cessèrent.

Heureusement, peu de temps après, nous aperçûmes Avignon. Cette vue rendit à Hélina son inspiration, ses regards, ses soupirs; Paul reprit son album, passa ses crayons dans ses moustaches, et puis tout se confondit, se perdit dans les cris, le tumulte du quai.

Ce tumulte, à Avignon, est presque un combat : Une multitude de porte-faix, aux traits, aux regards, aux gestes convulsifs, viennent vous demander de porter vos effets, et en même temps vous les prennent, vous les arrachent, vous arrachent vous-même, sans qu'on puisse, sans qu'on ose leur résister. Pour moi, mon sac et mon bâton leur offrant peu de prise, comme peu d'attrait, je puis m'esquiver sans trop d'arrachements.

Après une courte halte à l'auberge, je reviens sur le quai, contempler le spectacle imposant du fleuve roulant dans toute sa grandeur, au pied des rochers qui bordent l'autre rive, rochers aux formes, aux teintes sévères, pittoresquement couronnés des ruines d'une ancienne forteresse.

A l'extrémité du quai, un tertre rocheux forme comme un bastion naturel, qui porte et abrite le Palais où, pendant un siècle, habitèrent successivement les Papes et Antipapes. Sous leur protection s'étaient élevés dans la ville, 50 couvents, 10 hôpitaux, 5 séminaires, et 60 églises, dont les 300 cloches appelaient sans cesse, les fidèles à l'adoration.

On adorait en effet, mais, dit Pétrarque, Sonnet CVI :

L'avara Babilonia ha colmo il sacco
D'ira di Dio, e di vizj empii e rei
Tanto che scoppia ed ha fatto suoi Dei,
Non Giove e Palla, ma Venere e Bacco.

Et, sonnet XCI :

Dell'empia Babilonia, ond'è fuggita
Ogni vergogna, ond'ogni bene è fori,
Albergo di dolor, madre d'errori,
Son fuggit'io per allungar la vita.

Dante disait avec lui, Paradiso XVII :

Là dove Cristo tutto dì si merca, gia trabocca il sacco.

Est-ce à cette source si saintement sacrilége, que la population qui y succède aujourd'hui, a puisé son fanatisme de superstition et de crime, sa ferveur bouillante d'adoration et de vices ? Est-ce l'école d'où, en 1815, sont sorties les bandes égorgeuses des Verdets, des Collets-jaunes; les sicaires des Réverchon, des Trestaillon, ces hommes de meurtre et de carnage, qui répétaient au nom du Christ, les orgies de sang où s'étaient baignés avant eux, les Terroristes qui le blasphémaient ? Le Palais, autrefois succursale du Vatican, est devenu succursale de l'Hôtel des Invalides. Au milieu de cette ville où tout semble encore brûler de la lave des passions, ce n'est pas sans un respect religieux, que l'on voit cet asile du calme et du repos, ouvert à ceux que nos guerres européennes ont lancés à travers tant de tourmentes.

On peut espérer que ce vénérable exemple de la dignité, de la gloire modeste, de la noble sérénité, qui régnent dans ce sanctuaire des vertus guerrières et civiques, portera sa douce influence sur les âmes de feu qui l'entourent, et donnera ainsi à nos vieux soldats, la plus belle de toutes les victoires.

Comment les semences de vertus ne germeraient-elles pas sur ce sol si beau, si fécond, si heureux du Comtat Venaissin ; auquel Cérès, Pomone et Flore prodiguent leurs dons les plus précieux ; ce pays, berceau, foyer des amours de Laure et de Pétrarque ; ce pays qui possède les

> Dolci colli ov'io lasciai me stesso,
> Partendo onde partir non posso.

J'aurais voulu, j'aurais dû aller visiter cette fontaine de Vaucluse, tant célébrée par le plus poète et le plus poétique des amants ; j'aurais voulu aller sonder du regard ces

> Chiare, fresche e dolci acque
> Ove le belle membra
> Pose colei che sola a me par donna.

J'aurais voulu interroger sur leurs doux mystères,

> L'herba e' fior, che la gonna
> Leggiadra ricoverse,
> L'aer sacro e sereno
> Ov amor coi begli occhi, il cor m'aperse.

Mais les retards que nous avions éprouvés à la descente du Rhône, m'ôtaient le temps que j'avais réservé pour cette excursion de 16 lieues. Nîmes, Marseille, Toulon, la mer m'appellent. Je passe le fleuve pour gagner le Pont-du-Gard.

La rive Languedocienne est loin de présenter un aspect aussi riche que la plaine du Venaissin. Au lieu du jardin qui entoure Avignon, je traverse une campagne aride et nue. Je ne retrouve quelque verdure qu'aux approches de Rémoulin, où je couche.

C'est la première fois que je fais essai de l'hospitalité peu vantée des Languedociens ; et j'ai lieu de m'en louer, presque de l'admirer. Mon hôte nommé, je crois, Jean Colas, homme simple, mais plein de franchise et d'avenance, me reçoit, me traite bien, et assaisonne un fort bon souper, d'une quantité de questions.

Le lendemain, c'est à mon tour de le questionner pour m'informer de ma route, et l'attention que nous mettons, lui à me renseigner, moi, à l'écouter, nous cause à tous deux une étrange distraction: Tout en conversant, je lui demande combien je lui dois? Il me dit un prix très-modéré, et en même temps il se met à m'indiquer un sentier que j'ai à prendre, pour aller plus directement au Gard. Pendant qu'il est ainsi occupé, n'ayant pas de monnaie pour faire son compte, je lui donne un écu. Il le met dans sa poche, et continue ses explications. Quand enfin, bien renseigné, je lui demande le retour de ma pièce, le quiproquo commence. Jean Colas me répond : — Quelleu pièzeu, moziou? Zé n'ai pas de pièzeu. — Le brave homme était tellement occupé de ce qu'il me disait, qu'il avait pris et empoché l'écu sans s'en rendre compte; et moi, distrait que j'étais, je ne pouvais affirmer que je le lui eusse donné. Je ne puis donc que lui dire: « Cependant, je croyais bien vous avoir remis cinq francs. » Et il me répond avec tant de bonhomie : — Oh! qué non, moziou! — que je lui en donne un second. Il régle et je pars.

Marchant à travers champs et jardins, bientôt je suis en face du pont Romain. Je vois ses triples arcades, dérouler d'un mont à l'autre, au-dessus de la vallée, leurs ceintres élégants et majestueux. Le silence, la nudité les entoure; il semble qu'un respect religieux ait voulu laisser à ce monument toute la grandeur de son passé. Solitude, silence solennel, où les pierres s'animent pour dire : C'est Rome qui nous a posées là; les bras habitués à bouleverser le monde, pouvaient seuls nous arracher du sein des montages, nous soulever, nous suspendre dans l'air.

Quand on approche, on est plus surpris encore, de voir si grands, si massifs, si lourds, les blocs énormes dont l'ensemble avait paru si léger. Ils sont là, appuyés, soutenus, liés par leur seule masse, par le seul équilibre de leurs pesanteurs, sans le secours d'aucun mortier ni ciment.

Trois rangs d'arcades, de plus en plus petites, mais, de plus en plus nombreuses, s'élèvent l'une au-dessus de l'autre, pour atteindre la hauteur du chenal qui portait d'Usez à Nîmes, les eaux de ses fontaines et de ses bains. Ce chenal, à peine ébréché vers ses extrémités, règne encore sur toute la longueur des 35 arcs qui couronnent cette magnifique construction. Tansporté d'admiration, je parcourais la plate-forme qui le recouvre, quand le cri plusieurs fois répété de Moziou, Moziou! appelle mon attention et mes regards. Qu'on juge de mon étonnement, lorsque, de cette hauteur de 50 mètres, et d'un éloignement de vingt siècles, j'aperçois au fond de la vallée le brave Jean Colas qui, me montrant une pièce de cinq francs, me crie plein de joie : « La voilà, Moziou; la voilà!

En un instant, je fus descendu; je lui serrai la main. — La

voilà, Moziou, me dit-il, trone de diou, ze l'ai retrouvée dans ma vesteu! Que le bône Diou ne zait pas comme elle est venue; sandis, tenez donc, Moziou!

Je voulais la lui laisser. Je crus qu'il allait me battre. Et la fureur de bonté de Jean Colas me donna à comprendre ce que peut être la fureur des gens de son pays, quand la braise de leur sang est enflammée par des passions mauvaises.

Il partagea avec moi, à Lafoux, un déjeûner tout languedocien, de vin noir comme encre, de pain et d'oignons ; puis une poigne de licteur romain, et « Adiou, Moziou, ze vous récommandeu ! » Et je quittai ce brave homme que sans doute je ne reverrai plus, mais que je me rappellerai toujours avec bonheur.

Le déjeûner, l'adieu, la poignée de mains, tout cela montait les nerfs et le cœur. Aussi me tirai-je assez bien de ma première lutte à pied, contre le soleil du midi qui dardait alors ses rayons les plus dorés, sur un pays en grande partie aride et nu comme celui que j'avais traversé la veille.

Quelques buis, quelques romarins ; de loin en loin, un bouquet d'oliviers, au rare et pâle feuillage, rompaient seuls la monotonie des aspects. Dès onze heures, selon l'usage dans ces contrées ardentes, j'avais vu revenir des vignes et des champs, les ouvriers portant pour tout vêtement une longue blouse de toile blanche. Les bœufs aussi avaient laissé dormir dans le sillon, la charrue romaine, la charrue, simple soc emmanché à une perche, comme au temps des Fabricius.

La terre, le pavé brûlent quand j'entre à Nîmes, mais le vin et les oignons de Lafoux sont trop chauds eux-mêmes, pour en sentir la chaleur.

Aussi, à peine ai-je déposé sac, bâton et poussière, que je me mets à parcourir les belles rues neuves de la ville, rues-boulevards plantées d'arbres, dignes avenues des Arènes, de la Maison-Carrée, des Bains, de la Tour-Magne et de leur promenade.

Les Arènes, ce Colysée rival de celui de Rome, ce frère puîné qui, moins grand, mais plus favorisé que lui, a conservé intacte toute sa structure; c'est là que je cours d'abord, et là je retrouve toute l'admiration du beau, du grand, toute l'ardeur de vénération qui m'avait saisi au Pont-du-Gard.

Avec quel délice respectueux mon regard embrasse les nobles contours de sa triple couronne, et les gracieux détails d'architecture dont elle est fleuronnée; couronne de 400 mètres de tour, haute de 22. Soixante arcades en ouvrent l'enceinte qui, comme l'extérieur, a échappé aux ravages du temps, aux fureurs des hommes.

L'arène, l'amphithéâtre et ses nombreux gradins semblent y attendre les solennités romaines.

Quelquefois on y donne encore des jeux, des combats de taureaux, où se réunissent jusqu'à seize mille spectateurs. Alors, dit-on, les anneaux concentriques des gradins, offrent aux regards ravis, un spectacle où nos françaises prouvent que, à cet égard du moins, Nîmes n'a rien à envier à l'ancienne Rome. Alors aussi sans doute, la véritable Arène est parmi ces rangs élégants, où on lutte de grâce et de beauté, où on lance et reçoit des traits inspirateurs, des traits meurtriers.

Figurons-nous tout cela, et sauvons-nous.

Non loin des Arènes, on voit la Maison-Carrée, au centre d'un cadre d'édifices nouveaux, dont le fond est occupé par le péristyle grec du théâtre moderne.

Maison-Carrée! C'est sous ce nom obscur et terne, que l'antiquité nous a transmis un de ses chefs-d'œuvre, aussi rare par sa conservation complète, que par la pureté de son architecture. Longue de 24 mètres, large de 16, entourée de 30 colonnes corinthiennes, elle est en petit, l'image du Panthéon d'Athènes; seule elle a été conservée comme lui.

Elle semble avoir été le sanctuaire d'un temple où conduisaient des colonnades, dont les tracés ont été découvertes par des fouilles récentes. Dans ces fouilles, on a trouvé aussi des morceaux d'art, mosaïques et sculptures, que l'on a réunis dans l'intérieur du monument. Rien de plus intéressant que ce petit musée d'antiques. Antique lui-même, il donne à tout et en emprunte un air local qui rend l'illusion complète. Une mosaïque qui occupe une grande partie du pavé, contient des figures d'un dessin, d'une peinture parfaite.

Un autre temple sous l'invocation de Diane, cache ses débris parmi un épais feuillage, qui permet de croire que Diane chasseresse aime encore à y habiter.

Près de là, des bains somptueux voient leurs vastes bassins se remplir d'une eau limpide; ils sont plus grands, mieux arrosés que ne l'étaient les bains romains auxquels ils ont succédé.

Au-dessus des Bains, une promenade plantée à la pente d'un côteau, mène à la Tour-Magne, vaste tour pyramidale dont le tronçon ébréché, haut d'une vingtaine de mètres, est à demi enseveli dans ses ruines.

Parmi tout cela, une grande partie des habitants semblent peu se soucier de la grandeur des souvenirs et des choses où ils vivent. Une race mendiante, à l'air sauvage et menaçant, se répand comme une lèpre dans les carrefours; où elle cherche l'oisiveté bien plus que le travail. Cette race lazzarone diminue cependant, dit-on, tous les jours. Espérons que eux aussi entendront l'appel que la France fait à ses fils, vers la raison, la lumière et ses bienfaits.

Je ne puis traverser trop rapidement la plaine qui s'étend de Nîmes à Beaucaire. De plus, un Anglais qui arrive de Marseille, me désenchante des enchantements de la Provence, où il a été fort désappointé de chercher le berceau de la poésie, le pays des Trouvères, ainsi nommés, sans doute, pour leur mérite de l'y avoir trouvée. *It is all humbug*, me dit-il.

A cet argument sans réplique, me sentant moi-même bien peu trouvère, et rêvant toujours Marseille et son port, je reprends tout prosaïquement le coffre-diligence.

Nous traversons Beaucaire encore agrandi de ses rues de planches, où se tenait, il y a quelques jours, sa foire européenne. Des bateaux nombreux en chargent les produits, pour les porter au Nord, par le Rhône; à l'Ouest, par le Canal des étangs et du Languedoc; dans tout le monde, par la Méditerranée.

Le pont de bateaux sur le fleuve; Tarascon avec son château et sa situation pittoresque, semblent démentir le sévère *humbug*. Mais au-delà, le pays en effet, quoique riche et tapissé de vignes, de mûriers et d'oliviers, a peu de dessin; il est plat; une seule chaîne de côteaux chenus le coupe comme un vieux mur rongé par le temps.

Il fait nuit quand nous arrivons à Orgon, où on soupe.

Le clair de lune nous laisse entrevoir les belles rues et les avenues d'Aix.

Au lever du jour, nous sommes à la Vista, à la crête du bassin dont Marseille occupe le fond. Oh! ce lieu est bien nommé; car c'est une vue admirable, surtout à l'heure où nous y arrivons.

Marseille, ses faubourgs, ses jardins, ses bastides blanches, éparses aux flancs des côteaux; le port, ses forêts de mâts; la mer, ses eaux bleues; des vaisseaux à l'ancre; d'autres en pleine course, déployant leurs voiles au souffle du matin, et, sur tout cela, un lever de soleil calme, pur, chaud, brillant, argenté par les vapeurs de la mer, pourpré par les brumes du rivage!

Je quittai la voiture. Il fallait m'arrêter pour admirer, pour me pénétrer de ces rayons de grandeur et de beauté qui jaillissaient à la fois de tous les points de l'horizon.

Ce n'est pas sans effort que les sens s'adaptent à de si grandes choses, quand elles sont nouvelles. Après la première exaltation, ils restent confus, affaissés. Couché sur un gazon épais, à l'ombre de grands arbres, je restai quelque temps plongé, non pas dans un sommeil, mais dans un rêve d'enivrement.

Les bruits, les mouvements de la route me rappellent à la marche. Mais combien de fois je m'arrête encore, pour contempler sous d'autres aspects, ce tableau mouvant qui devient de plus en plus actif.

2

Enfin, je suis dans la magnifique rue de Rome, d'où un torrent de gens de tous pays, de toutes professions, de toutes classes, m'entraîne vers le port. Et c'est le premier port que je vois, ce port, ville de vaisseaux au milieu d'une autre ville; ce port hérissé de mâts, couvert d'un réseau inextricable de cordages; ce port encadré de grands édifices, bordé de larges quais, où roulent sans cesse les productions de tous les mondes; où l'Italien, le Grec, le Turc, l'Anglais, le Nègre, l'Indien, mêlent sans confusion leurs physionomies, leurs langages, leurs costumes variés comme leurs marchandises! Et, à travers tout cela, les cris du commandement d'arrivée ou de départ; les embrassements d'adieux ou de rencontres; le mouvement, le bruit du chantier de construction, le maillet et les fumées du calfat. Ma tête va sans mes pieds, mes pieds vont sans ma tête. Je suis à l'entrée du port; la mer est là, bleue, argentée, plane, immense; je cours à un tertre qui domine le port et la mer.

Fatigue, faim, chaleur sont oubliées; je suis hors de moi; ma pensée vole avec mon regard vers les bornes lointaines de l'horizon, où la mer et le ciel semblent confondre leurs éléments, ou plutôt, les résoudre en vapeurs d'azur et d'or. De ces vapeurs, jaillissent à tout instant, des points blancs qui approchent, grandissent, se dessinent en voiles de toutes formes, poussant vers le port de nombreux vaisseaux. D'autres s'y plongent pour aller, à travers le vide des mers, porter, chercher la vie, sur d'autres bords.

Qu'il est imposant, ce spectacle de la mer à jamais mobile, à jamais immuable; de la mer que le moindre souffle agite, et qui brise les rochers; de la mer que le génie de l'homme a soumise à son empire, et qui, d'un seul pli d'une de ses vagues, broie les plus puissants vaisseaux; de la mer qui lèche et caresse ses rives, ou qui les déchire et les submerge!

A mes pieds passent légers, rapides, souples et dociles au gouvernail, des vaisseaux à trois mâts, qui portent des millions de chargement. La rade est couverte de barques de pêcheurs, qui roulent sur les lames et y plongent comme les poissons qu'elles poursuivent. D'autres barques plus ornées transportent aux îles voisines, des partis de promeneurs. Des jeunes filles se tiennent à la proue; elles sont fières de braver les flots; elles semblent les défier d'être plus brillants, plus légers, peut-être, plus mobiles qu'elles; puissent-elles ne pas avoir autant d'orages, autant de brisants, autant d'écueils!

La vista de la route m'avait retenu, m'avait attaché; celle-ci me retint, m'attacha plus longtemps. J'y revins plusieurs fois; je ne pouvais assez me pénétrer de ses tableaux, de ses images; tout Marseille était là; c'est de là qu'il est né, qu'il a grandi, qu'il grandira encore. Le reste de la ville, outre son ton général d'activité et de richesse, n'a rien de remarquable que, dans la ville-neuve, des rues longues, droites et larges; dans la vieille-ville, des rues étroites, tortueuses, sombres et sales, vrais nids à peste, dont les habitants, en bons homéopathes, pensent sans doute que le meilleur moyen pour ne pas mourir pestiférés, c'est de s'empester. Toujours est-il que, pour y pénétrer, il faudrait le courage d'un Belsunce ou d'un Langeron.

Au lieu de cela, montons à Notre-Dame-de-la-Garde, église et fort, situés au sommet d'un mont qui domine tout Marseille.

Le fort mérite ce nom, bien plus par sa situation culminante, que par la garnison et les remparts qui le défendent; aussi pourrait-on encore aujourd'hui, redire avec Bachaumont, que c'est un

> Gouvernement paisible et beau,
> Où l'on ne voit pour toute garde,
> Qu'un Suisse avec sa hallebarde,
> Peint sur la porte du château.

Quant à l'église, elle est admirablement située pour le salut des corps, comme pour celui des âmes. On conçoit en effet, ce qu'il doit y avoir de salutaire, dans des voyages fréquents à Notre-Dame. Ils étaient et sont encore surtout nécessaires aux habitants de la vieille-ville, pour se purifier de ses corruptions. Le sang, la pensée et le sentiment peuvent-ils ne pas s'épurer en s'élevant à un air si limpide, si vif, vers un ciel si serein, au-dessus d'un horizon si beau?

Oui, les hauts lieux ainsi voués à l'adoration, sont le symbole de l'aspiration des corps vers un état meilleur, on peut presque dire, qu'ils en montrent le chemin.

C'est ainsi, et sans doute par les mêmes motifs, que sont situés la plupart des buts de pélerinage. Quand les nécessités ou convenances locales l'exigent autrement, on compense le défaut de hauteur des lieux, par l'élévation, la grandeur, le luxe des constructions. Alors ces lieux deviennent des pélerinages à grandes distances; et la longueur du chemin tient lieu de la montée. Pélerinage sans voyage, sans exercice et fatigue, est, un mot vide de sens, une chose sans motif comme sans effet. Les habitants de Lorette vont à Rome; ceux de Rome vont à Lorette; comme en Lorraine, nous voyons ceux de Saint-Nicolas aller à Einsiedelen, et ceux d'Einsiedelen, venir à Saint-Nicolas. Les prêtres, ont secondé cette tendance naturelle, parceque, dans cet éloignement du lieu natal et de ses affections, l'excitation du corps se mêlant à celle de l'esprit, est éminemment propre à produire l'exaltation religieuse.

Du haut de Notre-Dame, la perspective est immense, mais

moins riche en détails et surtout en mobilité, que celle qui m'a déjà tant attaché, et où je reviens voir se clore une soirée telle que ces rivages favorisés du ciel peuvent seuls la donner.

Le lendemain, de bonne heure, je suis en route. Je traverse de beaux lieux, mais mes yeux encore empreints des grandes scènes de Marseille, s'arrêtent peu aux petits tableaux de rochers, bastides et bosquets dont le pays est parsemé.

Aubagne, Cujes et les gracieux paysages qui les environnent, me rappellent cependant à une actualité trop belle pour la méconnaître.

Puis, vient la montée et le plateau aride, désert, du Castellet de Sainte-Anne. Lorsque j'en approche, c'est l'heure où toute circulation est suspendue; partout règne la solitude, le silence. La chaleur est ardente, la montée pénible; n'ayant pas raffraîchi à Cujes, je ne marche qu'avec effort, quand, sous l'abri de quelques buissons, le seul ombrage que l'on trouve en ces lieux, j'aperçois un habitant du pays, qui se repose avec son mulet. En homme d'expérience, il s'est muni d'un petit baril de vin, dont il hume voluptueusement le contenu. C'est Notre-Dame de Lagarde qui, pour me récompenser de mon pèlerinage de la veille, a mis là tout exprès, cet homme et son baril. Je ne puis en douter; aussi demandé-je avec confiance à ce digne compatriote de Jean Colas, un verre de son vin, qu'il me donne avec la plus grande obligeance. Je remercie vivement; mais quand je veux payer, c'est encore une scène comme celle du pont du Gard. On se fâche, on me refuse presque une poignée de main, tant on est mécontent.

Languedociens et Provençaux, on m'avait dit qu'ils étaient inhospitaliers. Moi, je dirai en réponse, mes deux petites histoires de Rémoulin et du Castellet. Doublement ranimé, je continue gaîment mon chemin si péniblement commencé.

Bientôt je suis à la descente. Là, le sol se hérisse de rochers aux formes âpres, déchirées. Ces rochers se fendent à l'Orient; un torrent s'y précipite; la route l'y suit; c'est la gorge d'Ollioules, défilé sauvage où les masses, les aiguilles rocheuses se croisent, se surplombent; où l'on ne voit de traces d'habitations, que quelques ruines d'anciens châteaux; où l'on n'entend d'autres voix que celles d'oiseaux de proie qui glissent dans l'air, comme les âmes errantes des anciens chatelains ou de leurs victimes.

Un jour cependant, cette gorge a retenti d'autres bruits. Le canon, le fusil en ont ébranlé les échos; des cris d'enthousiasme et de victoire y ont répondu à des cris de douleur et de mort! Alors, au nom de liberté et patrie, les républicains Français enlevaient ces nouvelles Thermopyles aux Anglais, aussi inébranlables qu'elles.

Olioules, c'est la porte étroite par où Bonaparte s'est lancé dans sa carrière de gloire; c'est là qu'il a allumé la flamme de son tonnerre et de ses éclairs!

Au sortir de cette gorge, avenue du désert, s'étalent à l'envi tous les charmes d'un sol et d'un climat heureux: l'olivier, la vigne, se suspendent aux côteaux qu'ils brodent de leur feuillage; l'oranger, le citronnier, décorent de leur brillante verdure et de leurs fruits dorés, des jardins qu'ils parfument de leurs fleurs.

De nombreuses et élégantes bastides se partagent tant de délices. Le mouvement de la route; des cloches, des tambours, ces enseignes parlantes de toutes les villes françaises, m'annoncent l'approche de Toulon. Il est nuit quand j'y entre.

Le lendemain, voyant le beau temps, en bon Lorrain, pour qui c'est une surprise que de voir plusieurs beaux soleils de suite, je me dis: Il faut en profiter pour visiter Hiérés; qui sait quel temps il fera demain?

Fort de mon argument, je me mets en route; je traverse une contrée riche en produits plus qu'en aspects. J'arrive à Hiéres, qui est une petite ville assez maussade. Je visite ses jardins, où il n'y a que trop de citronniers et d'orangers; je monte au Vieux-Château, dont les ruines couronnent une éminence boisée, qui domine de jolis environs et une vaste perspective de mer. De là je vais à l'hermitage, charmant lieu de pélerinage qui, s'élevant sur un côteau, entre la ville et le rivage, jouit des plus riches aspects, soit sur les montagnes qui bornent l'horizon vers le nord, soit sur la mer et les îles qui l'enclosent de leurs môles crénelés de rochers.

Revenu en ville, je rencontre à dîner un M. Harrisson, venu tout exprès du Canada, pour jouir des délices d'Hiéres et de ses îles. Dans sa longue route, il a eu le temps de s'exalter sur les jouissances qu'il s'y promettait. Cet élan de deux mille lieues l'a porté d'autant au-delà de la réalité. Aussi est-il en grand mécompte; et, le dîner fini, avec un phlegme, une originalité toute britannique, quoique arrivé du matin seulement, il me dit: Hé bien! je vais repartir, je retournerai dans mon pays.

Il fait nuit encore quand je rentre à Toulon.

Le lendemain est un lendemain de Provence, brillant comme la veille. De bonne heure, je cours la ville, ses rues plantées d'arbres, ses quais où il y a plus d'espace et d'architecture, mais moins de commerce qu'à Marseille.

Aussi Toulon n'est pas ici; il est dans le port militaire, dans ses arsenaux, dans ses chantiers; c'est là qu'il faut le chercher.

Je visite d'abord l'immense corderie, voûte à arcades, dont la perspective semble s'enfoncer à mesure qu'on avance. J'y admire l'art, le soin avec lequel on construit les cables de la marine. Ils se composent de fils d'un chanvre trié à raison de 60 pour 100. Ces fils s'imprègnent de goudron, en traversant une chaudière remplie de cette matière bouillante; une torrière où ils passent ensuite, les dégage de l'excès dont ils se seraient chargés. Ainsi préparés, on les cordelle en ficelles que l'on goudronne et étire de la même manière; de ces ficelles, on compose des cordeaux; des cordeaux, on fait de petites cordes, et de celles-ci, des cables dont la force de cohésion est égale à celle du fer.

De la corderie, je passe aux chantiers de construction, où le regard est à la fois saisi et repoussé par l'aspect de ce qu'il y a de plus affreux dans la nature; les hommes déchus de l'humanité, les galériens.

Ils sont là avec leur vêtement rouge, qui semble teint du sang dont trop souvent ils ont été altérés. Leur crâne rasé laisse à nu le sceau du crime, de la dépravation, de la férocité qui y ont trouvé un foyer dévorant; leurs visages portent les mêmes stigmates; ils s'inclinent avec honte, ou se relèvent avec audace, sous le bonnet rouge qui contraste hideusement avec leur pâleur livide. Au lieu de ce bonnet rouge, trop souvent le bonnet vert imprime sur leur front l'implacable TOUJOURS! La vue, le bruit des chaînes s'harmonisent à ces tableaux.

Pierres, bois, fers, tout est façonné par les forçats qui, outre la patience et le temps que leur donne l'infortune, montrent généralement une aptitude, une adresse qu'on obtiendrait rarement d'autres ouvriers. Le cœur saigne à penser que ces intelligences supérieures, au lieu d'être plongées dans les antres du crime, auraient pu briller dans la voie du bien, si des vices innés, si ceux qui souvent sont inoculés par une éducation corruptrice, ne les avaient entraînés dans les voies du mal; ces voies de précipices où la société les refoule impitoyablement, dès qu'elles y sont entrées.

Plusieurs vaisseaux sont en chantier sous de vastes hangards; je les vois aux différents degrés de construction, depuis la simple arête de la quille, jusqu'au planchéiage des ponts.

Le magasin général, vaste édifice porté sur des arcades, contient des approvisionnemens de toute sorte. Là un galérien offre en vente, différents objets habilement taillés dans des noix de coco. J'en achète quelques-uns qui ont des garnitures blanches. Je fais l'observation que, sans doute, ce n'est pas de l'argent? Lui de me répondre d'un air de componction et d'un ton de voix loin du grossier: Pouvez-vous croire, monsieur, que je pense à tromper ici? — Je paie... Le lendemain, mes garnitures blanches sont noires. C'était cuivre soufflé; en échange, on m'a soufflé mon argent. Pouvait-on mieux dire et mieux faire ?

D'autres bâtiments se rangent à côté de celui-ci ; ce sont les bagnes. Là de longues salles sont bordées de chaque côté par des planchers inclinés, espèces de lits de camp, où tous les soirs on enchaîne par les pieds, deux lignes de forçats. Des gardes armés se promènent alors dans l'allée du milieu.

Quel tableau pour ces gardes, si leur nature endurcie par l'habitude, la fatigue et le danger, leur permettait de penser à autre chose qu'au moment où on viendra les relever ! Quel tableau que ces deux lignes d'hommes cherchant en vain le repos sur les planches où, à tout instant, ils tressaillent de rage, de fureur, de douleur, de remords ! Et quel bruit que celui des chaînes qui répond à tous ces tressaillements !

Les bâtiments ne peuvent suffire. Un vaisseau hors de service est transformé en ponton pour y suppléer.

De cette prison flottante, je passe au vaisseau amiral, le *Royal-Louis*, dont je visite tout l'intérieur, les vastes salles d'entreponts, le salon de l'amiral, son cabinet de bains et d'autres pièces où règnent l'élégance et le confort d'un palais.

Non loin de ce vaisseau-géant, dans un coin du port, est amarrée, petite, humble, abandonnée, la frégate la *Muyron*, qui, un jour, légère et rapide, s'esquivait à travers les flottes anglaises, pour rapporter en Europe, celui qui devait en bouleverser, peut-être, en accomplir les destinées.

Après avoir été remuer aux détonnations de l'artillerie, les monuments de la biblique Egypte, immobiles pendant tant de siècles ; après avoir été dans le désert, mêler le tonnerre de ses canons, aux tonnerres prophétiques du Sinaï, Bonaparte voyant pour la première fois, le flambleau de la victoire s'éteindre devant lui, quittait alors ces contrées où il ne pouvait plus cueillir de lauriers, comme plus tard, il quitta l'Espagne, comme il quitta Moscou, Dresde, Waterloo. Déjà, alors, il lui fallait le triomphe ; il lui fallait la France ; il venait les ressaisir aux champs de Marengo.

Cependant, de toutes parts, j'entends le claquement des chaînes ; de longues files de forçats traversent en tous sens les chantiers. C'est l'heure du dîner ; et ces malheureux vont chercher l'aliment qui prolongera leur existence de douleur et de ténèbres ; ils vont chercher l'aliment auquel ils n'ont à donner d'autre assaisonnement que du fiel et des larmes ; ils vont manger pour nourrir le mal qui mine leur corps, le mal qui brûle leur cœur !

Je fuis ces lieux où les élans de l'admiration sont brisés par tant de répulsions douloureuses. Comme à Marseille, je vais au bord de la mer, chercher des scènes à la fois grandes et douces, où les sons, les couleurs, les formes, les mouvements se confondent dans une sublime harmonie.

Là, plus encore qu'à Marseille, tout est réuni pour compléter, pour magnifier le tableau. Je suis à l'extrémité du môle que la nature a jeté de ses mains puissantes, vis-à-vis le cap de l'Aiguillette, pour donner à la France le port le plus vaste, le plus sûr, le plus fort du monde ; un port comme elle pouvait seule le concevoir et le créer.

A ma droite, ce port développe sa surface unie, azurée. Des vaisseaux de guerre y reposent dans le sommeil solennel du lion, comme lui, toujours prêts à rugir, à frapper ; d'autres y glissent sous le majestueux appareil de leur voilure. C'est avec admiration que je vois ces masses énormes, devenues légères sous l'impulsion des ailes que le génie de l'homme leur a données, suivre la voix, le sifflet du commandement, y obéir avec la docilité, la souplesse, la prestesse de l'épagneul.

A gauche, c'est la Petite rade, dont l'étendue contraste avec ce nom de petite, qu'elle n'a reçu que pour la distinguer de la Grande rade qui est à côté. Des monts, des rochers se dressent à l'entour, pour les protéger contre la violence des vagues et des vents. Armés de batteries, couronnés de forteresses, ils les protègent également contre les attaques de l'ennemi.

Un jour l'Anglais y a pénétré ; mais par la ruse, sans victoire. Il venait nous préparer un de nos plus beaux triomphes. Profitant de nos discordes, il ouvrit avec son or, cette barrière que le fer n'eût pu briser. Toulon devenait, entre ses mains, un second Gibraltar qui allait dominer à la fois la France et la Méditerranée. A la voix du génie, à la voix de la patrie, l'héroïsme républicain a rendu le succès de l'ennemi aussi court qu'il devait être long.

Temps de prodiges où l'on a vu de simples paysans, de simples ouvriers accourir pieds nus, sans expérience de la guerre, presque sans armes ni vêtements, et briser derrière ses remparts, la défense habile, courageuse, acharnée de troupes braves et aguerries !

Temps de prodiges, où ces mêmes forçats, tout à l'heure avilis par le crime, abrutis par son châtiment, brillent de vertu au milieu du désastre, et emploient héroïquement au salut de la patrie qui les tient enchaînés, les armes que, dans son désespoir, l'ennemi leur a données pour déchirer son sein, et s'échapper à travers ses ruines !

Une circonstance toute fortuite vient répéter un double trait du grand jour. Un vaisseau de guerre américain entrant dans la rade, salue de son canon le vaisseau amiral, qui y répond coup pour coup. Il y avait magie à voir ce pavillon républicain, à entendre son artillerie qui semblait réveiller les échos de nos armées. Il y avait magie à entendre sa voix tonnante glisser sur la surface émue des eaux, pour aller mourir en accents prolongés dans les lointains de la mer et du ciel; ou frapper l'enceinte des monts qui couvrent la ville, se précipiter dans les gorges profondes qui les divisent, y rouler, s'y engouffrer, se taire quelques instants, pour en ressortir plus grande, plus solennelle.

Le soir venu, il faut songer au départ pour le lendemain. La goëlette napolitaine, la *Louise*, capitaine Nicolaï, me portera à Livourne. Mais quand? *Quando il vento servirà*, dit l'impassible capitaine, avec cette résignation du marin, qui est le sublime du genre, quand elle est entée sur la molesse italienne.

Or, le lendemain, c'est vent d'ouest; il est fort; il servira à merveille. Mais pour sortir de la Goulette, il faudrait lutter pendant quelque temps contre lui; on attendra! Et voilà que moi, qui n'ai patience ni de marin, ni d'Italien, il faut que je reste sur le pont pendant deux mortels jours, sans autre distraction que de regarder la flamme qui flotte au haut du mât, pour voir si le vent baisse ou change.

Enfin le troisième jour, le vent à baissé; on part! Oh! quel bonheur! Chassé que j'étais par l'ennui de cette longue faction; appelé par la soif de voir, de tâter la mer, et, derrière elle, de voir l'Italie, Rome; de palper de la main et du regard toutes ces grandes choses que l'on rêve depuis l'enfance! Quel bonheur de sentir le vaisseau quitter le quai où il semblait immuablement rivé; de le sentir bientôt ému par l'eau et le vent, commencer sa course qui, d'instant en instant, devient plus vive.

La ville, son amphithéâtre de monts et de forts, les vaisseaux qni remplissent le port et parsèment les deux rades; tout cela offre cent tableaux qui appellent l'attention. Mais la mienne est tout occupée par la marche et la manœuvre de la goëlette.

Et la *Louise* aussi est gaie de retourner à la mer; elle est légère; elle est coquette; le vent a fraîchi; elle lui ouvre toutes ses voiles. Et elle vole, elle court, elle joue sur l'eau presque aussi vite que mon désir. Elle bondit; elle plonge; elle se berce; elle roule. Je me plonge, je me lance avec elle; je voudrais hâter ses mouvements.

Le capitaine lui-même, l'impassible Nicolaï, en est charmé: *Va come un Cristo*, me dit-il à tout moment, sans s'embarrasser beaucoup de l'étrangeté de la comparaison.

Nous côtoyons ainsi les îles pittoresques de Porquerolles, de Porcros et du Levant, à la fois joyaux et gardes-avancées du beau rivage qu'elles bordent.

Les îles, le rivage s'écartent ; nous sommes en pleine mer.

Alors le mouvement devient grand comme l'espace. Lorsque nous sommes à la hauteur de Nice, un orage gronde au flanc des Alpes ; il nous lance quelques raffales, et la *Louise* bondit plus légère, plus vive. Elle monte sur les vagues ; se balance à leur sommet ; roule, plonge, remonte ; elle court, elle joue, elle danse, elle vole.

Cependant, à l'approche du soir, le vent a cessé ; les vagues émues s'abaissent, comme pour recevoir dans un calme religieux, les derniers rayons de l'astre qui, pendant tout le jour, y a mêlé ses vagues de lumière. Il se couvre d'un réseau de crystal où se réflètent, en mille nuances, les teintes argentées de son brillant crépuscule. Au devant, s'élèvent quelques vapeurs diaphanes et pourprées ; c'est l'encens que lui offre ma patrie ; des nuages légers les couronnent ; ils semblent l'auréole de Dieu.

Les flots en sont pénétrés ; longtemps ils en conservent la trace ; longtemps encore, leur crinière d'écume étincelle à ses reflets ; enfin, tout s'efface à l'horizon. A bord, tout est calme, tout est silence ; le pilote seul veille au gouvernail ; un doux bercement invite au repos, au sommeil.

Le soleil, à son lever, semble avoir puisé dans la mer, un nouvel éclat ; il nous annonce un beau jour ; il nous montre un cirque immense, dont l'arène a cinquante lieues de diamètre ; dont les gradins sont les Alpes, l'Apennin et les monts de la Corse.

Dans cette arène, que de choses, que d'hommes ont passé ! Rome, Carthage, Pise, Florence, Gênes, Venise, en ont fait leur champ-clos ; Bonaparte y a trouvé son berceau, ses premiers, ses plus purs, ses plus éclatants triomphes. Il y a trouvé la fuite, l'exil ; il en a rebondi comme un lion irrité de sa blessure ; mais la blessure était mortelle !

Un second jour, une seconde nuit, se sont écoulés comme un songe. Au lever du troisième jour, nous approchons de la côte. De nombreux oiseaux aux grandes ailes, planent dans l'air, ou, se balançant sur les flots, y représentent le navire ailé qui servit de modèle à l'industrie de l'homme.

De la mer, mon regard se porte avec avidité, sur le rivage que Livourne couvre de ses vaisseaux, de ses maisons, de ses villas.

Nous traversons le port, nous amarrons au quai. Là nous attendait une scène touchante : le petit Ferdinando, apprenti marin, bel enfant aux grands traits, aux yeux profonds, à la physionomie douce, avait été malade pendant toute la traversée ; une fièvre lente le minait, battait ses yeux, ses traits, sa voix. Le pauvre enfant n'avait pour lit qu'un bout de voile sur des paquets de cordes, seul couchage que le capitaine eût pour ses gens, pour moi, pour lui. Quelques soins de ses rudes compagnons, quelques causeries avec moi, quelques verres de limonade dont je le rafraichissais de temps en temps, avaient été son seul soulagement.

Dans sa souffrance, il n'avait qu'une plainte, qu'une consolation; *madre! mia madre!*

Sa mère, il était seul pour l'appuyer, lui qui ne pouvait pas se soutenir! Son père..... les avait abandonnés; il ne l'avait pas connu!

A l'approche du quai, l'enfant avait fait effort pour se soulever, et, appuyé à l'avant, son regard scrutait la foule qui s'y pressait, s'y agitait confusément. *Ecco, eccola!* me dit-il. En même temps une jeune femme franchit la planche qu'on vient d'appuyer à la rive, et, d'une voix comme le cœur d'une mère peut seul en avoir une : *Ferdinando; Ferdinando, che sei ammalato!* Et d'un embrassement comme une mère seule aussi sait en donner, elle réchauffe, elle ranime son enfant. Puis elle l'emmène, elle l'emporte inobservée à travers cette foule qui, en ce moment n'était rien pour elle; pour qui aussi elle et son enfant ne sont rien!

Moi-même, bien inaperçu, mais n'ayant pas assez d'yeux pour observer tout ce qui m'entoure, je traverse ce quai encombré de gens et de marchandises. Le bruit, le mouvement, les couleurs, les costumes, les physionomies, les langages divers qui se croisent en tous sens; la foule d'idées et de sensations nouvelles qui m'accueillent à mes premiers pas sur ce sol féerique, qui semble avoir été réservé par le destin, pour produire dans tous les temps des héros, des génies et des Dieux, tout m'éblouit, tout me confond.

Les premières ombres du soir qui s'abaissent sur ce tableau mouvant, y prêtent tout entière l'illusion d'un songe. J'y vois, comme dans une vague optique, des groupes variés de tous les peuples, de toutes les races; parmi ces groupes, passent comme de poétiques apparitions, des femmes qui, à la délicatesse, à la souplesse de la taille, aux traits nobles du visage romain, joignent la dignité gracieuse du voile grec, si admirablement sanctifié par Raphaël.

Le lendemain, je reviens voir, avec plus de calme, cette scène, toujours aussi animée. C'est là le caractère principal de cette ville, que la franchise de son port a rendue l'entrepôt du commerce de la Méditerranée.

Les arts ont peu contribué à sa grandeur, ou même à son embellissement. Sur le port, une statue de marbre d'Alexandre de Médici, s'élève emphatiquement sur les épaules de quatre esclaves, qui représentent les quatres parties du monde, ainsi soumises à celui qui n'a jamais rien soumis. Une rue large , au beau pavé de dalles de lave ; une place peu grande ; une cathédrale peu chef-d'œuvre ; une synagogue grande et riche, en proportion du nombre et de la richesse des 15,000 Juifs qui occupent le tiers de Livourne, sont tout ce qu'on peut y remarquer de monumental.

La ville manque d'étendue ; aussi une grande partie de la population se répand au-dehors, dans de nombreuses villas , qui occupent tous les plus beaux lieux des environs , notamment le pied et la pente du Monte-Nero, montagne qui s'élève comme un fanal naturel, à peu de distance du port.

Avant de partir, il me faut subir la première épreuve des tribulations que la police monaco-monarchique du Pape impose à quiconque veut pénétrer dans l'enceinte mytho-théo-sacrée du domaine de Saint-Pierre , sans s'inquiéter si ce saint, assez occupé de tenir les clefs du ciel, s'inquiète beaucoup lui-même de celles des Etats Pontificaux.

Des consuls, Rome ancienne n'en avait que deux ; Rome moderne en a autant qu'il y a de ports et de portes en Italie. Les deux consuls qui gouvernaient le monde n'avaient chacun, que douze licteurs, qui encore ne paraissaient qu'aux grands jours de solennités , au Capitole ou au Champ-de-Mars. Chacun des mille consuls employés à empêcher un petit coin d'un petit coin du monde, de se gouverner lui-même, a renoncé, il est vrai, au Champ-de-Mars ; mais, comme le consul de Livourne, il a son Capitole à lui, aussi haut, aussi inabordable que la roche Tarpéienne. Il a au fond d'un dédale de petites rues, un quatrième étage où, comme sur la dite roche, on ne peut monter que pendant la nuit, vu que le jour n'y luit jamais. Et dès qu'on l'aborde, voyez encore la supériorité de Rome Papale sur Rome Romaine ; celle-ci avait, comme le bon roi Evandre, confié sa garde au plus fidèle des animaux, le chien, qui l'a trompée. Mon consul confie son Capitole à ce qu'il y a de plus humble et de plus insolent parmi les chiens, à un hideux roquet ; et dès le premier pas que vous faites, toute la cage capitoline tremble de cris perçants ; et vous tremblez vous-même, quand, arrivé vers le haut de la rampe, vous y voyez, non pas un Manlius, qui du moins laissait paisiblement approcher son monde, mais un être dont l'aspect, la voix, les yeux, en harmonie avec ceux du roquet, vous arrêtent, à vingt pas de distance, par un âcre *che c' è?* Cet être femme-dragon, est la gouvernante du consul, qui vous barre le passage par un tout aussi âcre *non c' è* ; vous renvoie et vous oblige à revenir, jusqu'à ce que, mieux appris, vous lui ayez, selon l'expression technique, graissé sa patte décharnée.

Quant au consul , sûr que rien ni personne ne peut violer une telle barrière, dès qu'elle s'est retirée, il se montre d'assez bon accord, pourvu du moins qu'on lui paie le prix très-magnifique de son visa, qui n'est pas moins d'une piastre, c'est-à-dire plus de cinq francs.

En redescendant de ce Capitole, je me demandais pourquoi Rome envahie par les Gaulois, n'avait pas fait garder le sien de la même manière. Car où trouver pareilles oreilles, pareils yeux, pareilles voix? Pourquoi donc recourir aux oies quand on a des roquets et des gouvernantes.... consulaires? Évidemment, ces deux êtres n'existaient pas alors. Ils datent du siècle où l'on découvrit les deux Indes, la boussole, l'imprimerie, la poudre à canon. En effet, c'est depuis ce temps qu'on a cessé d'employer des dragons-serpents ou volants, pour garder les châteaux; c'est depuis ce temps aussi, que les paladins ont renoncé à les attaquer.

De Livourne à Pise, une vaste plaine créée par les alluvions de l'Arno est couverte des récoltes les plus riches. L'aspect cependant en serait monotone, sans la perspective des monts qui la terminent à l'est et au nord; et surtout, sans le luxe tout nouveau pour moi, de la végétation des vignes que, comme au temps de Virgile, je vois enlacer leurs rameaux aux branchages robustes des ormes, et border la route de festons, de franges de raisins.

La chaleur, l'humidité de l'air énervent la marche; mais arrivé à Pise, la vue de l'Arno, de ses ponts, de son croissant bordé de palais; la vue des sommets de la Cathédrale, du Baptistère, du Campo-Santo, de la Tour-Penchante, qui dominent la ville comme on voit d'antiques bastions dominer des ruines, pour en rappeler la grandeur et la puissance, tout cela m'électrise.

Après avoir observé encore la belle perspective des ponts et des quais, j'erre pendant quelque temps, parmi les rues vides et herbeuses de cette ville qui autrefois, comptait plus de cent mille habitans; de Pise la rivale de Florence; de Pise dont les flottes vainquirent celles de Gênes et de Venise. Enfin j'arrive en vue des quatre monumens où s'est réfugiée toute sa gloire, et qui semblent s'être rapprochés l'un de l'autre pour se défendre en commun, de la dissolution qui les entoure.

La cathédrale bâtie en 1153, pour consacrer le souvenir de la bataille de Palerme gagnée sur les Sarrasins, rappelle la grandeur du temps; mais plus, par le prix de ses matériaux, que par son architecture. Aussi ces matériaux ne sont-ils rien moins que les débris des plus fameux temples de la Grèce. L'intérieur surtout est éblouissant de luxe; tout y est jaspe, marbre, porphyre. La peinture et la sculpture y ont joint leur tribut non moins précieux; mais l'ensemble manque d'harmonie. La richesse métallique du plafond doré ne peut elle-même empêcher qu'on ne regrette de ne pas voir à sa place, un dôme ou une voûte, seuls dignes de s'interposer entre l'adoration et le ciel.

Pise alors était port de mer; elle était libre et puissante; elle était marchande; elle a imprimé son cachet à son œuvre.

Le baptistère est un bijou coquet, somptueux, que l'on à composé des pièces les plus précieuses. Sa forme ronde, son petit dôme y prêtent de l'élégance, presque de la majesté.

Grandeur d'espace et grandeur d'art se trouvent près de là, dans le Campo-Santo, enceinte longue de 160 mètres, large de 50, tout entourée d'arcades. Sous ces arcades sont les tombeaux des nobles Pisans; la plupart réunissent le mérite du travail à celui de la matière. Les murs de fond sont revêtus de fresques par Orgagna qui y a représenté entr'autres, le triomphe de la mort, où l'Imperador del doloroso regno

> Da ogni bocca dirompe co'denti
> Un peccatore, a guisa di maciulla,
> Sì che tre ne face così dolenti.

Plus loin, est l'ivresse de Noë, assez bien rendue pour ne pas être plus édifiante là, qu'elle ne le fut en réalité. La jeune fille qui le regarde en se couvrant les yeux, n'est pas non plus très édifiante, ni très édifiée. C'est elle qui a rendu proverbiale dans le pays, l'expression ironique *Vergognosa del campo santo*.

Le milieu de l'enceinte était, dit-on, une terre sacrée apportée de Jérusalem. Cette terre, outre la vertu de gagner des indulgences pleines et entières, à ceux qui y étaient ensevelis, avait celle de consumer leurs corps en peu de temps, de manière à n'en laisser aucune trace. Propriété bien précieuse, puisque, tout en prouvant la divinisation du sol, elle offrait l'avantage de pouvoir admettre ainsi, un nombre infini de corps et par conséquent, d'ouvrir tous les jours la porte du ciel, à des malheureux qui sans cela, fussent passés et repassés éternellement par la *maciulla* de tout à l'heure.

Il va sans dire que ceux qui ouvraient si souvent cette porte de miséricorde, ne manquaient pas d'ouvrir tout autant de fois leur bourse, pour recevoir le gage du repentir. Mais ce n'était qu'un accessoire dont le compte réglé ici bas, était sans valeur, au prix des concessions qu'on appelait d'en haut.

Pour qui douterait de cette vertu miraculeuse de combustion divine, les preuves ne manquent pas; la terre est encore là; si elle ne brûle plus les corps, c'est par la seule raison qu'on n'y en met plus. Ne croyons donc pas ceux qui disent que la terre de Jérusalem était tout simplement de la chaux de Carrare, et que, si l'on n'y met plus de corps à brûler, c'est qu'on n'en retirerait plus son argent.

Dans ce lieu si saint, est un monument bien profane : c'est un beau sarcophage grec, que l'on prétend être celui de Phèdre et d'Hippolyte. Les dieux qui étaient intervenus d'une manière si terrible pour empêcher l'inceste de la mère et du fils, auront-ils permis celui de leurs cendres ? Laissons cette tombe dans un double silence.

Une autre merveille qui a aussi ses mystères, car on ignore qui l'a créée, et on ne peut expliquer son existence, c'est la Tour-Penchante, que sept couronnes de colonnes élèvent à la hauteur de soixante mètres. Sa belle construction, ses colonnades superposées la rendent bien remarquable ; mais elle l'est plus encore par l'inclinaison qui porte son sommet à un tiers de son diamètre en dehors de son aplomb.

Quelle force magique a ainsi suspendu cet édifice dans une pente si hasardée? Est-ce la nature, est-ce le génie? La chose reste indécise ; et cette incertitude ajoute au merveilleux.

Les coupes horizontales des pierres et leurs assises étant toutes perpendiculaires à l'axe de la tour, tandis que les verticales y sont parallèles, cette double circonstance semble indiquer que l'édifice a été construit droit, et qu'il se sera incliné ensuite, par un fléchissement du sol. Mais, répétons-le, qu'est-ce qui l'arrête dans sa pente ?

Du sommet de cette tour, on découvre toute la plaine du Bas-Arno, et une grande étendue de mer. Galilée en a fait son observatoire. C'est de là qu'il sondait l'immensité, qu'il en découvrait les lois; c'est là qu'il venait emprunter à la nuit, la lumière qui devait éclairer le monde ; c'est là qu'il étudiait les lois de la pesanteur et de la chute des corps. Près de là aussi, dans la cathédrale, le balancement d'une lampe lui disait les oscillations du pendule. C'est ici qu'il découvrait, qu'il révélait, tout ce que les siècles précédents avaient ignoré, tout ce que les siècles suivants n'ont pu que observer, analyser, appliquer.

Une fois encore, les rues désertes, les ponts, les quais et leurs hôtels-palais ; et je rentre, chassé par la nuit et la pluie qui vient justifier copieusement le reproche d'Alfiéri :

Mezzo Dormendo, domando : Piove ?
Tutta la intera notte, egli è piovuto.
Sia maladetta Pisa ; ognor ripiove ;
Anzi, a dir meglio, e' non è mai spiovuto !

La vallée de l'Arno est un jardin que les fleurs et les fruits embellissent à l'envi. Elle est parsemée d'une foule d'habitations, villas, cottages, ou simples mais propres et jolies demeures des paysans. Partout règne un air d'aisance ; je dirais presque un air de fête, inconnu ailleurs ; c'est l'heureuse expression du bien-être qu'un gouvernement paternel, aidé d'une nature bienfaisante, a su donner au peuple Toscan.

La route est une avenue plantée d'arbres festonnés de pampres et de raisins. Une population nombreuse y circule. L'élégance, la propreté des costumes, s'accordent avec la délicatesse des traits, la finesse des physionomies, caractérisées surtout par *duo negri occhi, sotto duo negri e sottilissimi archi.* (Arioste.) Ces physionomies s'embellissent des grâces du langage. Car, en Toscane, contrairement à ce que l'on trouve en d'autres pays, le parler est plus correct, la prononciation est plus douce et plus pure dans les campagnes que dans les villes. Il semble que la langue s'y module aux harmonies de la nature.

A Pontaderra, la route qui, jusque-là, était restée voilée dans sa propre richesse, s'élève sur un coteau, d'où les aspects s'embellissent en s'agrandissant et en se parant de tous les charmes de la variété.

Une succession continue des plus gracieux tableaux, mène à San-Miniato, avantageusement situé sur une hauteur d'où il domine la route et la vallée. La ville est petite ; elle n'offre rien de remarquable, que sa jolie église de Saint-Sauveur et sa cathédrale, dont le clocher était si estimé de Michel-Ange que, pendant un siége, il le fit entourer de matelas, pour le préserver de l'atteinte des boulets ennemis. Certes, le préservatif était bon si, de ce temps, les matelas étaient aussi durs que celui qu'on me donna dans ma petite auberge. Je réponds que celui-là était à l'épreuve de la balle. Peut-être même, descendait-il en droite ligne du clocher. En tout cas, il n'était pas à l'épreuve des punaises, qui vinrent m'y assaillir et m'y torturer impitoyablement, jusqu'à ce que le premier rayon du jour me permît de leur laisser le champ de bataille, que je n'envie ni à elles, ni à ceux qui m'y succèderont. Dès lors, je quitte l'Arno et sa vallée, pour gagner par des sommets assez élevés, celle de l'Elsa, qui doit me porter vers Sienne.

Un chemin à peine tracé sur des terres argileuses, détrempées par une pluie abondante qui est tombée pendant la nuit ; une contrée nue et presque déserte offrent d'abord un trajet aussi désagréable que pénible. Mais bientôt j'atteins les bords de l'Elsa dont les eaux vives se replient en mille détours dans sa charmante vallée.

Dans cette vallée moins fréquentée des étrangers, les habitans ont conservé encore plus pure leur bonté native ; accueil bienveillant, obligeance empressée à me montrer ma route; offre généreuse de leurs fruits; partout je trouve une hospitalité qui semble émaner des lieux qu'ils habitent.

A Castel Fiorentino, je vois cette population parée pour la solennité du dimanche. C'est une petite ville; il y a un peu plus de coquetterie que dans la campagne; mais c'est toujours le même calme, la même décence, la même douceur d'existence empreinte aux traits délicats de belles physionomies.

Le même air de fête, les mêmes scènes heureuses me mènent jusqu'à Certaldo, où tout s'embellit encore, comme pour rendre ce lieu digne de la célébrité que lui a léguée Boccace.

Au bas de la montée qui conduit à son habitation, l'inscription suivante invite à la visiter :

Viator, ferma il pié, volgi il passo
A salir l'erto monte, ove in castello
Tu troverai che sotto un duro sasso,
Il Boccacio gentil riposa in quello.

C'est une maison de brique, aux fenêtres et aux meubles antiques, parmi lesquels une lampe pleine d'huile desséchée, passe nécessairement pour celle qui a éclairé les veillées du Décaméron. Ce qui du moins a dû en inspirer la riante poésie, c'était la vue délicieuse dont on jouit depuis les fenêtres de la chambre, et surtout depuis la terrasse appelée encore aujourd'hui, la terrasse de Boccace.

C'est de là qu'il écrivait :

« Qui ho cominciato a confortar la mia vita; e il non veder le » spiacevolezze e li fastidj de' nostri contadini, mi è di tanta con- » solazione, che se potessi far senza di udirne alcuna, credo che » il mio riposo crescerebbe assai. »

De Castel à Poggibonsi, la distance est courte; elle est encore abrégée par la beauté des lieux qu'on parcourt. Poggibonsi lui-même est dans une situation des plus heureuses, au confluent de plusieurs vallées qui y réunissent leurs eaux, et les produits de leurs industries comme de leurs sols. A l'entrée de l'une d'elles, se voit le bourg de Colle, activé par de belles papeteries, dignes filles de celles où, dit-on, on inventa et fabriqua pour la première fois, le papier, dont les feuilles légères devaient devenir les ailes de la pensée, l'arme la plus puissante de la vérité.

La route, qui traverse d'abord un bois épais où je savoure la fraîcheur du matin, continue variée, accidentée de jolis paysages. Une dernière fois je traverse l'Elsa, qui est plus vive et plus pure, pour être plus près de sa source. Ses rives sont co-

quettes comme elle ; elles sont revêtues d'un épais gazon , brodées de buissons, couronnées de touffes d'arbres. Le soleil déjà
est ardent ; le repos m'appelle par toutes ses séductions ; je
m'assieds ; je vais me coucher ;..... une couleuvre d'un mètre,
dont je trouble le bain de rosée et de soleil , est assez bonne-
enfant pour me céder la place. Moi, je ne veux pas être en arrière de politesse avec elle ; je pars sans prendre même le temps
de lui dire : Ne vous dérangez pas ; je n'en ferai rien. Grâce à
cette bien venue, je ne tarde pas à apercevoir la haute porte de
Sienne, qui s'élève en arc-de-triomphe à l'extrémité de son long
faubourg.

L'intérieur de la ville présente tout d'abord un caractère particulier ; c'est le grand nombre de maisons gothiques qu'on y
voit dans la plupart de ses rues ; la population y est active ;
elle y est belle ; le sang pur et vif. Les Siennoises y joignent une
harmonie de toilette et de traits qui semble la sœur de l'harmonie si justement renommée de leur langage.

Une vaste place, le Campo, située vers le milieu de la ville,
est aussi bien différente des nôtres : c'est à la fois une place, un
amphithéâtre, une arène ; sa forme se rapproche de l'ellipse ; le
sol abaissé dans le milieu, se relève vers les bords.

Aussi, c'est la place du marché ; c'est la place des solennités ;
c'est la place où plusieurs fois par an, se font les courses de
chevaux.

Quand j'arrivai, la ville était encore émue d'une de ces courses qui y avait eu lieu deux jours auparavant. Elles provoquent
toujours un grand concours. Aussi, c'est que ces courses sont
accompagnées de jeux, de fêtes, de bals. Et puis les chevaux
n'y courent pas comme ailleurs, sanglés, éperonnés, bridés,
fouettés ; ce sont de beaux coursiers demi-sauvages, qu'on lâche
en liberté ; qu'on livre au noble instinct du courage et de la
gloire ; qui courent, qui luttent, qui triomphent, sans autre ai-
guillon que les applaudissemens, les voix, les regards qui les
électrisent.

Mon hôte me parlait de cela avec la foi d'un amateur méridional. Il avait lui-même lancé un coursier. Son Pardo, disait-
il, *abbruciava colla narice, il crine del vittore*, brûlait de son
naseau la crinière du vainqueur !

Une fois encore, je maudis le capitaine Nicolaï de m'avoir retenu à Toulon, le temps qui m'aurait amené à Sienne juste pour
le grand jour. Pour m'en indemniser, je me mets à courir
les monumens de la ville.

Je monte d'abord au Campanile , tour qui s'élève à no
nante mètres au bord du Campo. De là, je vois dans toute
sa grandeur, la ville, ses palais, ses églises, son enceinte garnie

d'antiques tours; sa citadelle bastionnée, sa promenade; et au-
delà, vers l'est, des campagnes fertiles relevées aux pentes de
l'Apennin, tandis que, à l'ouest et au sud, s'étendent sous
une teinte monotone et grisâtre, les champs déserts des Maremmes.

Chacun des palais, chacune des églises dont j'ai vu les clochers et les tours, contient quelque chef-d'œuvre de sculpture,
de peinture; chaque église a de plus son miracle, souvent accompagné de plusieurs autres. Le plus révéré est celui dont se
glorifie l'église de Sainte-Catherine, patronne de la ville, qui y
était visitée par Jésus-Christ; chose si vraie, qu'on montre encore la fenêtre par où il entrait.

Un tel miracle suffisant à mon adoration, je vais à la Cathédrale admirer les merveilles que l'art y a prodiguées. Le vaisseau
est grand, d'un beau gothique; il est bâti de marbres dont les
lits sont alternativement blancs et noirs, jeu de marquetterie
qui s'associe mal avec la grandeur, la noblesse de l'édifice.

Dès qu'on approche, l'attention, l'admiration est saisie par la
quantité infinie, la richesse, la perfection des détails dont la
façade est ornée. Tout y est dessin, sculpture, mosaïque, depuis
le parvis jusqu'aux gouttières.

A l'intérieur, les colonnes des plus beaux marbres ont été
brodées de fleurs et feuillages, par des ciseaux habiles; au-dessus
de ces colonnes, une galerie de bustes en marbre blanc, représente tous les Papes qui ont gouverné Rome; au-dessus de cette
galerie, une voûte azurée, parsemée d'étoiles, couronnerait dignement l'œuvre, si la même pensée malheureuse qui a marqueté
l'extérieur, n'avait rompu toute l'harmonie et la majesté de cette
voûte, en la divisant en petits compartimens carrés.

Mais ce n'est pas vers le faîte qu'est le prodige de l'art; il est
sous les pieds, dans les admirables mosaïques que y a incrustées
le génie de Beccafumi. Correction, mollesse des contours, moël-
leux et nuancé des ombres, elles ne cèdent rien aux toiles les
plus renommées. L'histoire sainte y est représentée tout entière.
Une Eve pécheresse, faite pour faire adorer le péché; un Abel,
fait pour faire adorer la vertu, y attirent, y retiennent principalement le regard. Et, si on ne croit pas aux miracles, on croit au
prodige, quand on apprend que l'auteur de ces travaux merveilleux, Beccafumi, était un berger!

A côté, dans la sacristie, se voient d'autres travaux également
admirables; ce sont les fresques dessinées par Raphaël,
âgé de 20 ans, et peintes par son maître, le Perrugin.

Après cela, il faut admirer encore des chefs-d'œuvre d'un
ordre inférieur; ce sont les dessins, les peintures qui ornent les

manuscrits de cette bibliothèque. Nulle part ailleurs on ne peut trouver une pareille perfection dans de si humbles travaux.

L'âme, les sens se livrent tout entiers à la contemplation de ces œuvres du grand siècle. On est ravi par elle, hors de d'actualité dans laquelle on vit. Le mouvement, le bruit de la ville me briserait. Je vais recueillir tant d'impressions dans l'ombre et le calme du soir, dans une allée solitaire de la promenade qui avoisine la citadelle. Là je vois passer à travers les voiles de lumière et d'ombre du crépuscule, des groupes qui me rendent mes tableaux, en y ajoutant le mouvement, la voix, la vie.

Au sortir de Sienne, pendant deux lieues environ, je jouirai comme la veille, de l'aspect et de la fraîcheur de bois touffus. On m'avait annoncé que je verrais, mais j'ai été assez maladroit pour ne pas voir, le chêne de Saint-François, ainsi nommé parce que ce Saint passant par-là en un jour très-chaud, et ne trouvant pas d'arbre pour se mettre à l'ombre, planta en terre son bâton de voyage, qui s'empressa de pousser racines et branches. Or, comme les Saints ne sont pas égoïstes, St-François voulut qu'à l'avenir il y eut là de l'ombre pour tout le monde, et il y a crû une forêt! La légende dit de plus que, quoique l'arbre miraculeux ait déjà été coupé plusieurs fois, c'est toujours le plus ancien et le plus grand de tous.

Ainsi protégé, j'arrive pour déjeûner à Buon Convento, petit bourg assez mal bâti. Il n'est pas nécessaire de dire, que mon déjeûner ne fut pas du genre de celui de l'empereur Henri VII, qui y mourut d'une hostie empoisonnée que lui présenta un moine Dominicain.

J'avais besoin d'être muni de quelque chose d'un peu plus, ou d'un peu moins tonique, ayant à traverser sans rencontrer un seul arbre, et sans faire pousser une seule feuille, la plaine sèche, déserte, qui devait m'amener au pied des monts de Radicofani.

Une courte halte à l'auberge isolée de la Scala, ainsi nommée parce qu'elle est au pied de l'échelle ou rampe; une bouteille de Pulciano, et la fraîcheur du soir qui s'approche, me rendent tout dispos pour la montée.

Elle est longue, elle est raide, quoique sinueuse; elle est presque aussi aride que la plaine qu'elle domine. Cependant, vers le haut, cette aridité est sur le point de cesser : Des nuages, que depuis quelque temps je voyais se rassembler au sommet, s'ébranlent au bruit du tonnerre; ils joignent leurs ombres à celles de la nuit. La scène est grande, presque menaçante. Ce n'est qu'à la lueur des éclairs, que j'aperçois le rocher et les ruines du château du fameux brigand Tacco. La pluie tombe à flots; c'est un éclair aussi qui me montre une petite auberge où je me réfugie.

Là, sans être prélat ni goutteux, comme feu l'abbé de Cluny, je suis traité comme il le fut il y a quelques trois cents ans, par Ghino de Tacco. Ce brigand l'ayant surpris au passage de la montagne, l'emmena dans son fort ou repaire, et, au lieu de lui ôter la vie, résolut de lui ôter la goutte. Pour cela, il le tint pendant plusieurs semaines enfermé dans un donjon, où il ne lui donna d'autre aliment que des fèves sèches, d'autre boisson que de la Vernaccia, petit vin fier et aigre. On peut penser ce qu'un tel régime fit souffrir au voluptueux abbé; mais la goutte s'en accommodant encore moins, elle partit, et M. de Cluny fut guéri.

Mon mal à moi, la fatigue et la faim, sont d'un tout autre genre. Cependant, on les traite de même, et avec encore plus de succès, car je suis guéri tout de suite. Maïs grillé à l'huile et Vernaccia me disposent admirablement à aller prendre un bon somme sur mon lit qui se trouve excellent. En effet, le matelas n'est pas dur comme à San Miniato, et cela, par une bonne raison, c'est qu'il n'y en a pas; ensuite la paillasse a deux ou trois mètres d'épaisseur; c'est-à-dire que je couche à la grange, sur une masse de paille qu'on vient d'y rentrer.

Sur ces hauteurs de Radicofani, le jour se hâte de paraître; moi, je me hâte de partir; et descendant la pente rapide du sud par une gorge profonde, escarpée, rocheuse, j'atteins de bonne heure la frontière, la barrière Romaine.

Voyons la scène qui, à la porte des Etats-Romains-Pontificaux, sera le prélude de leur grandeur : Une petite fenêtre s'ouvre à une maison isolée; il en sort un bonnet de coton qui me crie *dogana*, la douane! Alors viennent trois ou quatre hommes de l'aspect le plus chétif, demi éveillés, demi vêtus, affublés de shakos et gibernes; ce sont des soldats romains! Pour comble de romanisme, ils m'offrent de me laisser passer si je veux leur payer *la bottiglia*. Je leur recommande la Vernaccia de Radicofani, et les laisse aussi fiers de leur tringeld, non pas que la Vernaccia elle-même, mais que leurs ancêtres, après un triomphe.

Une vallée aride, déchirée par le torrent de la Pollia, aboutit à un pont de construction moderne. Une inscription le proclame magnifique, ainsi que le Pape qui l'a fait construire. Croyons qu'il en est ainsi, et que, malgré l'emphase des éloges, le Pape avait encore plus d'humilité que de magnificence.

Pour moi, ce que j'ai vu de magnifique, après l'inscription, c'était l'aspect de la contrée, au-delà de ce pont. La vallée s'y élargit pour réunir ce que l'œil peut désirer de plus gracieux, de plus riche. Au fond, sont des champs cultivés, de vertes prairies, où, pour la première fois, je vois et j'admire ces bœufs

blancs de la Romagne, ces bœufs aux formes, aux cornes majestueuses; ces bœufs que les Dieux réservaient pour leurs temples;
que les Consuls et les Dictateurs attelaient à leurs charrues.

Au bas de la montagne, s'élèvent en terrasses, des vignes,
des jardins; au-dessus, sont des forêts, des rochers, où des
plantes rampantes suspendent leurs festons, où des chèvres
blanches suspendent leur course hardie et capricieuse. Une cascade joint à tout cela son éclat, son harmonie, sa fraîcheur.
C'est elle qui donne son nom à la petite ville voisine Acqua-
Pendente. La route s'y élève, taillée dans le roc, à l'abri de la
forêt qui la recouvre.

Plus ces lieux sont beaux, plus on y est froissé, je dirais
presque, indigné des formalités aussi sottes que vexatoires, que
la police papale y fait subir aux voyageurs. Voici ce que j'en ai
pour ma part : Deux soldats romains à la façon de ceux de la
douane, m'accompagnent depuis la porte jusque chez le gouverneur, préteur en soutane, qui, après bien des questions et des
regards scrutateurs, finit par me donner son visa; moyennant,
bien entendu, la contribution obligée de quelques paoli.

Les deux soldats, toujours fidèles copies du premier modèle,
réclament la *bottiglia*, que je leur paie avec un grand merci
pour l'ennui qu'ils m'ont donné, et je pars tout contrit de n'a-
voir encore trouvé jusque là, pour toute trace de la grandeur
antique, que des cornes de bœufs.

Le sol reste riche et assez bien cultivé; on voit çà et là des
grottes ou cavernes creusées dans le tuf qui en forme la couche inférieure; puis il s'élève, devient plus aride; le soleil y
brûle.

Je pus même le prendre un moment pour un soleil Egyptien;
ce fut quand, sur cette route alors entièrement déserte, je ren-
contrai une famille nomade de gens au teint brun, plombé, aux
cheveux noirs, presque crépus, au costume, à la physionomie,
à la voix étrange; quand surtout, une nuée d'enfants maigres et
lestes comme des singes accourant vers moi, leur aînée, jeune
fille de treize ans environ, me raconta qu'ils venaient de l'E-
gypte; qu'elle même avait été à Jérusalem, et qu'elle avait reçu
le don de prédire. Elle m'offrait en même temps, de me dire
mon sort, qui était digne d'une Excellence comme moi, *degno
d'una sua pari Eccellenza*. Déjà elle prenait l'air inspiré; elle
invoquait Dieu, la Vierge et les saints, pour l'aider à sa révéla-
tion sacrilège, lorsque je la congédiai en lui donnant quelques
sous, but principal de son invocation. Alors elle, errante, sans
toit, sans pain, sans souliers, presque sans vêtements; elle
condamnée dès l'enfance à toutes les souffrances, à toutes les
souillures de la misère, elle me bénit, me promit le bonheur!

A peu de distance en arrière, marchait le groupe principal, hommes et femmes aussi misérables, aussi insoucieux, aussi gais que leurs enfants. Un des hommes jouait du violon; les femmes chantaient; un âne qui portait dans ses paniers quelques langes et quatre maillots, y mêlait de temps en temps les éclats de sa gaîté; tout était misère et joie.

Le refrain de la chanson :

Uccidiam il male,
Finche ci uccida !
Tuons le mal
Jusqu'à ce qu'il nous tue !

expliquait l'énigme d'un tel tableau.

C'est en répétant le refrain égyptien que, brûlé du soleil, j'arrive à San-Lorenzo-Nuovo, bourg ou plutôt, village bien bâti, et avantageusement situé au haut d'une longue côte, qui porte la route au bord du lac de Bolséna. Un chemin de pied descend par une pente rapide, à travers un bois épais dont j'aspire délicieusement la fraîcheur. Ce trajet est embelli par plusieurs échappées sur le vaste et profond bassin du lac; vers le bas, des sources vives, des ruisseaux y joignent leur fraîcheur, leurs murmures. Tout invite au repos dans ce lieu; mais une immense couleuvre qui traverse mon chemin, à quelques pas de moi, m'invite, sans long discours, à le continuer. Un court trajet sur un sol marécageux, me conduit à Bolséna.

Bolséna, c'est presque Rome; c'est l'ancienne Vulsinie, l'une des capitales Étrusques qui, pendant plusieurs siècles, tinrent en échec la puissance romaine; c'est Vulsinie, alors grande, riche, peuplée de guerriers et de statues; c'est..... un misérable hameau sans commerce, sans industrie, si ce n'est la pêche qui nourrit la misère et la paresse de ses rares habitants.

Et cependant, Bolséna est le seul lieu habité que l'on trouve sur les bords de ce lac, qui a plus de douze lieues de tour; de ce lac dont les poissons exquis suffiraient seuls pour nourrir des milliers d'habitants. Des rives étendues, des côteaux couverts de forêts qui en accusent la fécondité, restent incultes, dépeuplés; trois ou quatre cents misérables, voilà tout ce qui y vit, à la place d'un grand peuple !

Le lac est si beau, beau comme son ciel; et cependant pas une barque ne va y chercher, ne va y porter la vie ! Deux îles sortent de son sein, comme pour le mirer, comme pour s'y mirer elles-mêmes; elles sont fécondes; elles sont belles.... elles sont désertes comme les rives ! L'histoire moderne n'y a légué que de tristes souvenirs : Amalazonthe, fille de Théodoric, y a été reléguée et étranglée par son mari Théodat ; des Papes y sont venus chercher des plaisirs qui leur faisaient oublier leurs devoirs, les lois du ciel et de la terre.

La rive orientale que longe la route, est plus relevée que l'autre ; les bois qui la couvrent, sont parsemés de figuiers dont je savoure les fruits. La fraîcheur, la beauté de ce trajet, me font oublier le soleil de Lorenzo, et entrevoir les charmes de la vie nomade, comprendre les chants de mes Égyptiens, au sein d'une nature si riche.

C'est au soleil du soir, que je monte la longue côte de Monte-Fiascone.

Le nom est de bon augure pour le piéton attardé, fatigué, altéré..Et l'augure n'est pas menteur. Le Moscatello qu'on y récolte est digne de sa réputation ; il explique sans l'excuser, la prédilection de l'évêque Fuger qui, un jour, en but tant qu'il en mourut.

Son tombeau qui se voit près de la ville, dans la petite église Saint-François, le représente couché entre deux verres. Pour compléter l'ignominie d'un pareil monument, on y lit l'épitaphe suivante :

> Est, est, est ; propter nimium est,
> Joannes de Fuger,
> Dominus meus mortuus est.

que l'on dit faite par lui-même, quelques instants avant sa mort ; quoiqu'elle soit mise sous le nom de son domestique.

Ce tombeau est la merveille historique et monumentale de Monte-Fiascone ; c'est le pélerinage obligé de tout étranger qui y passe.

Je le fis plus dévotement que je ne m'y attendais : j'y trouvai l'évêque actuel, donnant la bénédiction. Il avait, lui, de la dignité dans la figure, de la solennité dans les gestes et la voix. J'ai appris depuis, que c'est lui qui a succédé à Pie VI, sous le nom de Pie VII.

Revenu à l'auberge, quelques rayons de soleil dorent encore le ciel et la terre ; le Moscatello y mêle ses reflets dorés ; il y a peu ou rien à voir, d'ici à Viterbe ; il sera délicieux marcher à la fraîcheur du soir..... Je pars, je marche. A défaut de tableaux sur la route, je revois plus brillant en souvenirs, ce que j'ai vu dans la journée, tourlourous romains, préteur en bonnet-carré, Égyptiens, Égyptiennes, horoscope changé alors en oroscope. On m'a menacé des brigands ; je ne rencontre que des amis.

Il est près de dix heures quand j'arrive à Viterbe. Mes petites auberges à peuple et à petits voyageurs, sont fermées ; il faut

que j'aille à l'hôtel, tout dédoré que je suis. Il y a cohue de
chevaux, de voiturins, d'étrangers. Je crains d'y paraître bien
étrange moi-même. Mais un touriste à pied, venu en voiture du
fond du Yorkshire, voyant mon équipage piéton, s'anime comme
un coursier au son, à la vue des armes, et m'offre de faire route
avec moi. Il est impatient de marcher. Il faudra partir au plus
tard, à quatre heures. A l'heure dite, il est en tenue, *cap-à-pie*;
joli petit sac qui n'a encore connu ni pluie ni soleil; teint frais,
qui n'en connaît guère davantage; ombrelle à manche d'ivoire;
souliers fins et sans doute, peau fine. J'aurai, et en effet, j'ai
d'abord de la peine à suivre un tel marcheur.

Mais la grève de la route n'est pas toujours très fine elle-
même; et puis bientôt le soleil monte à l'horizon, et nous montons, nous, une longue côte sans abri. L'ombrelle garantit la
tête; mais le corps! Et puis aussi, point d'habitations sur cette
route. On n'a pas déjeûné; on n'a pour se conforter, que l'ex-
clamation à demi-voix, fréquemment répétée : *Haïe hem*, avec
variation de *dear-me! dear-me!*

Enfin, nous atteignons le sommet de la côte, où la vue d'une
maison assez grande, avec enseigne *Posta papale*, nous promet
le confort de l'ombre, du repos et de la collation.

On oublie la douleur, on se hâte, on arrive; on demande
une chambre; on commande un bon déjeûner. Mais dans la
Posta papale, il n'y a qu'une chambre, qui sert de cuisine, de
dortoir et de salle; il n'y a qu'une chose à manger, du saucis-
son très peu frais, très peu rafraîchissant; qu'une chose à boire,
du vin très peu échauffant; il n'y a même qu'un verre, qui
sert pour toute la maison et pour les voyageurs. Les *haïe
hem!* et les *dear-me!* tiendront lieu d'entremets et de dessert.

C'est *horrid*; c'est *shocking*; en vrai huguenot, on prononce
que le pape est un *Unchrist*, et la fureur faisant l'effet du *com-
fort*, on se remet en route, presque aussi rapide qu'au sortir de
Viterbe. Cette fureur aidant, et la marche étant plus facile, sur
un vaste plateau d'abord, ensuite à la descente, nous arrivons
assez promptement à Ronciglione, bourg bien bâti, dans une
position charmante, près du lac de Vico, ancien Ciminius, dont
les eaux y activent plusieurs forges.

A la sortie des montagnes, à l'entrée des grandes Maremmes
du désert de quatorze lieues qui s'étend de là jusqu'à Rome,
ce bourg en est, pour ainsi dire, le port ou l'entrepôt. Cela explique l'activité qui y règne, et le grand nombre de voiturins
qui vous y attendent au passage, vous appellent, vous poursuivent, vous portent presque dans leurs voitures.

Du haut de Ronciglione, j'avais vu l'aspect morne des Maremmes. Les parcourir à pied ne promettait guère plus d'agré-

ment que d'utile. Comment et en combien de temps y faire quarante milles, avec les souliers et les pieds fins, les *haie-hem* de mon compagnon touriste ? Il y avait cruauté à l'y engager.

Comme nous traversons la place, un petit cheval blond qui est attelé à une sédiole, hennit, bat la terre ; son maître nous appelle... Nous ne pouvons résister à tant de séductions. Il est convenu qu'il nous mènera tout d'un trait à Rome. Il donne l'avoine à sa bête ; nous nous donnons l'Orvieto ; puis, assis tous deux sur le banc ouvert de la sédiole, et le conducteur debout derrière, selon l'usage italien, nous partons.

Le cheval est vif, le voiturin s'est avivé aussi à déjeûner ; nous allons grand train. Si *Luigia Nicolaï* allait *come un Cristo*, *Marietta* va *come una Madonna*. Cependant, arrivée au haut d'une côte, en fille timide, elle s'effraie d'une borne de la route, et fait un écart. Le phaéton qui déjà avait peine à garder l'équilibre, faillit tomber de son étroit marche-pied ; il se venge par un coup de fouet. Marietta qui, comme bien des jeunes filles timides, a son point de caractère, se fâche du mauvais procédé ; et voilà Madonna qui court comme un petit diable.

Mais ange ou diable se romprait le cou à descendre d'un train pareil. Aussi, quoique, comme bien des jeunes filles encore, Marietta ait les pieds aussi légers que sa jolie petite tête, après quelques bonds, elle s'abat et, qu'on juge de mon étonnement : Je saute à terre, je me retourne, je ne vois plus qu'elle et la sédiole, dont le brancard est cassé ; touriste et phaéton ont disparu ! L'un est tombé sous la sédiole, où il reste entortillé dans les traits, les jambes et la queue de la madonne ; l'autre a été lancé à quinze pas en avant. Par bonheur, il a rencontré un tas de poussière qui amortit la chute, mais qui le saupoudre *cap-à-pie*, et lui remplit les yeux, le nez, la bouche. Blanc de poussière, pâle de frayeur, quand il se relève, il semble un spectre qui sort de terre ; il ne peut d'abord pas respirer ; je lui souffle dans le nez, et enfin sa bouche articule le salutaire *haie-hem* ; il est sauvé ! Il m'aide à retirer de dessous son char, Phaéton qui, plus heureux que le fils d'Apollon, en est quitte pour une légère contusion à la jambe ; et tous trois, nous relevons Marietta qui, elle aussi, s'en tire saine et sauve ; qui plus que jamais, remue ses pieds, ses oreilles, pour dire, encore comme bien des jeunes filles, « je suis bonne et maligne. »

Moi qui en ai assez de cette manière Yorkoise, peut-être Iroquoise, de voyager à pied en sédiole, et en sédiole par terre, je propose de congédier le phaéton et la madonne, pour nous en aller tout simplement à deux pieds, en vrais touristes. Mais le Yorkois fait une mine si piteuse en dessous de sa poussière ; il pousse un *dear-me* si plaintif, que je comprends l'impossibilité

de nous passer des bons services de Marietta qui , du reste,
bonne fille, sans rancune, et ne songeant plus qu'à la gaîté, se
prépare en vidant sa musette, à courir de plus belle.

Cependant, le brancard brisé, comment le rétablir ? Le ciel
qui sans doute trouve que le touriste huguenot a été assez puni
de ses imprécations anti-papales, fait venir à point sur la route,
une voiture de ramées. Quoique envoyés du ciel, les montagnards
qui la conduisent ont l'air un peu diables, sous leurs vêtements
de peaux, leur teint noir, leur regards profonds et obliques ;
mais, fidèles à leur mission, et quelques paoli aidant, ils nous
fabriquent avec deux rames, un brancard à la Robinson ; et de
nouveau, nous courons.

Cours Marietta ; tu ne peux aller trop vite à travers ce pays
désert, où à peine on rencontre, de relai en relai, quelques habitations ; où, de tous côtés, l'œil n'aperçoit que solitude et aban-
don , à la place des villes, des peuples qui s'y pressaient jadis.

Nous traversons ainsi le territoire des Falisques, celui des
Véïens, aujourd'hui, territoires de ronces, de fange et de reptiles.

Un petit village, trop bien nommé Isola, car c'est une île dans
le désert, est tout ce qui reste de Véïes qui, pendant près de quatre cents ans, resta en face de Rome, suspendant ses conquêtes,
brisant ses efforts ; de Véïes qui a vu périr sous ses murs, les
trois cents Fabius ; de Véïes qui, comme une autre Troies, sou-
tint un siége de dix ans, et ne put être vaincue que par la ruse !

Comme nous y arrivons, la nuit tombe. C'est la porte du sanctuaire de l'histoire ; je ne puis me résoudre à la franchir brus-
quement ; je veux voir à chaque pas, grandir les aspects, les
souvenirs ; je laisse touriste, voiturier et Mariette continuer leur
chemin ; et une seconde fois je fais essai d'une poste Papale.
Celle-ci ne ressemble que trop à la première ; cependant, j'y ai
une chambre à part. Mais cette chambre, enfoncée de plus d'un
mètre dans le sol, éclairée par une fenêtre en soupirail, a tout
l'air d'une fosse ou d'une cave. Pour l'embellir, je la tapisse
d'une belle page historique, en me figurant que ce doit être l'issue du fameux souterrain, par où les Romains pénétrèrent dans
l'impénétrable Véies. Je tâche de m'arranger de manière qu'on
ne vienne pas me visiter de même, sans m'en prévenir.

La vérité est que, en ce lieu, le sol est composé d'une pierre
espèce de tuf tendre et sec, très-propre aux excavations, ce qui
explique le souterrain des anciens, et les chambres-caves des
modernes. Mais cela ne rend pas plus facile à comprendre,
comment Romains et Véïens ont eu la patience de se faire ainsi,
pendant dix ans, une guerre de faubourgs. Il est très-probable
que, de part et d'autre, le garde national d'alors , comme celui
d'aujourd'hui, n'était pas très-exact ni très-constant au poste.

On conçoit que pères, maris, amans, ne sont pas restés pendant dix ans, à une lieue des douceurs et des rêves de la famille, sans manquer souvent à l'appel du soir et surtout du matin. L'histoire est encore là, pour dire que ce siège a fait sentir la première fois à Rome, la nécessité d'entretenir des troupes soldées.

Quoi qu'il en soit, je dors d'un bon somme dans mon souterrain, bien certain qu'on ne passera ni là ni ailleurs, pour venir prendre la Veïes actuelle; et, dès que je vois poindre le jour, je me mets en route, impatient que je suis, de voir, d'observer, de puiser dans le présent et le passé qui me promettent tant, sans compter l'avenir qui, lui aussi, n'est pas en arrière de promesses, surtout à Rome.

Cependant, toujours le désert! La voie Cassienne, route du Nord, route des conquêtes, autrefois couverte de peuple, de légions, de triomphes, est sans mouvement, sans bruit. La poussière n'en est plus remuée que par les pas pesans de quelques bœufs, de quelques ânes qui mènent à la Reine du monde, de chétives provisions.

Rome, Rome, où es-tu?

Quelques tours, quelques tombeaux en ruine, annoncent enfin l'approche du lieu où est enseveli le peuple-géant. Le cri rauque des oiseaux de mort et de nuit qui les habitent, succède seul aux fanfares, aux chants des victoires et des fêtes. Le son de la cloche seul y répond, et roule sur ces ruines, des accens de deuil!

La voilà cette Rome à qui le ciel semblait avoir confié les destins de la terre; voilà ce Capitole où un sénat de rois en dictait les arrêts; voilà les sept collines qui dominèrent les Alpes et l'Atlas!

Voilà aussi Rome chrétienne avec ses palais, ses églises, ses dômes qui semblent descendre du ciel!

Jadis, Rome était tout; ici du moins tout est Rome. Je traverse un pont; c'est celui où le peuple, le sénat et les chevaliers romains venaient attendre le retour des consuls et des dictateurs victorieux, pour les conduire en triomphe au Capitole; sous mes pieds coule le Tibre, dans lequel les vainqueurs venaient laver la sueur, la poussière des combats; le Tibre d'Horatius Coclès, de Clélie; le Tibre que remontaient des flottes chargées des dépouilles de l'Europe, de l'Asie, de Carthage.

Le champ que je traverse était le Champ-de-Mars, où les guerriers Romains préludaient à la victoire. La porte où je passe est la porte Flaminienne. La place où j'entre, c'est la Place du Peuple!

Mais le peuple, où est-il? Rome ancienne, où est-elle? Tout

a disparu! Une vingtaine de paresseux, aussi peu Romains que leurs fusils et leurs gibernes, occupent le corps-de-garde. Ils ont pour travail, de demander le passeport aux arrivants; ils ont pour combat, la guerre aux puces et aux punaises; ils ont pour conquête, la prise de quelque délinquant d'octroi; ils ont pour triomphes, les processions!

Une chance heureuse me fait rencontrer là, une de ces solennités qui, elles aussi, ont eu leur renommée, leur éclat, leurs grands jours; mais qui, elles aussi, sont déchues de leur grandeur.

C'était la fête de Sainte-Marie-du-Peuple, antique église qui est à l'entrée de la ville.

Pendant que je suis à attendre mon visa, je vois déboucher sur la place, une troupe de ceux qui, en tout temps et en tout pays, sont les premiers à toutes les fêtes; ceux qui ne changent en aucun temps, en aucun lieu; qui, toujours les mêmes, survivent à tous les empires, à toutes les révolutions du globe; les gamins qui courent, qui crient aujourd'hui, tout comme ceux que le pieux Numa fourra le premier dans des écoles. Puis, ce sont les mendiants, attribut tout spécial de Rome moderne; puis des curieux étrangers, la plupart Anglais, très-peu papistes; de longues files de moines de différents ordres, mêlant leurs chants à ceux des castrats, cette honte de Rome papale; puis, le cortége des Cardinaux, et, au milieu, le Pape porté sur un brancard, mais pouvant à peine porter lui-même sa tête vacillante. Pompe, richesse flétrie, grandeur, puissance passée, tout entre dans la petite église, et la place reprend son habitude de vide, de silence.

La place du Peuple a de l'étendue, mais peu de régularité; elle est concave, selon l'ancien usage, qui a le mérite de mieux développer l'espace, et d'en rehausser le cadre. Au milieu se dresse un obélisque égyptien, qui semble là comme la borne du temps, attendre que de nouveaux évènements passent autour de lui, pour témoigner de la durée du monde et de l'instabilité des hommes.

Adoré comme un rayon du soleil à Héliopolis, il devint sous Auguste, la *meta* autour de laquelle tournaient les chars, aux courses du grand Cirque; aujourd'hui, à l'entrée de Rome, il voit passer aussi rapides, aussi fragiles, les peuples, les rois, les siècles.

Sur la gauche, à la pente du mont Pincio, est une promenade publique créée récemment par le pape Pie VI.

Au fond, deux petites églises, que leur similitude fait nommer les Deux Sœurs, séparent les entrées de trois rues longues, droites mais étroites, qui vont en divergeant, se porter dans les principaux quartiers de Rome. La première à gauche, dite de Babuino, rue d'opulence et de Grandesses, mène vers le Quirinal; la deuxième, dite Il Corso, parce qu'elle est la plus fréquentée, mène vers le Capitole; la troisième, plus rapprochée du Tibre et du quai de Ripetta qui lui donne son nom, va vers le quartier populeux de la place Navone, et, par le pont Saint-Ange, au Vatican et à Saint-Pierre.

C'est par la dernière de ces rues, que je vais prendre logement à l'hôtel plébéien de l'Orso.

En passant devant Ripetta, je vois dans sa morne inactivité ce port intérieur de Rome; une dixaine de bateaux qui y sont amarrés, déchargent des légumes; voilà tout son commerce. Le Tibre lui-même, le *Pater Tiberis*, si fier autrefois de s'appeler le roi des fleuves, tout républicain qu'il était; le Tibre que je vois en écartant un peu le prisme de la superstition collégienne, me paraît à peine grand comme notre Moselle; il n'a pas cent mètres de large; ses eaux sont bourbeuses.

C'est là dit-on, que Clélie fuyant le camp de Porsenna, a traversé le fleuve. Or, comme bien des autres, j'ai toujours admiré, sans trop savoir pourquoi, ce fait tant célébré depuis bientôt trois mille ans. Hé bien, maintenant que, revenu de mes premières illusions, je me demande compte de tant de renommée, voyons ce que j'y trouve : 1° Clélie, ôtage chez Porsenna, rompt la foi du serment, et se sauve. Ce n'est pas là, je crois, le merveilleux, ni le rare de l'affaire; car, à en croire les gens d'expérience, il y a partout trop de Clélies qui en feraient, qui en font tout autant. 2° Elle trouve un cheval, saute dessus et galoppe. Il lui fallait, pour cela, de la résolution et de l'adresse, c'est vrai; mais combien on trouverait, en Lorraine et ailleurs, de filles qui, sans être des Clélies, ni même des pucelles, façon d'Orléans, ne se feraient ni peine ni mérite, de l'imiter. « Et puis, dirait Marietta, puisqu'il s'agit de mérite, convenez que le cheval en avait encore plus que la fille; puisque c'est lui qui l'a portée, qui a couru, qui a nagé. »

Tout en faisant ma dissection historique, j'arrive à un pont de marbre, bordé de statues; c'est le pont Saint-Ange, au-delà duquel, le fort du même nom, dresse sa tour et ses batteries de canons. Etrange portique du palais de celui qui représente sur la terre, le Dieu de pardon et de paix, cette forteresse a succédé au mausolée d'Adrien, dont la tour faisait partie. Alors l'intérieur de l'édifice et ses abords, au lieu de canons, étaient garnis d'une foule de statues. Dans les dernières convulsions de Rome, ces statues mêmes devinrent des armes de défense pour des pouvoirs agonisants, qui cherchaient dans ce tombeau, un abri contre la mort. On les brisait pour en lancer les membres et les tronçons contre les assiégeants. Forteresse de refuge pour les papes, un passage souterrain la relie au Vatican, et leur offre ainsi, en tout temps, une retraite assurée.

Arrivé au pied du fort, et tournant à gauche, on est bientôt en face de l'admirable perspective de la place et de la basilique Saint-Pierre.

De chaque côté de cette place, qui a deux cent quarante mètres de largeur, se développent en hémicycles, deux portiques à quatre rangs de cinquante colonnes hautes de dix-huit mètres, et couronnées à la frise intérieure, par autant de statues colossales, hautes de quatre.

Au centre de cette magnifique ellipse, s'élève à la hauteur de quarante-deux mètres, l'obélisque qui, seul de tous ceux que possédait Rome, n'a été ni renversé, ni brisé. Aux deux foyers, des châteaux-d'eau déroulent en cônes étincelants, leurs nappes cristallines.

Les hémicycles se prolongent par deux arrière-corps droits et un peu divergents, vers la façade de l'édifice, qui est à la fois, celle d'un palais et celle d'un temple.

Derrière et au-dessus de tout, on voit s'arrondir le dôme, prodige du plus prodigieux des génies, le dôme de Michel-Ange, la plus grande œuvre que l'homme ait faite à l'imitation du ciel.

A l'intérieur, au lieu de s'affaisser comme il arrive souvent ailleurs devant l'étalage d'un grand luxe, l'âme s'épanouit, s'épanche avec un calme délice, dans l'admiration du beau. Là, en effet, tous les dons de l'art et de la nature sont si bien harmonisés entr'eux, que cette admiration est grande ; mais simple comme celle que l'on porte vers Dieu.

Ce n'est qu'avec effort qu'on la distrait de l'ensemble, pour en observer les parties, dont cependant chacune, placée ailleurs, ferait un tout admirable.

Ainsi, ce dôme qui couronne la demeure d'un Dieu sur la terre, est égal en grandeur, au temple que l'antiquité avait consacré à tous ses Dieux, au Panthéon que Michel-Ange, selon sa puissante expression, a rebâti dans le ciel.

Au-dessous de cette coupole est le Grand-Autel, surmonté d'un baldaquin haut de 22 mètres, couronné de statues d'anges et supporté par des colonnes torses en bronze, hautes de 11 mètres. Dans cet autel, comme dans le reste de l'édifice, les parties qui le composent, sont si belles, si parfaites, que chacune d'elles isolée se suffirait à elle-même. Mais ici, c'est un trait dans un tableau, un membre dans un corps, un son dans un concert.

Sous l'autel, est la chapelle souterraine, qui possède, dit-

on , le corps de Saint-Pierre. A ce prix, elle a assez de grandeur mystique pour se passer de celle de l'art. Ce n'est donc pas
par-là qu'elle brille ; mais en revanche, elle promet sept ans de
grâce pour chaque degré de l'escalier qui y mène , quand on le
descend à genoux. Et certes, si cette manière de parcourir un
escalier promet les grâces du ciel , elle ne donne pas celles de la
terre. Il est difficile de voir quelque chose de moins gracieux
que cette manœuvre des pélerins sur le chemin du paradis. Elle
serait même assez inconvenante pour les femmes, si les pélerins
en étaient témoins. Aussi, ne leur est-il permis d'y descendre
qu'une fois l'an, le lundi de la Pentecôte, jour où les hommes
en sont exclus.

Quant à savoir pourquoi on fait une si large part aux hommes,
tandis qu'on la laisse si petite aux femmes, les uns disent : Elles
sont toutes si bonnes ; elles ont si peu de faibles et de faiblesses ;
elles commettent, elles disent si peu de méchancetés, que ce jour
est plus qu'il ne leur en faut pour en obtenir le pardon ; d'autres
prétendent que , puisqu'elles ont tant de grâces sur la terre , il
ne serait pas juste de leur en donner encore tant dans le ciel ;
d'autres enfin prétendent que les bas et les jupes de dessous des
pélerines ne sont pas toujours propres.

Parmi les monuments qui peuplent la nef et les collatérales, on distingue surtout la chaire soutenue par les statues en
bronze des quatre docteurs ; les tombeaux d'Urbain VIII, d'A-
lexandre VII ; celui de la comtesse Mathilde, *penè comes indi-
vidua* du pape George VII ; celui de Paul III, où deux statues,
l'une de la Providence et l'autre de la Religion , étaient , dit-on,
si belles , qu'on a été obligé de les voiler de draperies.

Mais le plus vénéré, sinon le plus admiré de tous ces monuments, c'est la statue en bronze qui représente Saint-Pierre assis.
La statue n'a pas grand mérite d'exécution ; certains même affirment
que c'était autrefois un Jupiter que l'on a ainsi christianisé.

Qu'importe aux croyants, puisque, en s'en approchant , ils
s'approchent du ciel ; puisque des grâces sont promises à ceux
qui viennent baiser le pouce du pied gauche que la statue porte
en avant, évidemment pour les y appeler. Aussi ce pouce en
est-il à demi usé.

Pour qu'on s'étonne moins, ou qu'on s'étonne plus, de cette
adoration mytho-chrétienne, disons que, par la crainte peu or-
thodoxe, de retrouver sur le pied de l'apôtre, quelques souillures des bouches et âmes qui s'y appliquent continuellement,
la plupart des fidèles, comme si chose sainte pouvait admettre
saleté, commencent par frotter le pied sauveteur avec leur
manche ou avec leur mouchoir de poche ; ou bien, posant le
mouchoir sans frotter, ils se contentent de baiser cet écran plus

ou moins propre, qui sans doute se trouve sanctifié par le contact du bronze. Serait-ce de là que viendrait l'usage de dire aux gens qui éternuent : « Dieu vous bénisse; » c'est-à-dire « mouchez-vous » ?

Quoi qu'il en soit, quand on sort de ce temple-merveille, on est saisi, on est ému d'admiration. Mais le sentiment qu'on éprouve est-il aussi divinement religieux, que celui qu'on recueille dans le demi-jour, le silence, la solitude d'une simple chapelle des champs? A l'adoration de Dieu, en présence de ces miracles du génie humain, ne se mêle-t-il pas trop de l'admiration de l'homme? Je crains de l'avoir éprouvé; je crains que d'autres ne l'éprouvent.

Peut-on dire aussi qu'on retrouve presque le même sentiment dans le palais voisin, le Vatican, où, par un étrange jeu de la fortune, peut-être par un arrêt de la fatalité, peut-être par l'effet d'une corrélation puissante, les Pontifes de l'église catholique ont recueilli toutes les divinités qu'ils ont bannies du ciel?

Le Vatican, il faut le dire, quelque étrange que cela paraisse, est un Olimpe terrestre, qui n'a rien à envier à l'ancien ciel de Jupiter, si ce n'est la fumée du gras-double brûlé en guise d'encens, dans les sacrifices.

Ce palais-musée, ayant été bâti à différentes reprises, manque de grandeur, malgré son étendue. Outre ses salons, galeries et chapelles, on prétend qu'il contient onze mille chambres. Sans doute ces chambres auront été construites pour y recevoir les onze mille vierges de Cologne, ce qui prouve bien que le nombre onze mille est complet pour les chambres comme pour les vierges.

Près de la porte par où l'on passe de la basilique chrétienne, dans ce qu'on peut appeler le temple païen, se voit la statue équestre de celui qui était marqué par le destin, pour ouvrir une de ces écluses par où le passé s'écoule et tombe; par où l'avenir inonde le temps et l'espace, pour y féconder les germes d'une nouvelle vie. Cette statue semble placée là pour dire avec l'histoire : C'est moi, Constantin, qui ai élevé le christianisme, des rangs obscurs et persécutés de l'esclavage, au faîte de l'empire.

Un escalier à deux rampes mène d'abord à la Salle-Royale, où les papes donnent audience aux ambassadeurs étrangers. Des fresques dont la beauté est ternie par l'horreur des souvenirs qu'elles rappellent, y retracent le massacre de la Saint-Barthélemy. Dans la dernière, le roi de France reçoit une nouvelle qu'il accueille avec joie. L'inscription suivante explique cette joie : *Rex Coligni necem probat !*

Et cette joie avait de l'écho à Rome. Celui qui en apportait la nouvelle, y recevait en récompense, mille écus; c'est-à-dire plus qu'on ne donna à Raphaël pour la Vierge-au-Donataire, le chef de ses chefs-d'œuvre. En même temps des feux de joie répétaient l'image des bûchers de purification ; un jubilé, des processions en remerciaient le Dieu de clémence et de bonté ; des médailles en consacraient le souvenir !

Cette salle sert de vestibule aux deux chapelles Sixtine et Pauline, toutes deux dignes annexes de Saint-Pierre. Dans la première se voit un tableau du jugement dernier, qui coûta trois ans de travail, au plus grand, au plus fécond des génies, Michel-Ange, qui, n'écoutant que la verve de son inspiration, aveuglé, éclairé par elle, y représenta des anges sans ailes, Caron et sa barque aux ordres des diables ; les élus, les réprouvés, morts ou mortes, sortant du tombeau, et se dépouillant de la terre qui les enveloppe, sans songer le moins du monde, qu'ils n'ont point d'autre vêtement, et que ce sont des yeux terrestres qui les voient.

De là, par la salle des ducs, on passe à la cour de Saint-Damas que entoure le portique à trois étages, dit les Loges de Raphaël.

C'est à l'âge de vingt-cinq ans, que ce fils glorieux de l'Italie, entreprit et exécuta en partie ces Loges célèbres, malheureusement dégradées par les hordes de Charles-Quint, et ensuite par des restaurations plus barbares encore.

Barbare ! ce nom devrait être écrit en lettres de fange et de sang, au-dessus de la porte par où, de cette cour, on entre dans l'appartement Borgia, ce repaire où pendant de trop longues années, Alexandre VI et son fils le Valentinois, pétrirent de vices et de crimes, leur existence, honte de la papauté et de l'épiscopat, honte et horreur de l'humanité.

Quelques belles peintures y appellent en vain l'attention. Le regard y frémit comme la pensée.

Cet appartement fait partie de la bibliothèque qui contient dans de nombreuses salles et galeries, les plus riches collections de manuscrits, inscriptions, papyrus, camées, ustensiles antiques profanes et chrétiens.

Parmi les manuscrits, outre un Virgile et d'autres auteurs latins datant de 1200 ans, on remarque surtout une bible que l'on dit écrite de la main de Luther, et dans ce livre, on montre et regarde surtout les vers suivants qui y ont été ajoutés de la même main :

O Gotte, durch deine Güte
Bescher uns kleider und hüte,
Auch Mentel und recke,
Felle Kalber und Bocke,

Ochsen, Schäfe und Rinder,
Viele Veiber, wenig kinder,
Schlechte Speis ünd Trank
Machen einen Tag Jahr lang.

Certes l'appétit de plaisirs bruts que ces vers expriment, s'accorde peu avec le caractère brûlant d'ascétisme d'un réformateur moral et religieux. Aussi ses partisans et sectateurs prétendent-ils, que c'est une addition apocryphe.

Toujours est-il qu'il y a loin de là, aux *Stercora* que l'on trouve à côté, dans un recueil authentique de lettres écrites par Henry VIII d'Angleterre, qui, après avoir été un des plus violents antagonistes du luthéranisme, en devint un des plus zélés partisans. L'une d'elles, écrite à la belle et infortunée Ann Bullen, montre à nû, la saleté grossière de la passion royale qu'elle exprime.

St-Pierre et le Vatican ont été l'occasion, sinon, la cause de l'évocation du protestantisme. Ce sont les frais qu'ils ont coûté, et le trafic scandaleux des choses saintes au moyen duquel on s'efforçait d'y subvenir, qui ont provoqué les protestations de Luther. N'est-ce pas encore un jeu du destin, qui a porté sa bible dans la bibliothèque Vaticane?

Laissons les casuistes résoudre cette question ; laissons-les décider encore, si Michel-Ange a eu tort ou raison, de présenter ses âmes au jugement suprême, en costume de recrues qui passent à un conseil de révision ; ou s'il aurait dû, en leur rendant les os et chairs qu'elles avaient laissés dans la tombe, leur rendre aussi un vêtement, et quel vêtement ? Pour compléter la ressemblance, les ames auraient-elles dû prendre l'uniforme ?

En attendant la solution du problème, qui peut-être n'est pas des plus faciles, allons dans la galerie Chiaramonte, visiter les grandeurs de la Grèce et de Rome, en société des divinités du ciel homérique. Sortons de l'avenir, pour entrer dans le passé, que nous y trouvons paré de tous les prestiges de l'art ; de tous ceux de la gloire et de la renommée ; de tous ceux d'une mythologie poétique.

Ici, c'est Athènes, Pallas, Junon, Diane, Vénus, Démosthène, Niobé, Sapho, Apollon ; là, c'est Rome, ses Gladiateurs, Jupiter, Cicéron, César, Auguste, Tibère, Ganimède, Antinoüs, Bacchus, Marc-Aurèle, Agrippa, Trajan, Mercure ; c'est un monde grec ; c'est un monde romain.

Une seule œuvre moderne a pris rang parmi ces trophées de l'art antique ; c'est le portrait de Pie VII, sculpté par Canova. Or Canova est le digne frère des Praxytèle, des Phidias ; et Auguste ne désavouerait pas la fraternité de Pie VII, restaurateur

éclairé des nobles vestiges du grand empire ; de Pie VII qui a
construit cette galerie, et l'a peuplée de génies, de héros et de
Dieux. Oui, Canova était digne encore de mettre ses Pugilateurs
et son Thésée, à côté du Méléagre, du Laocoon, de l'Antinoüs,
du Torse d'Hercule, de l'Apollon, ces œuvres qui ont divinisé
le nom du Belvedère, ces œuvres si belles, que Michel-Ange,
vieux et aveugle, venait les palper, pour ranimer à leur contact,
la flamme de sa vie.

De ce belvédère olimpien, on passe dans les salles où sont
réunies toutes les statues qui ont peuplé ses temples ; c'est toute
la mythologie de second ordre, avec ses Hercule, ses géants, ses
animaux demi-dieux, lions, tigres, panthères, louves romaines,
figurés en marbre, en bronze, en albâtre, avec une perfection
telle, qu'on les admire encore, après avoir tant admiré.

Plus loin, l'étonnement se joint à l'admiration, quand on entre
dans le salon dit le Cabinet de Pie VII. En effet, le salon qui a
reçu un nom si intime, contient en statues et en peintures, les
scènes et les personnages qui sembleraient devoir être les plus
éloignés de la contemplation d'un pape. Les peintures représentent les noces d'Ariadne, Pâris donnant la pomme à Vénus ;
Diane et Endymion, Vénus et Adonis, Pallas et Pâris. Les statues sont : Ganimède, Adonis, Diane, Vénus sortant du bain,
une Minerve, tout aussi belle, et presque aussi séduisante. Sans
doute, cette déesse de la sagesse prêtait son égide au pontife,
pour le garantir de tant de séductions ; et chaque fois qu'il venait dans ce lieu favori, c'était pour triompher des charmes empruntés au ciel et à la terre. Mais les yeux vulgaires y voient
rayonner de toutes parts une volupté qui, il faut le dire, fait
rêver des contemplations autres que celles de la sublimation de
l'esprit.

C'est en rêvant de ce rêve, qu'on traverse la salle des Muses,
ainsi nommée des statues des neuf sœurs qui certes ont l'air
de s'y trouver tout aussi confortablement, qu'elles ont jamais pu
l'être sur les sommets brumeux du Piérius et du Pinde.

On y a joint les statues des êtres d'élite qui ont mérité le
nom de muses terrestres, mais qui, comme Eschine, Cicéron,
Eurypide et tant d'autres barbons de la rhétorique et de la poésie, ont la mine un peu refrognée.

Aussi, on ne s'amuse guère à les regarder, non plus que les
statues-magots, momies, papyrus, etc., du musée égyptien ; ni
même les collections de vases, tombeaux et ustensiles étrusques.
Le cerveau est comme broyé par tant d'impressions diverses. Il
a peine à retrouver le ressort nécessaire pour voir encore,
comme elle le mérite, la dernière galerie qui est celle des tableaux.

Là sont exposées quarante toiles seulement; mais ces toiles ont été peintes par Raphaël, par le Dominiquin, par le Poussin, Guido, Caravache, Titien, Pérugin. Et parmi ces toiles, est la Transfiguration de J.-C., tableau divin qui couronna, qui..... termina prématurément la carrière de Raphaël.

Je sors, l'imagination, la vue, tous les sens épuisés, brisés d'impressions dont les traits se croisent et se confondent.

Longtemps j'erre sous le portique de la basilique Chrétienne, autour de son obélisque, de ses fontaines, sous ses colonnes; il me semble voir encore, comme dans les galeries du musée, deux mondes célestes unir leurs beautés et leurs gloires.

Cette pensée est profane en un tel lieu. Je la fuis en rentrant dans l'ombre, dans le mouvement de la rue.

Dans cette rue, une église, celle de Scossa-Cavalli, contient, non pas des merveilles, mais des miracles, ou, ce qui est la même chose, des pierres qui en ont été témoins : L'une a été foulée par le pied de Jésus-Christ, et, pour preuve, elle conserve une empreinte profonde de son talon. Or, quelque incrédule qu'on soit, en voyant cette empreinte, on ne peut s'empêcher de reconnaître, ou que la pierre qui l'a reçue était miraculeusement tendre, ou que le talon qui l'a faite, était miraculeusement dur. L'autre pierre est celle sur laquelle Abraham voulait immoler son fils; et on ne peut en douter non plus, puisque comme on l'amenait de Constantinople pour la déposer à Saint-Pierre, quand elle fut parvenue au lieu où elle est maintenant, les chevaux qui la tiraient s'arrêtèrent, et il ne fut pas possible de les faire avancer, quoiqu'on les battît, qu'on les secouât (*scossasse*), d'où vient le nom de l'église, ce qui est la preuve des preuves.

Quand on a des pierres si prodigieuses, on doit tenir moins de compte des hommes-prodiges. C'est sans doute ce qui explique le dénûment dans lequel on a laissé jusqu'aujourd'hui, la sépulture du Tasse, qui se voit près de là, dans l'église de de Saint-Onufre. Les trois mots *Torquati Tassi ossa*, gravés sur sa tombe, sont le seul monument que lui ait consacré la postérité, pour laquelle il a tant fait lui-même.

Pour aller à cette église Saint-Onufre, il faut sortir de l'enceinte bastionnée qui, à l'aide du château Saint-Ange et du Tibre, fait, du quartier Vatican, une citadelle qui serait assez forte, si ses remparts étaient armés d'autres canons que ceux de l'église; si les bulles, si puissantes au ciel, l'étaient sur la terre, autant que les boulets.

Ces remparts sont bien tenus, pas du tout ébréchés, ce qui prouve qu'il n'y a jamais personne pour empêcher de le faire.

Une seconde enceinte, également bastionnée, entoure le quartier où nous sommes entrés, et qui est le renommé Trastévère, ainsi appelé à cause de sa position au-delà du Tibre, qui le sépare du gros de la ville.

Cette position isolée et son appareil semblant-guerrier, ont conservé, dit-on, dans ses habitants, des usages et des traditions d'un type antique, qu'on chercherait en vain dans les autres quartiers, sans cesse usés et renouvelés par l'affluence des étrangers. On leur prête même une physionomie romaine, qui prouverait qu'ils ont de la race.

A ce titre, les Trastéverins ont des privilèges qui ne sont pas sans importance : un des plus honorants, sinon des plus lucratifs, est celui de former un bataillon de garde qu'on ne peut et n'ose pas nommer nationale ; qu'on appelle civique, et qu'on devrait appeler urbaine, si elle avait l'air un peu moins rustique. Quoi qu'il en soit du nom, ces privilèges comportent celui de monter la garde au poste du pont du Tibre, à deux ou trois cents mètres au-dessus du lieu où exista le pont Sublicius, le pont d'Horatius Coclès. Il faudrait être Trastéverin pour savoir ce qui se passe dans le cœur de tels soldats, à la vue de ce que leur imagination met à la place de ce qu'on ne voit plus.

Ce poste aussi, n'est pas sans combat ; ce n'est pas une fois, mais tous les jours, et surtout toutes les nuits, que chacun des Civiques Trastéverins a affaire, comme Coclès, à plus de cent ennemis, auxquels il n'y a ni bouclier ni cuirasse qui résiste ; ennemis armés de traits aigus ; ennemis qu'on ne voit pas, qu'on n'entend pas, qu'on ne connaît que par les blessures qu'ils font ; ennemis qui n'attaquent jamais de face, mais de tous les côtés à la fois ; ennemis qui pénètrent dans les forts avec les garnisons, qui passent avec elles les ponts les plus étroits ; ennemis que vous ne pouvez atteindre, et qui vous atteignent partout ; qui attaquent de nuit et qu'on ne peut combattre que de jour ; ennemis enfin, les seuls que Rome n'ait pu vaincre, quoique la lutte avec eux ait commencé depuis l'origine de son origine. En effet, la Louve mère-nourrice de Romulus et Rémus, en a été cruellement infestée, harcelée ; et ses enfants adoptifs, les princes louveteaux, ont fait contre eux leur premier apprentissage de la patience, de la persévérance, du courage et de la ruse.

Les parapets du pont servent au belliqueux Trastéverin, pour y étendre au soleil, son manteau qui devient le champ de bataille. Quelquefois, après bien des poursuites, des feintes, des marches et contre-marches, on le voit enfin saisir son adversaire, lutter corps à corps, et lancer triomphalement son cadavre dans le Tibre ; triomphe du jour, qui a été, qui sera payé cher, par les tortures de la nuit. Ainsi toutes les nuits, sinon tous les jours, le civique d'aujourd'hui, comme le citoyen d'autrefois, verse son sang pour la patrie. L'heure du sacrifice fait toute la différence.

Ce n'est pas seulement dans ce type évident de race, qu'on retrouve une puissante analogie, une ressemblance caractéristique, avec l'antiquité : le quartier de Trastévère occupe l'ancien Janicule, séjour-empire de Janus, le roi au double visage, au double ou quadruple regard ; de Janus à qui, pour distraction de la monotone éternité, l'antiquité donna l'attribut jovial autant que jovien, de porter éternellement une clef. Or les papes ont été souvent à deux visages ; c'est même une chose qui leur est nécessaire, puisque, souverains spirituels et temporels, il faut qu'ils regardent à la fois, le ciel et la terre. En outre les papes, comme Janus, voient à la fois aussi, l'avenir et le passé. Enfin ils sont les successeurs de saint Pierre qui, comme Janus, tient une clef. C'est un exemple de plus, de grandes similitudes dans de grandes dissemblances.

Si riche en monuments vivants, le Trastévère l'est peu en monuments de l'art. Quelques arceaux d'aqueducs y représentent seuls l'antiquité. L'art moderne n'y compte guère que quelques églises, le palais Corsini, la fontaine Pauline, et la villa Panfili, qui encore est hors des murs.

Le palais Corsini, l'un des plus beaux de Rome, s'ouvre par un vestibule magnifique, d'où un escalier à double rampe, mène dans des salons et galeries d'une somptuosité royale. Là on oublie le luxe des décors, presque celui de l'architecture, pour admirer un musée complet des tableaux des plus grands maîtres ; et tout admirables qu'ils sont, on oublie la plupart de ces tableaux, pour recueillir l'inspiration divine d'un *Ecce homo*, d'une Samaritaine par Le Guerchin; d'une Vierge par Caravage; d'un saint Jérôme par le Titien ; de l'Hérodiade par le Guide. Parmi ces chefs-d'œuvre sacrés, l'œil saisit avec un plaisir, une attention moins sainte, mais plus vive, les gracieuses images d'une Vénus à sa toilette, par l'Albane ; de la vie du soldat par notre Callot ; d'une chasse par Rubens ; un portrait de femme par Jules Romain, portrait digne d'être déifié, sinon sanctifié ; et puis, la femme adultère par le Titien, femme aussi adorable que coupable ; et puis, cent œuvres, portraits, animaux, combats, paysages qui, placés ailleurs, feraient la renommée d'un palais, d'une ville, d'une province ; mais dont l'impression s'efface ici, sous celles qui la précèdent, sous celles qui la suivent.

A quelques pas de là, dominant un tertre d'où le regard s'étend sur toute l'enceinte de Rome, la fontaine Pauline, rivale des cascades des Alpes, roule son torrent. On doit admirer la limpidité et le volume des eaux qu'elle verse par ses cinq orifices ; mais la façade architecturale, les cinq niches où ils sont accolés, n'ont rien d'une fontaine, que le nom et les eaux. Ces eaux assez abondantes pour faire mouvoir les rouages de plusieurs fabriques, viennent du lac de Bracciano, qui est à dix lieues de Rome. Elles y sont portées par l'aqueduc de Trajan, restauré en 1612 par le pape Paul V, qui y a substitué son nom.

A peu de distance de la fontaine Pauline, est la porte Saint-Pancrace, d'où l'ancienne voie Aurélienne mène à Civita-Vecchia. C'est à moins d'un mille, à gauche de cette route, que se trouve la villa Panfili Doria, justement renommée pour sa grandeur, son luxe de constructions, ses avenues, ses bosquets, ses belles eaux, ses terrasses, dont l'horizon se porte jusqu'à la mer.

Disons-le, cette villa est grande et belle; mais ses allées en droite ligne, ses arbres taillés, ses bassins carrés ou ronds, ont la raideur guindée de la solennité.

Rentré par la même porte, je descends avec les eaux de la fontaine, vers la place Santa Maria in Trastevere, où l'église du même nom revendique le mérite d'avoir succédé au premier oratoire chrétien qui fut fondé à Rome, au commencement du troisième siècle. A ce titre, elle a reçu de plusieurs papes, une protection particulière. Sa façade, ornée de mosaïques, s'ouvre par un portique à quatre colonnes de granit. A l'intérieur, trois rangs de colonnes pareilles forment quatre nefs. La voûte est ornée de dorures, de sculptures; elle est divinisée par une Assomption du Dominiquin.

Deux mosaïques antiques représentant, l'une des oiseaux, l'autre, un port de mer, décorent un pilastre à gauche du grand autel. Quel rapport ces sujets vulgaires ont-ils avec la place qu'ils occupent? Du moins ils en ont plus que les colonnes elles-mêmes, car leurs chapiteaux et volutes portent encore des figures d'Isis et Sérapis, qui révèlent leur origine fort peu chrétienne. Mais, nous l'avons vu déjà, au musée du Vatican, comme à celui de Corsini, le culte du beau semble absorber tous les autres; c'est lui du moins qui les unit ainsi et les confond.

Revenons au Tibre.

Le pont Cestius nous porte dans l'île Saint-Barthélemy, qui est placée dans Rome, à peu près comme la cité, dans Paris. Elle n'a par elle-même rien de remarquable. Mais comme, dans la ville des miracles et des crédulités, rien ne peut être ce qu'il est, cette île n'a pu être comme les autres îles des fleuves, une alluvion de grèves. Non, voici son origine: Après l'expulsion de Tarquin, le peuple, en haine de sa tyrannie, ne voulant rien recevoir d'une source si empoisonnée, coupa les blés des champs royaux et les jeta dans le Tibre. Or les Dieux, sans qu'on se soit occupé d'expliquer pourquoi, avaient porté sur ces champs une telle abondance, que le Tibre tout-puissant ne put en charrier les récoltes jusqu'à son embouchure. Il en résulta que des masses d'épis s'amoncelèrent et formèrent un terrain solide, pierres et cailloux, capable de porter des maisons et des temples ; ce fut l'île Saint-Barthélemy.

Rome comptait alors plus de cent mille habitants. Le miracle a donc été vu par plus de deux cent mille yeux. Tout Rome l'a vu, l'a attesté, l'a répété. Cette création est bien autre chose que les pierres de Scossa-Cavalli, et tant d'autres prodiges. Donc, tous les prodiges sont vrais.

Pour plus d'analogie encore avec le miracle moderne, l'histoire ajoute que deux cents ans plus tard, pendant qu'une peste affligeait Rome, le sénat ayant consulté les livres des Sibylles, envoya demander aux prêtres d'Epidaure, un des serpents consacrés à Esculape. Le serpent fut accordé. Mais comme le vaisseau approchait de l'île, il disparut. Alors, la population de Rome était deux fois plus nombreuse. Quatre cent mille yeux virent qu'ils ne voyaient rien. Donc deux cent mille voix chantèrent gloire aux Dieux, et on bâtit un temple à Esculape. Et quand le temple fut bâti, la peste cessa. Il nous reste à regretter qu'il n'arrive plus aujourd'hui de pareils miracles, et surtout, que nos champs ne produisent plus de pareil blé.

Aller en pélerinage à Epidaure, bâtir un temple, était peut-être un remède un peu lent, et qui, comme bien des autres dans le même cas, n'aura été prêt à agir que quand il n'y avait plus rien à faire. Mais on répondra avec justice, qu'il ne fallait pas peu de temps, pour purger de la peste, un lieu si propre à en être le foyer. En effet, c'est près de là, sur l'autre rive, que se trouvait le vaste, populeux, pauvre et sale quartier de Suburre, où vivait la plèbe romaine. Même encore aujourd'hui, Esculape doit y avoir fort à faire ; car la population semble y avoir peu changé de nature ; de plus, Rome chrétienne y a ajouté le Ghetto ou quartier des Juifs.

On peut se figurer l'aspect étouffé, fourmillant, de cette enceinte étroite où, sous les entraves de lois d'interdiction, de réprobation, un millier de familles vivent sans autre industrie que la ruse ; sans autre énergie que celle de la souplesse à se plier sous l'oppression ; sans rencontrer au-dehors, d'autres sentiments que le dédain et l'insulte ; sans y porter d'autre retour, que l'humiliation, son amertume et son venin.

La filiation du quartier de Suburre, à ceux qui lui ont succédé, est proclamée par le nom de la première église que l'on y rencontre, San Carlo dei Catinari, Saint-Charles des faiseurs d'écuelles de bois, disent les étymologistes ; peut-être dirait-on avec plus de vérité, Saint-Charles des gens à écuelles de bois. Les uns valent les autres ; mais ceux-ci sont plus nombreux.

Quelle que soit la pauvreté des gens qui l'entourent, l'église elle-même est richement ornée de marbres, de porphyres, de tableaux par Lanfranc, Le Guide, Pierre de Cortone. On y remarque surtout les quatre vertus cardinales, par le Dominiquin, et le martyre de Saint-André, par André Sacchi.

Près de là, dans un carrefour peuplé de Catinari, on a trouvé quelques vestiges du théâtre que Pompée y avait fait construire pour capter leur faveur.

C'est dans la Curie voisine, que César venait leur offrir de les élever avec lui au-dessus de l'aristocratie qui les opprimait, et de prendre un tyran au lieu d'une hydre tyrannique à mille têtes. C'est là qu'il périt sous le poignard de *son fils.*

Une petite place servant de marché aux fleurs, marque agréament la limite, entre les sombres drames du passé et le farniente du présent ; entre les écuelles de bois et les palais à vaisselle d'or et d'argent. C'est le vestibule de la place Farnèse, décorée de ses deux fontaines aux bassins de granit égyptien, décorée surtout par le plus magnifique palais de Rome.

Ce palais, dans sa magnificence, a un seul reproche à subir, c'est d'avoir été bâti des débris du Colisée. Mais pouvait-on mieux justifier un larcin, que de l'employer à créer un édifice si beau ? Peut-on faire autre chose que d'admirer dès qu'on a franchi le seuil de son vestibule, et que, à travers sa colonnade Ionique, on passe dans la cour aux trois rangs superposés de vingt arcades ?

Cadre digne des chefs-d'œuvre qu'il renfermait ; c'est là qu'on voyait autrefois, l'Hercule, la Flore, le Taureau qui, en adoptant le nom de Farnèse, lui ont donné l'immortalité.

A l'intérieur, les tableaux aussi, et les statues ont disparu, pour être transportés à Naples ; mais sa noble architecture et les fresques qui la revêtent, restent là pour témoigner de l'ancienne splendeur. C'est en donner la mesure, que de dire que la grande galerie a été peinte par Annibal Carrache, qui en a fait son triomphe.

Et qu'on ne croie pas que, travaillant pour des cardinaux, il aura été entravé par des prescriptions austères ; qu'il n'aura dû y retracer que les douleurs du premier enfantement du christianisme. Non ; à côté du monde et du ciel nouveaux, on lui a ouvert le monde et le ciel anciens. Il a puisé à pleines mains dans l'urne mythologique ; il en a choisi les fleurs les plus suaves, les plus brillantes, les plus séductrices ; et il les a peintes avec la suavité, l'éclat, la séduction d'un génie passionné. Ici c'est le triomphe d'Ariane et de Bacchus. Là, Galathée entourée de nymphes, d'amours et de tritons, parcourt les mers où elle semble régner à la place de Vénus ; l'amour lui décoche une flèche; mais lui-même est profondément blessé. A côté, Diane caresse Endymion; et les amours triomphent d'avoir vaincu la sévère déesse. Anchyse détache un cothurne du pied de Vénus. Apollon enlève Hyacinthe. Jupiter enlève Ganimède; il enlève Europe. Oh! il faut être bien cardinal, ou l'être bien peu, pour s'entourer de tels tableaux.

Après avoir vu le palais Farnèse, peut-on appeler encore magnifique celui de la Chancellerie? Pour prouver qu'il le mérite, disons que c'est l'œuvre de Bramante. On retrouve dans sa vaste cour, une double colonnade superposée, rivale des portiques Farnèse; mais dans les salles et galeries, les amours sont représentés par les gens les moins aimants, les moins aimables, les moins aimés, les gens de police.

Près de là, sous leurs yeux, à portée de leurs oreilles, est la fameuse statue Pasquin, buste mutilé, tronçonné, trop fidèle image de la liberté d'aujourd'hui. De temps en temps, dit-on, quelques quolibets en guenilles y parlent encore la licence des carrefours; la verve, l'audace ancienne a disparu.

Ce n'est pas non plus l'éloquence du Forum, la discussion solennelle des lois d'un grand peuple, que l'on entend à côté, sur la grande place Navone. On y trouve la paresse lazzarone, avec ses intermèdes de cris et de gestes convulsifs; on y trouve l'affluence peu nombreuse du marché, avec les discussions aigres-sonores des ménagères. Du reste, rien de grand que l'espace, quelques édifices dans le cercle qui l'entoure, et trois fontaines, monuments de l'âge des beaux-arts, par où la grandeur antique a passé, pour tomber dans la petitesse du présent.

Cette place a conservé en partie la forme du cirque d'Alexandre Sévère, auquel elle a succédé. Mais où est son amphithéâtre? Où sont ses jeux et ses luttes, ses courses et ses joutes? Car aux grands jours, le cirque se convertissait en un lac, où les rameurs venaient rivaliser de force et d'adresse. La place en conserve deux traces : son nom tant soit peu marin, et la flaque d'eau que, pendant l'été, on rassemble tous les dimanches dans son milieu, en y versant les fontaines. C'est le lac d'aujourd'hui; les lutteurs, sont les gamins du voisinage qui viennent y barbotter pour se rafraîchir; les chars sont les charrettes et les fiacres qui viennent y laver leurs roues et les pieds de leurs bœufs ou de leurs mules. Cette partie mouvante, en y joignant des groupes de lazzarons, grands, robustes, mais énervés par l'inaction du corps et l'inactivité de l'esprit; des moines à la tête et aux pieds sales; des abbés à l'air furet, coquet ou leste; voilà ce qui forme le vif sans vie des tableaux qui, dans Rome moderne remplacent les grandes scènes antiques.

Au fond de petites rues, au bas d'une petite place qui,

comme tout le sol de Rome, est montée sur trois ou quatre mètres de ruines ; un portique annonce l'entrée du Temple de tous les Dieux, le Panthéon.

Ce portique était grand comme sa devise. Long de trente mètres, profond de vingt, soutenu sur seize colonnes de granit hautes de treize, il contenait des bronzes, statues et ornements si nombreux, que, quand en 1634, la main sacrilège du pape Urbain VIII vint l'en dépouiller, il en trouva assez pour faire le grand autel que nous avons vu à Saint-Pierre, et quatre-vingts canons, dont il arma le fort Saint-Ange.

L'intérieur embrassé tout entier par une coupole de vingt-deux mètres de rayon, portée sur des pieds-droits de même hauteur, a la majesté, l'harmonie, l'unité d'une voûte céleste ; c'est du ciel que lui vient la lumière, par un disque ouvert de vingt-quatre mètres de tour.

C'est vers cette voûte que se portent tout d'abord le regard et la pensée. Ils y scrutent l'empreinte solennelle de sa création et des siècles qu'elle a traversés ; le vide, le silence dont on est entouré, reportent au sein de la Rome impériale, appuyée encore sur ses bases républicaines ; de Rome bâtissant ses trophées avec la force qui les avait conquis.

Sous cette impression, l'imagination ne peut ni descendre, ni s'élever à la contemplation mistique des chapelles de saints qui ont remplacé les autels de Jupiter, Mars et Vénus.

L'une d'elles contient les cendres du divin Raphaël, si digne d'y représenter le Dieu de la peinture.

Les mêmes ruelles puantes, sombres, mènent au Monte Citorio, tertre de ruines, surmonté d'un palais de même nom, qui est comme le foyer, le rendez-vous des notaires et autres gens d'affaires.

Cette circonstance et la position centrale de ce quartier, y entretiennent une sorte d'affluence et d'activité. Là sont les *Trattorie*, restaurants les plus fréquentés. On y mange en tout temps, à volonté, gras ou maigre ; la seule entrave qu'impose à cet égard le scrupule des papes, étant d'exiger que chacun aille selon son plus ou moins d'orthodoxie, dans la *stanza del magro* ou dans la *stanza del grasso*.

Autour de ce centre de vie, tout est italien ; rien n'y rappelle ni l'image, ni le souvenir de Rome. Aussi, n'est-ce pas sans étonnement que, sur une place voisine, devant l'hôtel des Postes, et un corps-de-garde tout papal, on voit s'élever simple, sévère et gracieuse, la colonne Antonine qui, elle aussi, comme une fille de l'Eternité, a vu, sans en être ébranlée, crouler autour d'elle, des palais, des temples, des empires et des peuples.

Un bas-relief représentant les triomphes et les bienfaits de

Marc-Aurèle, s'élève en spirale jusqu'au sommet, haut de près de trente mètres. La statue de l'Empereur y a été remplacée par celle de saint Paul, à qui la colonne est consacrée aujourd'hui.

Pour combler le contraste, cette place, cette colonne Antonine donne sur la rue du Cours, rue de boutiques, de cafés, d'hôtels et d'églises; rue longue de deux mille mètres, étroite, mal pavée, bordée de trottoirs en casse-cou; rue peuplée d'étrangers, Anglais, Allemands, Français; rue où se cahotent quelques fiacres, où s'étalent des teneurs d'échoppes et des mendiants; rue appelée le Cours, parce qu'il est de mode de venir le dimanche y promener en voiture, y respirer mauvais air, poussière et chaleur; rue enfin qui a substitué ses oripeaux aux pompes de la voie Flaminienne.

La rue du Cours ramène à la place du Peuple, où nous l'avons vue aboutir. Là les terrasses et les bosquets du Mont-Pincio, invitent le promeneur à venir jouir de leur fraicheur et de leurs riches aspects, sur la ville parsemée de dômes et de palais, sur le Tibre et la belle perspective du pont, du fort Saint-Ange, du Vatican et de Saint-Pierre.

Cette promenade a succédé aux jardins de Lucullus; elle en rappelle la beauté, mais non le faste et les délices. Elle forme, en quelque sorte, l'avenue de la villa Medici, aujourd'hui, Académie française, où des plâtres de tous les chefs-d'œuvre de sculpture, offrent à nos jeunes artistes, les modèles les plus purs du beau.

Ils étudient aussi d'après le vif, ce qui, par fois, doit être plus inspirateur, tout en égarant bonne part de l'inspiration.

Expliquons-nous : J'y vis plusieurs modèles, hommes et femmes, qui venaient pour poser dans des thèmes de composition; une des femmes, jeune belle, d'une taille parfaite, avait une figure angélique qui semblait empruntée à un tableau de Raphaël. Une famille étrangère qui visitait alors l'Académie, fut frappée ainsi que moi d'une si sainte harmonie d'air et de visage. On demanda au guide ce qu'elle était ? — *O signor, essa fa per tutte le vergini della pittura, che è una perfezione degna d'adorarsi.* Puis se tournant vers moi, il me dit à voix basse : *Si che la bagascia sarà vergine come l'è adesso nostra santa madre Eva. Che col suo muso guadagna più che ogni onesta donna di Roma.*

Or une figure si céleste revêtant une âme qui l'est si peu, doit-elle édifier beaucoup le jeune artiste qui s'en inspire ? Et les fidèles qui seront appelés à adorer ses portraits, ses tableaux ou statues, seraient-ils eux-mêmes bien édifiés, s'ils savaient ce qu'il y a de profane, dans la plupart des modèles dont ces œuvres ne sont que les images ? Que l'on se figure, dans le costume que nous avons dit, l'ensemble des modèles que Michel-Ange a dû réunir pour composer son tableau du jugement dernier ; mais ignorons ce que les acteurs d'une telle scène devaient s'inspirer les uns aux autres.

La villa Medici est admirablement située : occupant avec ses jardins, toute la longueur du Mont-Pincio, elle domine, d'un côté, toute l'enceinte de Rome moderne, et de l'autre, toute la campagne jusqu'aux côteaux de Frascati et de Tivoli, tandis que, au pied de ses terrasses, la magnifique villa Borghèse déploie ses jardins, ses lacs, ses palais, ses musées.

Ce n'est pas le seul monument français que porte le Pincio. Près de l'Académie, est l'église de la Trinité-du-Mont. Fondée par Charles VIII de France, restaurée par Louis XVIII, elle fut donnée par lui, avec le couvent qui en dépend, aux dames du Sacré-Cœur.

De son péristyle élevé, où se dresse un obélisque égyptien, on descend par un immense escalier, sur la place d'Espagne, place triangulaire, entourée d'hôtels garnis où logent les étrangers opulents.

Sur cette place, au pied de l'escalier, une fontaine nommée Barcaccia, a pour principal mérite de présenter une anomalie de plus que d'autres dans ce genre de construction ; c'est une barque remplie d'eau, idée bonne pour figurer à côté des lions et dauphins qui en crachent ; des Neptunes qui en lancent par la pointe de leurs tridents, etc.

A part la masse, la pureté des eaux et le luxe des constructions, ne peut-on pas faire le même reproche à la fontaine de Trévi, la plus magnifique que l'homme ait créée ? En effet, au milieu d'une Rome, ville de temples et de palais, dans une petite place entourée d'échoppes et de cantines, est-il naturel de trouver un rocher ? Est-il naturel de voir un palais s'élever sur ce rocher, y étaler ses fenêtres, ses balcons, ses colonnes, ses pilastres ? L'est-il beaucoup aussi, de voir un Neptune qui passerait à peine la tête par une des fenêtres de ce palais, sortir en quelque sorte de ses fondations, avec des coursiers fougueux, des tritons ? Sans doute, chaque partie est très belle, mais l'ensemble est disparate autant que déplacé.

Cependant ces fontaines, d'une abondance si prodigieuse dans une ville dont le sol ne produit pas une seule source ; ces fontaines que l'on a multipliées au moyen d'aqueducs qui vont les chercher à des distances de douze et quinze lieues, ne sont pas une des moindres merveilles de Rome. On les trouve partout, dans ses quartiers les plus obscurs, comme les plus somptueux ; au sommet de ses côteaux, comme au fond de ses vallées.

C'est ainsi qu'elles portent leurs brillants cristaux et leur fraîcheur au haut du Quirinal, dans les jardins et sur la place de Monte-Cavallo, ce lieu que son élévation, la pureté de l'air qu'on y respire, a fait choisir par les papes, pour leur résidence d'été.

Grâce à ce secours de l'art, une riche végétation entretient dans le jardin pontifical, d'épais ombrages. Le palais, simple pavillon d'été, si on le compare au Vatican, est orné, comme tous les palais de Rome, d'une profusion de chefs-d'œuvre. Sur la place elle-même, près de la fontaine et au pied d'un obélisque, sont les statues colossales de deux chevaux et de leurs écuyers qui les retiennent avec effort ; ouvrages tellement beaux, qu'on a cru pouvoir les attribuer à Phidias et à Praxitèle.

Ce pavillon du pape a plus de majesté, de richesse d'art et de matériaux, que bien des palais de rois. Avec son jardin, il occupe de cinquante à soixante mille mètres carrés d'étendue. On l'admire, on le trouve beau, riche et grand ; et cependant il n'est pas moitié des thermes ou bains de Dioclétien, dont on voit près de là les imposantes ruines.

Ces thermes contenaient des bains pour trois mille personnes; ils contenaient des portiques, des cours, des jardins, des bosquets, des gymnases, un musée, une bibliothèque, des salles d'étude et de réunion. Trois de ces salles existent encore ; l'une est devenue le grenier d'abondance de la Rome d'aujourd'hui ; les deux autres sont devenues des églises dont l'une, Sainte-Marie-des-Anges, est justement mise au nombre des plus belles ; longue de cent mètres, large de vingt-trois, haute de trente, sa voûte est supportée par huit colonnes, dont les fûts de quinze mètres sont d'un seul bloc de granit.

Une chartreuse occupe le reste de ce qui subsiste encore de ces immenses constructions, et fait succéder la solitude, le silence éternel, l'abstinence, au bruit des fêtes, aux luxures des bains.

La Piazza dei Termini, l'ancien vestibule des thermes, est la plus grande de la grande ville. Elle aussi est décorée d'une fontaine architecturale, dite de l'Acqua Félice qui, comme la fontaine Pauline, est un véritable torrent. Au lieu du Neptune de Trévi, c'est un Moïse qui la fait jaillir d'un rocher. Et à voir l'abondance, la pureté des eaux, on peut douter que la baguette du prophète ait été, à cet égard, plus puissante dans le désert, que ne l'a été à Rome, l'or du pape Félix (Felice), créateur et parrain de cette fontaine. Quant aux quatre lions qui y crachent de l'eau, l'auteur des miracles n'eût probablement pas tenté celui-là.

Tous ces monumens sont, on peut le dire, hors de la ville, quoique l'ancienne enceinte soit beaucoup plus loin. Mais aussi cette enceinte de cinq lieues est pour Rome, ce que le mur de la Chine est pour Pékin. Elle la sépare de ses maremmes, de ses déserts, de ses bandits; elle renferme ses jardins, ses champs, ses vignes. Tout ce sol intermédiaire est parsemé de ruines. Çà et là, de grands noms se redressent sur des tronçons mutilés. Ici le camp des Prétoriens, les remparts de Servius Tullius; là, le tombeau des vestales, celui des Arunces, celui de Cestius, celui des Scipions; puis des temples de Vénus, Cupidon, Cérès, Mars, Minerve; et des thermes encore, ceux de Titus, ceux d'Antonin, aussi grands, plus grands que ceux de Dioclétien. D'obscurs métayers, de misérables vignerons ont pris la place, la demeure des soldats, maîtres capricieux des maîtres du monde; ils ont pris la demeure des héros, des génies, des Dieux.

Un de ces temples du moins, celui de Junon lucine, a une succession brillante. Il est devenu une des sept basiliques de Rome, dédiée à la Vierge, sous le nom de Sainte-Marie-Majeure.

Nous avons déjà vu plusieurs exemples de successions, avec ou par analogie. Ici la déesse qui présidait aux accouchements, a cédé la place à la Vierge qui est invoquée par toutes les mères.

L'église répond à sa destination; grandeur, richesse d'art et d'ornements; luxe de tableaux, de marbres, de jaspes et porphyres, d'or et d'argent, tout y est. Comme on peut le penser, les miracles n'y manquent pas non plus. Ainsi, c'est un miracle qui en a provoqué la construction : Le 5 août 1352, cette place fut couverte de neige, tandis que tout ce qui l'entourait brûlait au soleil. Or la construction de l'église prouve la vérité de la neige, comme la neige a prouvé que le ciel voulait là une église. Et vite le pape Liber d'en tracer le plan sur la dite neige; autre miracle, un peu moins, mais pas mal grand, soit pour la durée de la neige, soit pour l'habileté du pape. En conséquence, le 5 août est un jour de grande fête pour la ville sainte, et en ce jour seulement, on ouvre pour l'entrée solennelle des pontifes, une porte qui est murée tout le reste de l'année. Le soin qu'on met à tenir ainsi fermée cette porte du temple, s'explique par la vertu insigne des reliques qui y sont renfermées, telles que le berceau de Jésus, les langes qui l'y enveloppaient, voire même le foin sur lequel il fut déposé dans la crèche; langes et foin évidemment divins, pour s'être conservés ainsi pendant dix-huit siècles, et promettre de se conserver éternellement; car, où trouver du foin et des langes pour les remplacer?

De cette basilique, on est ramené vers la ville, par une longue et large rue qui aboutit à la place Trajane, l'une des plus grandes de Rome, mais qui n'est plus qu'une petite partie de l'ancien forum de Trajan.

De ce forum, tout a péri, excepté la colonne qui lui doit son nom. Des excavations ont dégagé la base de ce modèle d'art, miraculeusement échappé à la destruction qui a tout renversé à l'entour. Le respect d'admiration qu'elle inspire, s'augmente de celui qui l'a protégée pendant tant de siècles. Quand ensuite le regard s'attache aux détails, c'est encore l'admiration qui suit jusqu'à son sommet haut de 40 mètres, une spirale à 22 étages, où les triomphes de Trajan sont figurés sur des bas-reliefs qui sont en même temps le triomphe de la sculpture.

Disons encore que, pour couronner l'œuvre par un prodige d'un autre genre, le chapiteau qui le surmonte est d'une seule pièce. Il pèse plus de deux cent mille kilos ! En l'absence des secours que la science n'a mis que mille ans plus tard dans la main de l'homme, comment a-t-on pu élever une telle masse, à une telle hauteur, sur une tige si étroite ?

Il est difficile de s'imaginer la magnificence du Forum dont cette colonne était le centre. Les fouilles que l'on a faites dans le voisinage, ont découvert les traces d'un palais, d'un temple, d'un portique qui était peuplé de statues de marbre et de bronze. Construit au pied du Capitole, il ajoutait à sa grandeur.

Le Capitole, cette citadelle qui dominait la ville qui dominait le monde ; le Capitole, ce temple où Jupiter était plus puissant que sur l'Olympe ; le Capitole, ce mont devant lequel s'abaissaient les Alpes et l'Atlas, où est-il ? Le voilà au haut d'un escalier de trente mètres.

Trois pavillons d'une construction élégante et symétrique, entourent une cour ornée de statues, dont deux, de Castor et Pollux avec leurs chevaux, sont au haut de la rampe, tandis qu'au milieu, pose la statue équestre de Marc-Aurèle.

Des trois pavillons, celui de droite contient un musée de marbres antiques, où l'on remarque surtout la fameuse statue du Faune, celle du Gladiateur mourant, et, dans un petit salon dit coquettement le Cabinet, une Vénus et un Amour et Psyché, qui rivalisent avec les trophées de Florence.

Dans celui de gauche, est une galerie nationale contenant les bustes ou médaillons de tous les génies qui ont illustré l'Italie moderne. Cette galerie est nombreuse ; la plupart des ouvrages en sont de grand mérite ; mais les vrais portraits des maîtres, des dieux de l'art, ce sont leurs œuvres qui forment dans les salles voisines, un musée de première lice.

Enfin, le bâtiment du fond est tout romainement appelé le Palais-du-Sénateur. Or, qu'est-ce que c'est que cet homme qui, à lui seul, porte cette charge d'Atlas, le poids d'un tel nom ? C'est le président d'un tribunal secondaire, chargé des petites affaires civiles ou correctionnelles. Voilà celui qui représente le

Sénat romain; voilà les actes par lesquels il continue le pouvoir qui régissait le monde !

Au-dessus de ce palais, s'élève une tour à clocher, dont l'horloge n'a plus à mesurer que les heures silencieuses des cloîtres et les phases monotones et ternes de la vie d'un peuple qui ne vit plus.

Du sommet de ce clocher, on découvre toute Rome moderne, ses rues, ses dômes, ses églises, ses couvents; ses palais; on découvre toute Rome ancienne, ses temples, ses cirques, ses colonnes, ses portiques, ses thermes, les champs et les vignes qui les recouvrent.

Au Nord et à l'Ouest, mon regard recherchait avec ardeur la trace que j'y avais parcourue; il recueillait avec délice, presque avec fatigue, les souvenirs, les impressions qu'elle lui rappelait. Enfin, je l'arrachai de ces scènes encore si colorées du présent pour le plonger à l'Est et au Sud, sur les immenses ossements du passé; puis je les voyais à mes pieds, parer, hérisser le vaste champ du Forum, qui reste presque effacé sous leurs entassemens.

Oui, voilà le Forum où s'assemblaient les tribus, les centuries, pour discuter les lois de la République, pour nommer, pour juger ses magistrats, ses généraux. Là, les flots de la multitude, aussi mobiles que ceux de la mer, se calmaient, s'agitaient au souffle de l'éloquence. C'était la voix des Brutus, des Publicola, des Manlius, des Scipion, des Catilina, des Cicéron, des Pompée, des César, qui, tour à tour, animaient les échos du forum, qui est devenu aujourd'hui un..... marché aux bestiaux, ignoblement, mais trop justement nommé, le *Campo Vaccino !*

Quelques degrés y descendent, degrés dont les dalles se recouvrent d'herbe et de mousse; rampe déserte où montaient jadis les pompes triomphales, les processions de sénateurs, conduites par les Consuls et les Dictateurs qui venaient porter au temple de Jupiter, les hommages et les trophées de leurs victoires.

Tout humble qu'elle est, la colline du capitole est restée comme une barrière, pour protéger le sol classique du Forum contre tout empiétement des constructions modernes. Aussi, le Forum, vaste tombe mutilée qui s'est engloutie elle-même, appartient tout entier à l'histoire. Chaque pierre, chaque cendre y redit un grand nom, évoque un grand souvenir. Un bout de mur est le temple de la Fortune romaine; trois colonnes sont le temple de Jupiter tonnant; quelques rocs qu'on aperçoit à peine parmi des tessons et des broussailles, sont la roche Tarpéienne, la roche de Manlius, la roche que n'ont pu franchir les

Gaulois ; la roche que, pour compléter l'outrage du nom Vaccino, on nomme aujourd'hui Monte Caprino ; mettant ainsi le Mont des chèvres à côté du Champ des vaches !

Un seul monument, et c'est le plus ancien de Rome, s'est conservé tout entier. Mais aussi, c'est qu'il est à dix mètres au-dessous de ce sol sillonné par tant de déchirements, transformé par tant de convulsions. Ne doit-on pas admirer les jeux, je dirai les leçons graves et terribles de la fatalité ? Ici, tous les monuments de gloire, de puissance, de pompes divines et humaines ont été mutilés, déchirés, détruits ; un seul subsiste ; c'est la prison Mamertine ! Cette prison est une basse fosse de neuf mètres de long, sur sept de large, et cinq de profondeur ; construite par Ancus Marcius, quatrième roi de Rome, dont seule elle conserve le nom. C'est un puits de douleurs, au-dessous duquel le sixième roi, Servius Tullius, en fit creuser un autre, qui également témoigne seul de son règne ! C'est là qu'on laissa mourir de désespoir et de faim, Jugurtha, Syphax, Persée de Macédoine ; c'est là que Cicéron fit étrangler les complices de Catilina ; c'est là que plus tard furent enfermés saint Pierre et saint Paul.

Un filet d'eau sourd au fond de ce puits. La chose semble assez naturelle à une telle profondeur ; mais la légende nous apprend que c'est un miracle ; que saint Pierre la fit jaillir pour baptiser ses compagnons d'infortune, qu'il avait convertis à la foi chrétienne.

La légende qui en sait long, ne s'arrête pas là. A propos d'un petit trou qu'on voit dans le mur, elle a aussi son explication, elle ajoute qu'un des gardes donna un jour à saint Pierre un si violent coup de poing, qu'il le fit tomber la tête contre la muraille. La tête eût été infailliblement brisée, sans un miracle ; mais le miracle eut lieu : La pierre s'amollit, fléchit sous le coup, et en conserva l'empreinte qui est la cavité en question.

Je me permis de faire l'observation, qu'il eût été plus simple d'amollir le poing du garde ; que, à ce compte, saint Pierre eût gagné de ne pas recevoir un coup si rude. Mais le cicérone, fort instruit du reste, répondit que les miracles ne coûtent rien à qui les fait. Je me contentai d'ajouter in petto : ni à qui les conte. Mais je n'en dis mot, de crainte qu'il ne vînt à ajouter que, pour la punition du garde, il fallait bien qu'il se fît mal en frappant ainsi, sur cette tête de Pierre.

Presque en face de cette sombre prison, s'élevait, comme portique du Forum, l'arc-de-triomphe de Septime Sévère, au-dessus duquel on voyait la statue de l'empereur, portée sur un char attelé de six chevaux. La statue, le char, sont tombés ; l'édifice lui-même, meurtri, brisé, est à demi enseveli dans les ruines. Une cour creuse ménage un espace étroit autour de ce vestige tronqué d'une marche triomphale, à laquelle étaient conviés ou enchaînés tous les peuples de la terre ! Quelques colonnes encore ; quelques bouts de murs, marquent les places des temples de Saturne, de Vespasien, de Castor et Pollux, de Minerve, de Romulus, de Vesta ; la place de la Tribune-aux-Harangues, où les grands noms que nous avons cités, roulent sous la poussière, après y avoir retenti, brillé avec tant d'éclat. A ces temples, se joignaient les basiliques Julienne et Fulvienne, la Curie où s'assemblait le Sénat, et, en face de cette Curie, le mont Palatin, jadis surmonté, couvert du palais Impérial ; devenu ensuite la villa Farnèse ; maintenant désert, écorché, parsemé de taillis sans soin ni culture.

Une basilique encore, celle de Constantin, qui fut la plus magnifique de toutes, mais dont il ne reste que trois arcades ; un arc-de-triomphe mieux construit, mieux sculpté, mais aussi mutilé que celui de Septime ; une église ; les traces d'un temple double consacré à Vénus et à Rome ; un arc encore, celui de Constantin ; et on est au pied du Colysée, la plus grande œuvre que l'homme ait bâtie.

L'étendue, la hauteur, la masse, la noblesse, l'élégance, l'harmonie des contours, de l'ensemble et de ses parties, le vaste silence, le vide qui règne au dedans et à l'entour, silence et vide qui redisent les foules qui s'y sont pressées, les bruits qui y ont retenti ; toute une moitié de cet édifice-montagne démolie, arrachée par les efforts successifs de plusieurs siècles, et montrant à nu les entrailles du colosse, tout saisit, exalte, écrase l'imagination.

Ellipse longue de deux cents mètres, large de cent cinquante, haute de cinquante, cet amphithéâtre contenait cent mille spectateurs. Les degrés mêmes qui les portaient, ont été presque tous enlevés et détruits. Barbares, peuples, nobles, moines et papes, tous se sont mis à l'œuvre pour démanteler, anéantir ce monument de la puissance, de la grandeur, de l'opulence de ce que le monde a jamais vu de plus puissant, de plus grand, de plus riche ; ce monument aussi solide que les pyramides, et que sa beauté d'art éleva au-dessus d'elles, autant qu'elles le sont au-dessus du désert.

L'arène où la lutte, le pugilat, le combat des gladiateurs, celui des tigres et des lions, captivaient tour à tour l'attention, les applaudissements du peuple roi ; arène que les immenses réservoirs du mont Célius convertissaient en un lac, où se répétaient les victoires navales de Rome ; cette arène.... livrée à l'herbe et à l'ortie, n'est plus foulée que par les pas rares des étrangers qui viennent interroger ses ruines, et par la sandale des moines qui, de temps à autre, viennent y promener leurs rauques processions.

Le saisissement de ces grandes choses; leur enchaînement et leur brisement ; leur puissance et leur fragilité ; leur majesté et leur misère ; cette scène mélancolique où, en quelques traits, est retracée l'histoire du monde, naissance et mort, création et ruine ; tout m'attachait. L'ombre du soir, sous un ciel encore imprégné de lumière et de feu, y ajoutait une teinte solennelle. Assis à une arcade élevée, je me recueillais dans un silence religieux, quand, de dessous une des voûtes, j'entendis sortir des sons monotones et lugubres de prières des morts; je vis des rayons de lumière terne et rouge, percer l'obscurité ; et deux lignes de Pénitents, le corps, la tête et le visage entièrement voilés de blanc, traversèrent l'arène, et vinrent se ranger devant une tribune longue de trois à quatre mètres, où l'un d'eux monta, portant un grand crucifix qu'il dressa à l'un des angles. Il se jeta à genoux ; puis se relevant avec violence, comme s'il était inspiré, il entonna à grands cris, un discours où se confondaient les plaintes, les menaces, l'adoration, la crainte ; le tout accompagné de gestes convulsifs, de gémissements, d'élancements d'un bout de la tribune à l'autre, jusqu'à ce qu'enfin, parvenu au paroxisme de l'inspiration, saisissant le crucifix, et le brandissant dans l'air, il s'écria avec une dévote fureur : *Tremete, che non perdonerà*. Epuisé, il tomba à genoux avec son auditoire tremblant ; puis les mêmes chants, les mêmes lueurs retraversèrent l'arène et disparurent sous les voûtes.

Menaces et frayeurs, voilà tout ce que l'éloquence du cloître avait su trouver au sein de cette scène sublime !

La fraîcheur, le calme, la pureté du soir, le crépuscule doré à travers lequel le ciel envoyait un doux regard à la terre, me retinrent quelque temps encore. Leur suavité m'était un délice, après le froissement que j'avais éprouvé.

A six cents mètres du Colysée, dernier monument de Rome romaine, est le champ où elle prit naissance, le champ où se célébrèrent ses premières fêtes, où le sang du combat scella sa première union avec les Sabins.

Ce champ devint un cirque, le *Maximus circus*, qui contenait quatre cent mille spectateurs; ellypse de cinq cents mètres de longueur, qui voyait converger dans son enceinte, tous les jeux, toutes les solennités, tous les triomphes de la ville triomphale.

Le champ était devenu un cirque ; le cirque est redevenu un champ ! Pas un degré, pas un portique n'en marque la place ; l'histoire seule dit ce qui n'y est plus.

Des champs aussi, des vignes recouvrent les hauts quartiers de l'Aventin, comme les quartiers profonds de Suburre. Tous les jours la bêche du jardinier, la houe du vigneron retournent, dispersent leurs débris.

Ici encore cependant, et comme pour compléter une triste ressemblance, des thermes étendent leurs ruines sur un espace de 200,000 mètres carrés. Ce sont les thermes de Caracalla, où 1,600 chambres de bains, celles d'habitation, cours de gymnase etc, étaient pavées de mosaïques de porphyre, serpentin, jaune antique, laves et marbres, figurant des tableaux de la plus grande perfection ; les thermes de Caracalla dont un seul vestige, une colonne d'un de ses portiques fait le principal ornement d'une des places de Florence; les thermes enfin dont les ruines ont donné les baignoires en basalte du Vatican, le Torse du Belvédère, la Flore, l'Hercule, le Taureau Farnèse !

Avec les ruines, ou plutôt, les décombres de ces thermes, deux tombeaux restent seuls pour peupler le désert qui les entoure. L'un, dit de Cestius, pyramide de 35 mètres, écrase par sa grandeur, plus encore que par sa masse, la petitesse de l'obscur Epulon pour qui elle a été construite; l'autre, caveau qui a perdu toutes ses constructions extérieures, élève son nom au-dessus de tous les monuments ; c'est celui des Scipions !

A l'angle nord des thermes, coule un petit ruisseau qui cotoie le pied méridional du Célius. C'est là que s'ouvre la vallée mystérieuse d'Egérie, vallée qui mérite ce nom, comme les tertres qui ondulent le sol de Rome, méritent celui de montagnes. Et la vallée d'Egérie ne justifie pas plus sa renommée, par sa beauté que par sa grandeur. Elle est nue, aride. Deux ou trois casins de vignerons qui songent aussi peu à princes et nymphes, qu'ils y font songer eux-mêmes, sont juste ce qu'il faut pour en bannir le seul charme qu'elle pourrait posséder, celui de la solitude et de la contemplation des souvenirs.

Pour ma part, je fus loin d'y trouver le recueillement poétique et religieux. Comme j'entrais dans le chemin della Ferratella qui y mène, j'entendis une querelle vibrante et sonore à la manière Italienne ; c'était une scène maritale qui se passait devant un des casins. Certes, si la femme n'était pas la douce Egérie, le mari pouvait passer du moins, pour un législateur énergique. Cette scène était-elle une tradition locale ? Ne trouve-t-on de tels hommes et de telles femmes que dans les lieux traditionnels ?

Cette réflexion m'amena sans solution jusqu'à la place de St.-Jean de Latran, la plus grande, la plus belle de Rome, après celle de St.-Pierre, mais qui est là, isolée à 1,600 mètres des habitations. Derrière son cadre, encore des vignes, des champs, des ruines.

Trois côtés de ce cadre sont formés par de majestueux édifices : C'est un vaste hôpital, le Baptistère, un portique secondaire de la Basilique, et le palais dit du Latran, où encore on a formé une riche collections d'antiques. Vers le milieu de cette place, se dresse l'obélisque de Teutmosis, le plus grand de Rome, celui qui à ce titre, servait de borne au grand cirque. Tombé parmi les autres ruines, il y était resté enfoui à six mètres de profondeur, jusqu'en 1600, où Sixte V le fit relever. Un monument français-lorrain est sous le portique dont nous avons parlé ; c'est la statue en bronze d'Henri IV, par notre compatriote, Nicolas Cordier ; statue digne de l'artiste, de la place qu'elle occupe, et du preux qui, par ses dons généreux pour la restauration de cette église, a su faire oublier son origine huguenotte.

Quant au baptistère, il est remarquable surtout à l'intérieur, où l'on voit sa belle coupole octogone légèrement supportée par deux couronnes superposées de colonnes de porphyre et de marbre blanc ; tandis qu'au-dessous, une urne antique de basalte, forme les fonts baptismaux, spécialement consacrés au baptème des Incrédules convertis, Turcs et Juifs.

Il est à regretter que la façade de l'église soit tout à fait en dehors de cette place, de l'autre côté du palais, auquel elle prête le flanc. A cet aspect, elle regarde en plein sur les champs, le désert. Elle a cependant de la majesté, de l'élégance. Son portique a deux ordres de colonnes superposés et reliés entr'eux par des colonnes et des pilastres qui, d'un seul fût, en occupent la double hauteur ; son magnifique entablement, et les statues qui le couronnent, rappellent splendidement que c'est l'église de Constantin, la première de Rome et du monde catholique ; celle qui porte fièrement à son fronton, l'inscription : *Ecclesarium urbis et orbis mater et caput.*

L'intérieur a toute la richesse et la beauté des détails ; mais ses larges pilastres terminés en arcades, et son plafond, manquent d'harmonie et de légèreté ; le grand autel, de dessin gothique, au milieu de cette construction à larges dimensions, est plus remarquable par la disparate, que par la beauté.

Cette église primitive a aussi ses trésors primitifs : On montre entr'autres, dans le cloître qui y est annexé, une colonne qui s'est fendue le jour de la passion ; et elle est bien réellement fendue. On y montre aussi la pierre sur laquelle les soldats de Pilate tirèrent au sort, à qui aurait la robe de Jésus-Christ ; et cette pierre est bien une pierre, comme la robe de Trèves et tant d'autres également divines, sont bien des robes.

Enfin, vis-à-vis l'église, est la fameuse *Scala santa,* ou Escalier saint, ainsi nommé parce que c'est celui qui montait à la maison d'Hérode, et où, par conséquent, le Christ a porté sa croix.

Comme l'escalier de la chapelle souterraine de Saint-Pierre, les fidèles doivent le monter à genoux; et à chaque degré ils obtiennent trois ans de grâce.

Le portique sous lequel est la *Scala santa*, ouvrant immédiatement sur la place, en plein jour, on conçoit que cette manœuvre a dû être interdite aux femmes.

Sans doute que, par le même motif, si des presbytériens Ecossais, égarés hors de leurs montagnes, venaient jamais se joindre aux Turcs et aux Juifs du baptistère, pour se convertir au papisme, on se hâterait, avant tout, de convertir en culottes, leurs jupons qui, comme on le sait, sont réduits aux dernières limites de la décence. Sans cela, on peut se figurer ce qu'il y aurait de peu édifiant, à voir par exemple, un régiment de Highlanders monter ainsi à l'assaut du ciel, avec accompagnement de leurs *bag-pipes* nationales.

Je l'ai dit, derrière, devant, autour de ces monuments du Latran, tout est vide, tout est désert.

A quelques pas, est la porte du même nom. C'est la porte de Naples.

Et au Sud comme au Nord, la route qui mène à la capitale du monde catholique, sera dépeuplée. Des tombeaux en ruines la bordent; des aqueducs brisés déroulent çà et là leurs chaînons mutilés; suspendent leurs arceaux brisés sur un horizon inculte, aride, sans culture comme sans caractère.

Je marche ainsi, de sépulcre en sépulcre, à travers ce champ de mort. A deux lieues environ, de nombreux pans de murs qui se redressent sur le sol, comme les ossements sans sépulture d'un champ de bataille, marquent la place où périt une ville qui n'a pas même conservé son nom, et sur laquelle on a jeté comme un linceul, celui de *Vecchia Roma*.

Une lieue plus loin, est la maison de poste, la seule demeure habitée dans cet empire de la destruction. Encore la vie y est-elle flétrie, minée par l'influence funeste de la *malaria* qu'on respire dans ces contrées incultes.

A cette influence permanente, se joignent de fréquentes et brusques alternatives de chaud et de froid, trop propres à développer les germes de la fièvre qu'elle répand partout.

Je passais là aux premiers jours de septembre; le soleil dardait en plein sur ce sol sans ombre; mais il soufflait un vent de Nord-Ouest si froid, que j'avais besoin de toute l'activité de la marche pour ne pas en souffrir. Vers dix heures, m'écartant de la route pour aller prendre repos à l'abri d'un haut mausolée qui depuis longtemps attirait mes regards, je trouvai réfugiés dans son enceinte, un troupeau de chèvres et leur pâtre.

Un mausolée, un troupeau de chèvres, un pâtre vêtu de peaux

comme elles, aussi sauvage, plus rude qu'elles; voilà ce que le temps rapproche, unit et confond!

Je demandai à cet homme s'il savait le nom du monument où il s'abritait? *Chi lo sa?* fut toute sa réponse. Voilà tout ce qui reste dans l'histoire, de ceux qui ont tant fait pour la remplir.

Peu soucieux de partager cette gloire du mausolée, où mon laconique historien aurait bien pu me donner l'éternité si je m'y étais endormi, je regagnai la route.

Bientôt j'atteignis le monument qu'une vague tradition attribue à Ascagne, fils d'Enée. A voir la perfection de la construction, il est difficile de croire qu'elle date de cette époque. Mais de qui est-il? Répondons avec le pâtre de l'autre mausolée: *Chi lo sa?* Et nous y reconnaîtrons l'ironie que si souvent la mort jette à la vie, à ses illustrations, à ses grandeurs.

Ici, la route commence à s'élever sur la pente du côteau qui porte la petite ville d'Albano. Dans cette situation, la fille toute exiguë d'Albe-la-Longue, jouit de l'avantage d'une perspective très étendue, et surtout, de celui de dominer l'atmosphère fiévreuse de la plaine. Ce double avantage joint à celui de posséder des environs très pittoresques, y appelle un grand concours d'étrangers et de riches habitants de Rome, qui viennent y passer le temps de la villégiature.

Les mêmes motifs ont engagé les papes à construire et à conserver tout près de là, à Castel-Gandolfo, leur palais d'été. Un chemin délicieux long de deux mille mètres au plus, y mène à travers des jardins et des terrasses, d'où l'on découvre une foule d'aspects variés, soit sur Rome et ses Maremmes sillonnées de si grandes traces, voilées de si grandes ombres, éclairées de si grands souvenirs; soit sur l'horizon lointain qui se berce au-dessus de la mer; soit sur les côteaux voisins de Frascati et de Tivoli; soit enfin sur le lac même de Gandolfo, dont le miroir de quatre lieues de tour reflète sous des teintes d'azur, les tableaux qui se dessinent et se peignent à ses rives.

Au delà d'Albano, un autre tombeau est, sous le rapport de l'histoire, l'émule de celui d'Ascagne: Comme, outre sa grandeur, il était surmonté de cinq cônes aigus, dont deux subsistent encore, on s'est dit: Trois cones tombés et deux debout font cinq; trois Curiaces et deux Horaces tués, font cinq; donc le tombeau aux cinq cônes, est le tombeau des Horaces et des Curiaces. Du reste, cherchez plus loin, veuillez dire mieux, vous arrivez comme ailleurs au fatal *Chi lo sa?*

La pente qui descend d'Albano, est rapide; la route y est en partie taillée dans le roc; des arbres à végétation vigoureuse y portent ombre et fraîcheur. Bientôt on est dans un vallon d'où l'on remonte au joli petit bourg de Riccia, pittoresquement situé au-dessus du gracieux lac de Némi.

De tels paysages, et ceux d'Albano et de Gandolfo, font un contraste délicieux avec la route presque funèbre qui y mène.

Le bourg de Riccia occupe l'emplacement de la citadelle de l'ancienne Aricia célèbre par son temple de Diane et sa forêt.

Le temple a laissé à peine quelques vestiges; mais la forêt couvre encore les montagnes voisines. C'est à travers leurs épais et noirs rideaux que la route devenue presque Alpestre, conduit à Gensano, autre bourg plus considérable que celui de Riccia. Situé comme lui, près du lac de Némi, il possède en outre des côteaux de vignes qui produisent d'excellent vin. La marche et la chaleur aidant, car ce n'était plus là, la température des Maremmes, je fis honneur à ce bon vin de Gensano; et les deux lieues de Velletri se firent sans songer à compter les tombeaux de la route.

Velletri, dans sa position élevée, entouré qu'il est d'une sorte d'activité et richesse de sol et d'industrie, pourrait se donner pour grande ville, avec ses 12,000 habitants et quelques grands palais ou édifices publics, si ses rues étaient moins étroites, moins sales, et occupées par une population moins misérable. Mais déjà on voit poindre la gueuserie fainéante des Lazzarons, dont les groupes nombreux stationnent dans les carrefours et sur les places.

Un trait particulier aussi de la population de Velletri, c'est l'usage que ont presque tous les ouvriers, cordonniers, tailleurs, menuisiers et autres, de travailler en pleine rue. Sans doute ils y sont chassés par l'obscurité, la saleté intérieure de leurs maisons, saleté dont on peut juger par l'aspect qu'elles offrent au dehors.

Cette ville couronnant une des dernières pentes des montagnes, voit se développer au-dessous d'elle l'immense plaine des Marais-Pontins, dont les limites se confondent avec celles de la mer.

J'aime à marcher; mais trois motifs graves m'engagent à y renoncer pour traverser les Marais. D'abord la marche serait bien monotone sur cette ligne droite de 20 lieues; ensuite y passer une nuit me livrerait à la malaria qui m'a déjà menacé; enfin, me dit-on, les brigands ne me laisseront pas arriver jusqu'à Terracine. Je recours donc au voiturin, et le lendemain, dès le jour, on part.

- Une descente assez rapide conduit à Cisterne, enceinte murée qui contient, outre la poste, une caserne de dragons ou gendarmes, destinés à garder la route, à fournir des escortes. Déjà l'air des marais porte ici son influence; gens de poste et dragons sont jaunis, amaigris par la fièvre.

A partir de là, pendant l'espace de dix à douze lieues, on est sur les marais ; on suit la digue qui les traverse. La monotonie de cette ligne inflexible, l'air pesant qu'on y respire, abattent les sens ; un sommeil morbide fatigue les paupières. Mais malheur à celui qui s'y livre, car, c'est la fièvre qui le réveille! Reste à savoir si c'est le sommeil qui produit la fièvre, plutôt que le prélude, le prodrome de la fièvre, qui appelle le sommeil.

Peu curieux de résoudre la question par ma propre expérience, je me tiens éveillé de mon mieux, cherchant au loin quelques points qui puissent occuper le regard et la pensée. A gauche, c'est la chaine de l'Apennin, couronnée de sombres forêts, portant à son flanc quelques vignobles jadis célèbres ; des ruines encore ; et les bourgs de Cori, Norma, Sermoneta, Piperno, seuls et chétifs restes de l'Etat puissant des Volsques ; seuls restes des vingt-trois villes, des temples et des villas qui faisaient de ce pays, un des plus peuplés de l'Italie. A droite, le regard se perd sur des savanes incultes, qui, elles aussi, ont compté leurs villes riches et puissantes, et qui, elles aussi, les ont vues disparaître ou léguer leurs noms à de chétives bourgades, à quelques cabanes. Tel est Anzo qui a succédé à Antium renommée par ses guerres contre Rome, renommée par ses temples de la Fortune, d'Esculape et de Vénus aphrodite ; renommée par le séjour fréquent des empereurs romains, dont le palais a laissé parmi ses ruines, l'Apollon du Belvédère, et le Gladiateur Borghèse. Telle est Astura, tour isolée marquant seule la place de la ville et du port où Cicéron s'embarqua pour Formies, le jour où il fut assassiné ; port fatal où, plus tard, l'infortuné Conradin de Naples, trahi par Frangipane, seigneur du lieu, chez qui il s'était réfugié, fut livré par lui à ses bourreaux.

Sur la route même, outre l'air et l'allure sauvages des chevaux et de leurs guides, il y avait peu à observer. De mille en mille, on y voit un corps-de-garde en forme de tour, d'où sortent maladivement quelques soldats hâves et tristes qui, au bruit d'une voiture, viennent voir passer cette seule distraction de leurs jours monotones et languissants ; de trois lieues en trois lieues, une maison isolée de poste ; et, de loin en loin, quelque habitant des environs, au costume, à la physionomie, au regard de brigand, le fusil ou la pique sur l'épaule, toujours prêt à se défendre ou à attaquer ; car, en ces lieux, tout ce qui retrace la vie, parle ou menace de mort.

Près de la première poste, cependant, sur ce sol aujourd'hui si inculte et désert, était le Forum d'Appius, noble portique de cette Voie Appienne, dont le nom révèle encore grandeur et génie.

Le pape Pie VI qui y a glorieusement placé son nom à côté de celui d'Appius, en restaurant l'ancienne voie romaine, a complété le bienfait de son œuvre, en faisant creuser dans la même direction, et presque sur la même ligne, un canal large et profond, qui recueille et porte à la mer, les eaux auparavant stagnantes. Outre que ce canal était la première condition d'assainissement des marais, il offre au commerce, une voie navigable pour l'exportation des produits des montagnes, blés, vins, marbres et bois. Il n'y manque qu'une chose, c'est le commerce et ses bateaux.

A la troisième poste dite Bocca di fiume, la route franchit le canal sur un pont qu'on ne remarquerait pas ailleurs, mais que l'on trouve remarquable ici, faute de pouvoir remarquer autre chose.

A la cinquième poste, le ponte Maggiore sur lequel on traverse la rivière d'Uffente, mériterait plus l'attention ; mais déjà le regard l'appelle vers Terracine, ses monts et ses rochers, que l'on voit s'avancer jusqu'à la mer, pour clore ce cirque de quinze lieues de diamètre.

Terracine dans sa position élevée, dominant un horizon immense, et jouissant d'un air aussi pur que son climat est doux et agréable, a été, dans tous les temps, un séjour recherché par la grandeur et l'opulence. De nombreuses villas peuplaient ses environs ; Galba, Théodoric y ont bâti des palais dont les ruines ajoutent de nobles traits à son cadre déjà si beau. Plus tard l'Appius moderne, Pie VI, y a bâti le sien, d'où il pouvait jouir du spectacle le plus doux qui soit donné à l'homme, la vue de son bienfait.

Bien situé sous le rapport pittoresque, Terracine l'est moins avantageusement, sous celui du commerce. Son élévation le fait éviter par la route qui passe au bas de la montagne.

Là était le port aujourd'hui comblé. Il n'y a pour habitation, que la douane et une ou deux auberges. De dessus les débris de l'ancien quai, où l'on voit encore les anneaux d'amarre désormais inutiles, le coup d'œil est beau sur la mer, bornée à l'est, par les monts de Gaëte, et plus près, à l'ouest, par le promontoire Circello, fameux dans la fable et l'histoire, pour avoir été la demeure de la magicienne Circé.

L'aspect de la route et des lieux qu'elle traverse est trop séduisant pour que je me résigne à subir plus longtemps l'entrave de la voiture. Aussi, malgré l'avis plus ou moins intéressé du voiturin, qui me répète plusieurs fois : *Non sarà sicuro signor ; che vi sono molti briganti*, comptant sur le peu d'attrait de mon équipage, je reprends le bâton et ma liberté.

Terracine, on peut le dire, est de ce côté la porte des Etats du pape. La route y est tellement resserrée entre les rochers et la mer, qu'une porte en occupe tout le passage, qui chaque soir, se ferme ainsi à la clef.

Les rochers, les ruines qui les couronnent; la mer agitée qui en bat le pied, avec ses vagues azurées par le ciel et blanchies par l'écume ; la solitude, la sévérité de cette scène, font succéder toute la vivacité des images et du mouvement à la monotonie, à l'atonie de l'immobile uniformité.

Je ne vais pas loin cependant, sans m'arrêter encore. Je suis à la douane napolitaine, où gendarmes et douaniers font grande affaire du petit piéton. On me fouille, on me visite, on scrute, on vise mon passeport, et de nouveau je suis rendu au mouvement.

La route côtoie d'abord un lac qu'on est porté à prendre pour un petit golfe, tant il est rapproché de la mer. Ce lac est renommé pour le nombre et la qualité de ses anguilles. Cette réputation semble même être parvenue jusqu'au ciel, car un jour elle a sauvé le pays, d'un grand désastre : C'était en 1534. Une flotte turque menaçait d'y porter le pillage et la ruine, lorsque les prêtres de Terracine conseillèrent aux habitants, de vouer vingt mille de ces anguilles à St-Benoît, s'il les délivrait du danger. Le vœu fut fait, et la flotte ennemie porta ses ravages dans quelque autre lieu où il n'y avait pas de si bons prêtres, de si bons habitants, de si bonnes anguilles et un saint si gourmand.

Au de-là du lac, s'ouvre une vallée dont les côteaux escarpés sont revêtus d'une riche verdure. C'est la vallée de Fondi, célèbre dans nos guerres, par l'acharnement, la cruauté de ses guérillas, célèbre dans les voyages, par les vols et les meurtres fréquents qui s'y commettent.

Un poste de gendarmes est chargé de surveiller la route, et de fournir une escorte à qui la demande et peut la payer. Moi, j'ai trop peu à prendre, et trop peu à donner pour y recourir, et, sous la simple escorte de la pauvreté, respirant le parfum de sa sécurité, auquel se joint celui des myrtes, des orangers et des citronniers, j'arrive à Fondi, à travers une mitraille tout innocente, de regards curieux de lazzarons, de femmes et d'enfants. La plupart des hommes ont des costumes, des attitudes, des physionomies qui eussent très-bien figuré parmi les arbres et les rochers de la route. Je les retrouve à l'auberge ; mais là, assassins de bonne compagnie, ils se contentent de me tuer de questions, auxquelles je réponds de mon mieux, c'est-à-dire, le moins que je peux, car j'ai à craindre à la fois, leur convoitise, et celle de la police. Malgré mes réticences, on paraît content, on me souhaite une *felice notte* qui a toute mine d'être sincère ; le vin de Fondi, un peu cousin du fameux Falerne, achève de prêter à tout ce qui m'entoure, du brillant et de la gaîté ; et je m'endors, pour rêver tout autre chose que gendarmes et brigands. Un savant du lieu m'a répété l'histoire inévitable à Fondi de la belle comtesse Julie de Gonzague qui, sur le point d'être surprise pendant une nuit, par le corsaire Hariadan Barberousse, fut obligée de se sauver en chemise à travers les montagnes. Je rêvais que je la rencontrais dans sa fuite ; je l'admirais, je la plaignais, je..... lui offrais de prendre mon sac pour couvrir ses épaules.

Le lendemain, je gravis la côte d'Itri ; côte longue, escarpée, solitaire, mélancolique, dont chaque point redit une histoire de combat, de meurtre, ou de brigandage ; théâtre des exploits sanglants de Gasparone qui, sur l'échafaud, s'excusait en disant, qu'il n'avait pas égorgé plus de cinquante victimes !

Au lieu de brigands, je rencontre quelques groupes d'habitans de la montagne, allant, hommes et femmes, porter à la ville, des figues, des oranges et des citrons. Mais, si les hommes ont traits, visages et costumes de corsaires, les femmes, quoique à peu près vêtues à la Gonzague, ne paraissent nullement faites pour exciter leur cupidité. Corps affaissés ; teint noir ; air dur et sauvage ; costume terne ou en lambeaux, elles ne semblent pas plus capables que dignes de simpathie.

Cette route de Fondi à Itri, est restée presque entièrement à l'état où l'a laissée Appius, il y a deux mille ans. C'est sur le pavé posé par les mains romaines, qu'ont couru les pieds nus de Julie ; que marchent les pieds nus des lazzarons et des lazzarones ; c'est sur ce pavé que, entrant à Itri, par une pente très raide, mon soulier ferré glisse, et que je tombe du côté le plus propre..... pour ne pas me casser le nez.

Cette chute me rappela d'une manière trop sensible pour que je n'en parle pas, une observation que j'avais déjà faite, et que je répétai souvent dans la suite, non pas cependant de la même manière : c'est que les pentes au Sud et à l'Est, sont généralement beaucoup plus rapides que celles du Nord et de l'Ouest. Expliquer pourquoi, la chose est difficile. Je ne pourrais exposer que quelques hypothèses qui probablement n'auraient, comme tant d'autres, que le mérite de la longueur. Occupons-nous plutôt d'admirer un autre caractère un peu plus poétique des expositions méridionales, dans ces contrées déjà si méridionales elles-mêmes ; c'est-à-dire la richesse de végétation des vignes, citronniers, orangers, figuiers, lauriers, myrtes, lentisques qui les tapissent de leurs feuillages, de leurs fleurs et de leurs fruits.

A quelque distance d'Itri, on voit à droite de la route, un monument, tour ronde à deux étages, élevée sur une base carrée. C'est, dit-on, le tombeau de Cicéron. En effet, selon l'histoire, comme selon cette tradition, ce doit être là que fuyant vers sa villa de Formies près de Gaëte, il fut atteint par ses assassins. C'est là que les bourreaux des triumvirs coupèrent sa belle tête et ses mains, pour aller les exposer, digne trophée d'Antoine, Octave et Lépide, sur cette tribune aux harangues où tant de fois son éloquence avait sauvé sa patrie et fait trembler ses oppresseurs.

Un peu plus loin, est une fontaine qu'on prétend être celle d'Artachia, près de laquelle Ulysse rencontra la fille du roi des Lestrigons.

Quant à ceci, on peut dire d'abord, que cette fontaine était sans doute déjà fontaine au temps d'Ulisse; et qu'elle n'a rien qui empêche la fille du maire d'une bourgade des environs, de rencontrer près de sa source, le maire d'une ville voisine ou autre, ce qui, en style d'histoire ancienne, veut dire qu'une princesse a pu y rencontrer un roi. Et comme Ulysse n'était pas un Barberousse, et que probablement la princesse n'était pas vêtue à la Gonzague, vu que d'après l'histoire, Lestrigons et Lestrigonnes, même courtisans et courtisanes, ne s'embarrassaient pas de chemises; vu tout cela, il est passablement prouvé que le fait est véritable.

Quelles que soient les beautés de ces lieux (je ne parle plus de princesses), on en est bientôt distrait par l'aspect du golfe de Gaëte, que l'on voit développer son champ d'azur, majestueusement encadré par Gaëte même, sa montagne, sa forteresse, et au loin, par les monts des îles Ischia et Procida, joyaux dont le golfe de Naples prête ici le revers à son voisin.

Cette perspective excite la marche, ou plutôt la fait oublier jusqu'au bourg de Mola, situé sur le bord de la mer. Par son air d'élégance et sa belle position, surtout par l'affluence des étrangers qui y stationnent, et plus encore, peut-être, par la profusion de fruits que produisent ses environs, ce bourg rappelle les délices que l'opulence romaine venait y chercher; il rappelle les noms illustres de Cicéron, Lélius, Scipion qui l'ont ennobli par leur séjour; celui d'Horace, qui a chanté le vin de Formies, l'égal du Falerne.

Mais Horace, s'il avait bu avec moi, le Mola qui y a succédé, oh! ce ne serait plus avec regret qu'il eût dit:

> Mea nec Falerna
> Temperant vites nec Formiani
> • Pocula colles. •

Je le crains, c'est en vain que de nos jours, un poète s'écrierait avec lui:

> O nata mecum, pia testa

Moveri digna bono die
Descende !

Le soleil, le sol, la vigne sont toujours les mêmes ; mais l'i-gnorance, la paresse et la pauvreté ont succédé à l'industrie active, opulente, qui secondait la nature par un travail habile, et qui surtout savait attendre quinze, vingt ans et plus, qu'elle-même eût accompli son œuvre. Au lieu de laisser ces vins géné-reux épuiser dans leur propre feu, leur effervescence, l'Italien qui ne sait pas plus conserver que acquérir, au lieu de donner à son vin la consécration de l'âge, en tue la sève dans sa première fermentation ; il l'éteint par le feu ; il le fait bouillir dans des chaudières ! Alors il reste un liquide épais et lourd, qui, loin de s'améliorer avec le temps, s'altère dès la seconde année. Les vins de haute lice, exploités par de trop rares industriels, sont seuls affranchis de ce fatal sistème.

On ne va pas loin dans ces lieux, pour trouver une autre preuve de leur défaut d'industrie ; c'est le pont tout rudimental du Garigliano, petite rivière qu'on passe sur une ligne de ba-teaux rangés côte à côte. De ce pont à la mer, s'étendent des marais incultes, mais qui ont recueilli une grande renommée : C'est parmi leurs roseaux que le vainqueur des Cimbres est venu se réfugier ; c'est de leur fange qu'on l'a tiré, pour le jeter dans la prison où son seul regard devait encor vaincre, faire fuir un ennemi.

La route s'écarte de nouveau du rivage, pour traverser une contrée entrecoupée de délicieuses collines et vallées, jusqu'à la poste de Santa Agata où, contre mon espérance, je trouve bon-nes gens et bon gîte. Je m'y endors à l'ombre du Falerne, non pas du vin, mais, du mont lui-même qui est tout près, aussi déchu que celui de Formies.

Quelques vallées, quelques côtes ; un pays toujours riche, toujours mal peuplé, mènent à Capoue, où on entre en tra-versant le Volturne sur un pont en maçonnerie, qui a à peine plus de mérite que celui du Garigliano.

La position de cette ville au milieu d'une plaine étendue ; ses fortifications modernes ; une nombreuse garnison et le voisinage de la capitale ; en font une ville importante, par sa force, plus que par sa population, qui n'est que de 5,000 habitans.

Quelques rues assez larges et bien bâties ; peu ou point d'édi-fices dignes de remarque ; des groupes de lazzarons obstruant les passages du reste peu fréquentés ; telle est la ville qui porte le nom de celle qui, par sa grandeur, sa richesse et sa beauté, fut la rivale, l'égale de Rome et de Carthage ; *Capua quondam inter tres maximas numerata. (Florus)*

Et encore cette Capoue moderne ne marque pas même la place de l'ancienne, qui était à deux milles plus loin, où elle n'a laissé pour dire son histoire, que quelques pierres et les débris informes d'un amphithéâtre. Que ne les a-t-elle rassemblés, ces débris, pour en écraser le monstre d'enfer qui l'a détruite, César Borgia qui, au milieu du carnage et de l'incendie, apprenant qu'un grand nombre de femmes s'étaient réfugiées dans une église, lui Evêque et fils de Pape, ordonna qu'on en choisît les quarante plus belles pour le sérail de son père, et qu'on égorgeât les autres!

A l'entour, c'est toujours cette plaine empreinte de fécondité et de délices; cette contrée dont les séductions furent plus funestes à ses habitans et à Carthage, que les armes des Romains

De Capoue à Aversa, c'est la même scène, avec l'animation qu'y donne l'approche d'une capitale.

Aversa, en quelque sorte, tête de faubourg de Naples, est propre, élégant, bien bâti, agrandi et ennobli par l'aspect grandiose de l'Hôpital des fous, construction magnifique qui date du règne de Murat. Les malades y sont traités avec autant d'art que d'humanité; et à raison de la grandeur et de la bonne distribution des quartiers, ils y jouissent d'un calme qu'on croirait impossible, quand on voit, qu'on entend le mouvement, le bruit qui règnent sans interruption dans la rue.

Comment se figurer la confusion de voix, de sons, de couleurs, d'allures, de costumes et d'équipages qu'on y rencontre en tout temps, à toute heure?

Ce sont des diligences, des voiturins, des calèches et surtout, un nombre infini de sédioles, qui ont ici un caractère tout particulier: Peintes des couleurs les plus vives, relevées par des bordures or et argent, elles sont tirées par des chevaux étiques, affublés de pompons et panaches des plus voyants; le banc est à deux places; le cocher est debout derrière, tenant les rênes, fouettant ces malheureuses bêtes par-dessus la tête des voyageurs, et de plus appelant de la voix et du geste, quiconque veut prendre une place, même lorsqu'il n'y en a pas. Ainsi, le banc garni, il met les premiers qui viennent sur les brancards; en vient-il d'autres, il les met à cheval sur les ressorts; de sorte qu'il n'est pas rare de voir sept personnes juchées, accrochées de toutes les manières, sur ces voitures faites pour deux.

Le premier édifice qu'on voit à l'entrée de Naples, annonce honorablement une ville qui ne veut pas mériter seulement par sa grandeur et le nombre de ses habitans, le nom de capitale. C'est un hôpital général, immense, d'une architecture noble et simple, qui, à peine à moitié de sa construction, coûte déjà cinq millions. Selon sa glorieuse devise, il donne l'asyle, le pain, les vêtements, l'instruction, un état, et conserve ou rend la santé, à 5,550 personnes des deux sexes, jeunes et vieux. A son portique est justement inscrite cette devise :

Lac pueris, dotem innuptis, velumque pudicis,
Datque medelam ægris hæc opulenta domus.
Hinc meritò sacra est illi quæ nupta, pudica
Et lactans, orbis vera medela fuit.

Une seule chose semble ne pas convenir dans cet édifice, c'est la place qu'il occupe à la rive d'un torrent rapide, vaporeux, bruyant de population, qui porte sans cesse le retentissement de ses passions, au sein d'un asyle consacré à l'ordre, à la tempérance, au recueillement, souvent, à la tristesse, à la douleur.

Ce torrent de piétons, de cavaliers, de voitures, appelle, entraîne les pas et les idées. Les yeux ne suffisent pas à saisir tous les traits cependant bien tranchés, de ce tableau mouvant, dont les personnages sont empruntés à tous les pays du monde. Une place, le Largo delle Vigne, longue, mais peu large malgré son nom ; un autre édifice, Gli Studj, grand aussi, mais sans grandeur, contenant le Musée National ; de nombreuses églises, sans distinction architecturale ; des maisons à cinq ou six étages ; tout cela reste presque inobservé, tant on a à voir, à entendre, à regarder et à éviter dans ce qui va, vient, court, s'arrête sur un pavé à grandes dalles, également propre à hâter le pas pressé des affairés, et, à caresser la mollesse des promeneurs, le far niente, la somnolence des Lazzarons. Ces hommes grands, beaux, forts, demi-nus sous leurs chemises et leurs caleçons de toile, on les voit avec un intérêt froissé par le mépris, dessiner en groupes pittoresques, leurs traits et leurs formes statuaires. Fiers de leur nudité, de leur dénuement et de leur oisiveté qu'ils appellent indépendance, ils ont l'air de dire : « Naples, c'est nous ! » Et en effet, ils en forment le type le plus marqué.

A peine on a dépassé le Musée, que tournant à gauche, on entre dans la rue de Tolède, droite, large, longue de 15 à 1600 mètres, bordée de maisons uniformes, mais ornée de tout ce que Naples a de plus brillant en population, et en magasins de toute sorte.

On admire ; on s'arrête ; on va ; on est sans le savoir, au bout de cette longue ligne ; on est dans un autre Largo, qui, lui aussi, n'est que trop peu large ; mais il est encadré d'un côté, par le Palais du roi ; de l'autre, par la nouvelle église de San-Francisco.

Le Palais a été construit par Fontana, c'est dire s'il est beau.

Quant à l'église, destinée à lutter de beauté, de grandeur et de richesse, avec St.-Pierre et le Panthéon, presque leur égale en étendue, elle en emprunte aussi le caractère, sans cependant le copier entièrement : Au fond d'un péristyle à double hémicycle, de 44 colonnes doriques, et au-dessus d'un portique de 12 colonnes de marbre de Carare, aussi hautes que celles du Panthéon, s'élève une coupole égale aussi à ce chef-d'œuvre de l'art Romain ; tandis que des coupoles plus petites sont destinées a éclairer deux nefs collatérales, qui auront leur invocation et leur service particuliers. L'intérieur n'étant pas achevé, on ne peut juger de l'effet que ces deux nefs secondaires y produiront ; mais au dehors cet accompagnement de dômes inférieurs, ôte au dôme principal, l'unité de sa grandeur, comme la grandeur de son unité. Il est bien à regretter aussi, que le défaut d'espace sur le devant de l'édifice, prive entièrement de perspective, le péristyle et son portique.

San Francisco, nous l'avons dit, est en face du palais du roi. Derrière le même palais, est san Carlo. Ainsi placés entre deux saints, le monarque et sa cour ne peuvent manquer, dira-t-on, d'être sanctifiés. Mais san Carlo, c'est un saint qui damne ; c'est lui qui, successeur de Comus et de Terpsichore, au lieu de mener au ciel par le sacrifice et l'abstinence, mène en enfer par les ballets, les chants et les jeux. San Carlo est le Dieu de l'Opéra, qui a là son temple le plus renommé, le plus séducteur. Ah ! qu'on se hâte d'achever celui de san Francisco et de ses deux acolytes, pour que la cour de Naples, vivant ainsi entre la perdition et le salut, puisse..... d'autant moins hésiter à se perdre, qu'elle sera plus sûre d'être sauvée.

Les anciens honoraient les divinités infernales ; c'était, selon eux, un moyen de les fléchir. Le peuple napolitain, dans sa dévotion, et sans doute par le même motif, honore, adore San Carlo. Même, non content des solennités du grand temple, il en a érigé un petit, San-Carletto, où il porte tous les soirs, des tributs et des hommages plus humbles, mais non moins fervents.

Ce danger de perdition spirituelle, n'était pas le seul qui menaçât le palais. Au milieu d'une population aussi volcanique que le sol qui la porte, il avait à craindre de violentes émeutes. Depuis longtemps, on y a pourvu en construisant dans le voisinage, le fort dit le Château-Neuf, où on a en tout temps une retraite assurée, au moyen d'un passage couvert. Ce fort bastionné tient sous ses canons, le Port-Royal, celui du commerce, et les quartiers populeux, remuants qui l'avoisinent.

Les deux ports répondent peu, par leurs dimensions, à la grandeur d'une capitale qui compte un demi-million d'habitants, et qui est presque la seule ville de commerce du royaume. Le grand port a à peine trois cents mètres de long; le petit, ou Darse royale, en a cent. La bonté de la rade peut expliquer en partie, le peu de soin qu'on a mis à donner aux vaisseaux, un abri artificiel plus complet. Cependant le souffle violent du Scirocco ne les laisse pas toujours sans dangers.

Le grand môle qui, dans sa ligne brisée, a au plus cinq cents mètres de développement, sert peut-être moins à fermer le port, qu'à offrir aux promeneurs une chaussée d'où l'on jouit d'un spectacle qui doit avoir peu d'égaux dans le monde. En effet, placé au centre du croissant que Naples décrit sur la rive, on y voit cette ville immense relever sur une pente haute et escarpée, son amphithéâtre de maisons blanches, de toits en terrasses ombragées et fleuries; son amphithéâtre parsemé de clochers, de dômes d'églises et de palais; tandis que, au-dessus, se déroule une imposante ceinture, crénelée de villas, de couvents, de bastions et de tours.

L'imagination, les yeux surpris admirent, courent d'un point à l'autre de cette scène si grande, si belle; mais d'autres grandeurs, d'autres beautés les appellent bientôt au dehors.

A l'orient, ils cherchent, ils rencontrent d'abord le Vésuve, dont la silhouette noire et hachée se dessine sombrement, sur un ciel où des flots de lumière jettent éternellement tous les reflets de l'or et de l'argent.

Des colonnes de fumée qui sortent de son cratère, redisent avec la voix de Dieu, la version de la fable qui mettait sous les volcans, les génies du mal qu'il y avait terrassés. C'est avec une admiration mêlée d'effroi, qu'on voit ces exhalaisons qui semblent autant de menaces contre la terre, contre le ciel.

L'inquiétude redouble quand, de ce sommet sinistre, les regards se portent vers sa base, et que, après avoir traversé les vastes champs de destruction où il s'appuie, ils voient à l'entour la terre se couvrir de vignes, de bosquets, de jardins; où des habitations nombreuses viennent à l'envi se partager les trésors de fécondité que la nature y répand à profusion. Ces villas, ces cottages, l'immense faubourg que Naples projette sur la rive; les bourgs riants et populeux de Porticci, de Résina, de l'Annunziata, et leurs bords pittoresques, leurs rochers de laves, leurs cabanes, leurs barques, leurs filets de pêcheurs, forment au pied du mont empreint d'aspects et de souvenirs funestes, une guirlande délicieuse de richesse et de beauté. A Castellamare, cette enceinte se reploie vers les caps de Sorrente et de Massa, pour s'y parer de nouveaux charmes, d'une verdure plus vive, aux flancs septentrionaux des monts qui séparent le golfe de Naples, de son frère le golfe de Salerne. Et tout cela n'est qu'un aspect du môle.

A l'Ouest, c'est d'abord la petite île de l'OEuf, et son fort aux formes élancées, mignonnes, fort plus propre à parer la perspective, qu'à défendre la ville, ou à se défendre lui-même. Tout petit qu'il est, un grand souvenir s'y rattache : C'est là que, en 476, l'empire romain cessa d'exister ; là, que le jeune Augustule son dernier empereur, mourut emprisonné par Odoacre roi des Erules. Derrière ces tours, et leur triste souvenir; derrière le pont qui les relie à la rive, on voit cette rive se border d'un quai magnifique, se couvrir de frais ombrages; c'est la promenade royale de la Chiaja. Au-delà, elle se relève au flanc du Pausilippe. Puis c'est Pouzzole, et sa côte, Baïes, Misène, et enfin les îles de Procida, d'Ischia, de Capri, qui dressent leurs monts à l'entrée du golfe, pour le protéger contre les fureurs des vents et de la mer.

Cadre immense, sublime, gracieux, menaçant, souriant, sombre, brillant, dont le champ est d'azur semé d'or et d'argent; dont le fond est le feu qui le féconde, qui l'enrichit, qui le brûle, qui le déchire !

Naples est là tout entier. On y sent vivement la justesse du dicton populaire : *Va a Napoli, e poi mori.* Oui, on sent que l'être habitué à vivre de l'impression de ces lieux, ne peut retrouver la vie en aucun autre.

Rentrant du môle dans la ville, on contourne le Château-Neuf, par un largo étendu, espèce de glacis qui en dégage les abords. Ce largo est planté d'arbres qui offrent une ombre bien précieuse en tel pays; mais ils ont l'inconvénient de masquer la portée des remparts; donc on trouve qu'ils ombragent le palais des Finances, qui est à l'autre bout; et on se propose de les abattre. Du reste, pour une nation, comme pour un particulier, c'est bonne chose que de voir clair dans ses comptes.

Ce largo est de plus orné d'une fontaine dite Medina, qui est en ce genre, la merveille de Naples. Fontaine colossale, mais dont le merveilleux consiste moins dans la grandeur des groupes qui la composent, que dans leur invention et leur agencement : Quatre monstrueux satyres portent une conque marine, qui porte quatre chevaux marins, qui portent un Neptune, qui porte un trident. Et les trois pointes de ce trident sont trois merveilles, puisqu'elles lancent des jets d'eau, tout comme des langues de lions, de dragons et autres animaux-fontaines, dont le petit homme qui p...., de Bruxelles, fait une critique aussi juste que naïve.

Le largo, les environs de la fontaine, la large rue qui y aboutit, étaient autrefois le bivouac de prédilection des lazzarons. Sans doute, eux aussi auront porté ombrage au palais des Finances. On les a relégués dans des places où il y a assez d'ombre pour qu'on ne s'aperçoive pas de celle qu'ils y portent.

Ceci nous ramène devant San-Carlo dont il faut se sauver, et devant San-Francisco par qui on sera sauvé. Nous sommes de nouveau dans le torrent de Tolède, qui nous porte par le magnifique quai de Sainte-Claire, vers la plage de Chiaja, à l'entrée du jardin public, dit la Villa Réale.

Ce jardin qui borde la mer sur une longueur de deux mille mètres, est d'un dessin agréablement varié, malgré son peu de largeur. Le parfum, la fraîcheur de ses fleurs, de ses gazons, de ses ombrages, délecte tous les sens ; de nombreuses statues l'ennoblissent autant qu'elles le décorent ; car on compte parmi elles, le Pugilateur, l'Enlèvement de Proserpine, celui d'Europe, le taureau Farnèse. Tout cela ne suffisait pas ; on y a ajouté une esplanade qui fait saillie sur la mer, et où on retrouve la scène du môle, non pas plus grande ni plus complète, mais plus calme, plus recueillie.

En seconde ligne, derrière la Villa, se développe un rang de beaux édifices publics et privés, qui jouissent en plein de la vue du golfe, et sont occupés par l'opulence locale et étrangère. Là, la rue, comme la promenade, est le rendez-vous journalier des gens de distinction et de mode, qui viennent pour..... s'y admirer dans les regards des autres.

Pour moi, point du tout grand, point du tout à la mode ; moins admirateur des gens que des choses, assis au parapet du quai, et tourné vers la mer, mon regard flottant dans les nuées d'azur, d'or et de pourpre que le soir déroule sur ce grand théâtre, je vois des ombres légères, voiler successivement les rochers de Capri, les monts de Sorrente ; je les vois envelopper la base du Vésuve, tandis que son cône de laves noires revêt des teintes de sang, qui se fondent en reflets rosés dans ses fumées blanches. Insensiblement, les ombres couvrent la ville, couvrent la mer. Mais en même temps, une multitude de lumières brillent de toutes parts. Les unes marquent les étages, les degrés de l'immense amphithéâtre de la ville et de ses faubourgs ; d'autres scintillant comme des étoiles, au flanc des montagnes, semblent unir le ciel à la terre ; et la mer répétant à sa surface tous ces feux, toutes ces lumières, y ajoute les lueurs merveilleuses de sa phosphorescence.

Car, à Naples, au-dessus de ses volcans, sous son ciel éthéré, la mer même est imprégnée de feu, et chaque flot roulé par le vent, ou tranché par la proue d'un vaisseau, ou battu par la rame d'une chaloupe ; chaque lame qui se brise au rivage, se paillette d'étincelles lumineuses.

Le lendemain, dès la première aube, allant au Pausilippe, à Pouzzole, je revois la même scène, fraîche, calme, silencieuse. La sérénité d'un beau jour commençant à s'y épandre, les pompes solennelles de la terre et du ciel s'y retrouvent dans toute leur grandeur ; mais le mouvement, l'étalage des petites Grandesses est resté plongé dans son sommeil factice comme ses veilles, factice comme tout son être.

A quelques pas de là, cet éclat si vif plonge et se perd dans deux ombres de deux mille ans : L'une est celle qui, sous l'abri d'un feuillage épais, voile une gloire immortelle dans un tombeau vide, mutilé, qui n'a plus qu'un nom ; mais ce nom c'est Virgile ! L'autre plus terne, plus épaisse, plus profonde, est celle du Pausilippe, galerie souterraine longue de neuf cents mètres, large de dix, haute de seize, l'œuvre la plus hardie, la plus grande que l'homme ait faite au sein de la terre.

Tout ce travail a eu pour but d'éviter de franchir un côteau peu élevé. Mais aussi, c'était la route qui unissait Parthénope à Pouzzoles, à Baïes, à Cumes, et à cette contrée de délices où les poètes mettaient l'Elysée ; où Lucullus, Cicéron, César, les empereurs avaient leurs villas, leurs palais ; où les dieux avaient leurs temples, leurs oracles ; contrée si belle, si enviée, qu'on l'étendait sur la mer par des terrasses en arcades.

Dirigé de l'Est à l'Ouest, ce passage habituellement sombre, est éclairé deux fois par jour, d'une manière remarquable : le soleil, à son lever, comme à son coucher, se trouvant dans la même direction, on le voit alors, comme un vaste foyer à l'extrémité de ce long tube qu'il remplit de feu et de lumière.

Ce ne sont pas seulement les deux côtés d'un monde, mais deux mondes tout différents, qui sont unis par cette route souterraine. Tout à l'heure, la Ninive, peut-être il faut dire, la Sodome moderne, était là avec toutes ses foules, ses pompes, ses lustres et ses misères, ses ténèbres ; elle montrait ses fleurs, ses fruits et ses plaisirs, ses souffrances ; elle était là avec ses lumières, ses feux et ses fanges, ses fumiers ; ici c'est le désert, la nature redevenue sauvage ; mais toujours belle, riche, féconde.

Quelques cents pas, et on est dans une vallée solitaire, bordée de côteaux aux pentes et aux teintes sévères ; et on est sur le bord du lac d'Agnano, lac paisible et limpide, entouré des rives les plus gracieuses, prés, monts et bosquets, qui se développent, se relèvent au-dessus de son miroir de 2,000 mètres de tour. Là, protégés par la solitude, le calme et le silence, de nombreux oiseaux aux formes, aux plumages variés, flottent dans l'air ou sur l'eau. Un seul habitant y représente la population d'une ville et de plusieurs villages qui ont prospéré et grandi, qui ont péri sur ces bords créés pour le séjour de l'aisance et du bonheur. Cet habitant vit dans une cabane près de laquelle quelques constructions informes recueillent dans des espèces de fours, des vapeurs volcaniques. Ce sont les étuves, le Stufe de

San Germano, seuls restes des Thermes somptueux auxquels elles ont succédé.

Là aussi se voit la source jadis tant admirée sous le nom de Grotte du chien, à cause de l'expérience à laquelle on y soumettait ce malheureux animal. On avait remarqué que les animaux auxquels on faisait respirer l'air ambiant à la surface du bassin, y périssaient suffoqués ; les flammes s'y éteignaient ; la poudre ne pouvait y brûler. Longtemps ce fut un miracle. La science enfin l'analysa et l'expliqua ; elle y trouva simplement des gaz azotés, que leur pesanteur retient à la hauteur d'environ un demi-mètre. Ainsi les hommes ont été dispensés de leurs émerveillemens, et les chiens, de leurs tortures. Il est vrai que le gardien qui spéculait sur les uns et sur les autres, prétend que la science est une *balocca*. Aux savants de prouver le contraire.

Sous l'abri d'un bois épais, encor imprégné de la fraîcheur et de la rosée du matin, je côtoie le bord méridional de ce lac si riant, si triste. Puis, gravissant une pente escarpée, je gagne l'entrée d'un cirque naturel, long de trois mille mètres, large de deux mille, profond de trois ou quatre cents, et tout entouré de rochers droits comme des murs. On ne peut douter que ce soit le cratère d'un volcan éteint.

Le fond, presque entièrement plat, est couvert d'un touffu d'arbres épais, où on entretient du gibier réservé pour la chasse du roi ; ce qui fait donner à ce parc volcanique, le nom de Caccia Reale. On m'en dit merveilles. Aussi je me hâte d'y descendre et de le parcourir. J'ai la satisfaction assez rare à Naples, de mettre mes pieds dans du marais, et de voir deux ou trois sangliers qui jouissent du même plaisir, sans s'inquiéter du roi qui, je crois, ne songe guère à eux.

Et je remonte, et je redescends, pour remonter par la trace rocailleuse d'un ruisseau desséché, vers le sommet du mont Cambilera, d'où la vue s'élance ravie, égarée sur Naples, le Vésuve, le golfe, ses monts, ses îles.

Mais l'odeur du soufre, la fumée et les vapeurs qui sortent du flanc même de la montagne où je marche, me rappellent que j'y suis venu pour voir la Solfatara, l'arène brûlante et fumeuse, l'ancien *Forum Vulcani*, où la mythologie place le combat d'Hercule contre le géant Géryon ; où la légende des saints met le martyre de Saint-Janvier. Le massacre de Géryon et de ses bœufs n'a laissé aucune trace ; mais dans une église voisine, desservie par des capucins, on montre la pierre sur laquelle la tête du saint a été tranchée. Or, la pierre porte une tache rouge, tache de sang qui y a coulé et qui ne peut être autre que celui du martyr. De plus, un miracle a consacré le lieu qui la recèle : Les Sarrasins ayant cassé le nez de la statue de Saint-Janvier, ce fut en vain que pendant longtemps, on essaya d'en adapter d'autres; toujours ils se détachaient, ils tombaient. Enfin des pêcheurs ayant retrouvé au bord de la mer le nez véritable, les capucins declarèrent qu'il s'était rattaché de lui-même. On adora plus le saint; on adora plus la statue; on adora et on adore surtout le nez miraculeux.

Est-ce de là qu'on dit qu'un homme qui réussit en affaires, a un bon nez ? Sans doute que là, comme ailleurs, les capucins et consorts ne l'avaient, ne l'ont pas mauvais; leur réputation nazale est donc méritée.

La descente à travers la Solfatara, n'est pas sans danger. Le sol est chaud, quelquefois ardent; il résonne sous les pieds; on entend retentir de vastes cavités quand on le frappe. Pour moi je crois n'y avoir couru aucun risque; cependant j'ai dû me détourner de plusieurs places fumeuses et brûlantes.

En bas, est un petit bâtiment où on décante du soufre et de l'alun. Les chaudières y bouillent par l'action seule d'un courant de vapeurs volcaniques qu'on y amène. Dans cette enceinte de la Solfatara, au sol brûlant, aux parois nues et arides, au-dessus, autour des quelles on ne voit que des sommets sauvages ou déserts, on se croirait dans un de ces lieux que la nature tient loin à l'écart de la main de l'homme, pour y conserver l'image énergique de ses œuvres comme de ses ruines. Cependant tout près, derrière la porte qui en ferme l'entrée, c'est l'Elysée de Pouzzoles, avec sa rive brillante, parée de fleurs, et de fruits, avec son ciel, son golfe bleu, argenté, doré; avec ses ruines et ses Lazzarons, ses mendians couverts de plaies et de vermine.

Pourquoi cette terre si longtemps berceau et foyer de toutes les délices, a-t-elle été ainsi frappée de misères et de douleurs ? De ses monuments, il reste à peine quelques débris presque effacés sous les ronces et les décombres. C'est un temple de Diane, un autre de Neptune; des chambres souterraines, ancien réservoir d'eau, qu'on appelle amphatiquement le Labyrinthe de Dédale, parce que, disent naïvement les guides, celui qui y entrerait sans lumière, pourrait s'y égarer; puis, et surtout, ce sont les vestiges d'un amphithéâtre qui pour sa parenté avec le Labyrinthe, a été proclamé Colysée, c'est-à-dire le colosse, en même temps qu'on lui allouait quarante-cinq mille spectateurs.

L'histoire ne nous dit pas si ces spectateurs étaient eux-mêmes de taille colossale. Mais nous pouvons nous donner une idée approximative de la largeur de leurs reins, en calculant celle des places, d'après les dimensions des bancs qui les portaient.

Or l'arène est ici une ellipse de cinquante-cinq mètres par

quarante, ce qui donne environ cent cinquante de périmètre intérieur. Supposant quarante bancs à soixante centimètres de profondeur, le périmètre extérieur donne environ trois cents ; la moyenne de ces deux extrêmes est de deux cent vingt-cinq qui, multipliés par quarante, donnent neuf mille mètres pour longueur totale des siéges. Ils contenaient, dit-on, quarante-cinq mille spectateurs. Donc, chacun d'eux ou d'elles, avait pour sa place, neuf mille, divisé par quarante-cinq mille, ou un cinquième de mètre, ou vingt centimètres ! Qu'en diront les historiens, les antiquaires, les peintres, les sculpteurs et autres connaisseurs de reins, tant anciens que modernes ? Il est vrai que Romains et Romaines ne portaient pas, je crois, beaucoup de linge ; c'était autant de moins pour la largeur. Mais les toges si amples, si étoffées ? Serait-ce résoudre la question, que de supposer que, avant de s'asseoir, spectateurs et spectatrices les retroussaient au-dessus des dits reins ? Il restera toujours difficile à comprendre que la nation qui a donné le modèle des Antinoüs, des Apollon du Belvédère et des Vénus de Médici, était ainsi taillée à vingt centimètres.

Ce prélude du spectacle devait être chose curieuse, presque autant que le miracle qu'on y vit à la fin du troisième siècle. Le grand patron de Naples, saint Janvier, y ayant été exposé aux ours par ordre de Dioclétien, ces animaux au lieu de le dévorer, vinrent rendre honneur à sa sainteté. Ce jour-là les toges ont dû être retroussées un peu plus haut ; et les vingt centimètres ont dû être réduits au moins à quinze. Une chapelle conserve et retrace le fait, non pas des quinze centimètres, mais de l'adoration des ours.

Aujourd'hui, dans la ville, pas plus qu'au théâtre, les rangs ne sont serrés. Une seule industrie y est exploitée, c'est celle des maladies et des plaies. La fortune ici, c'est la misère ; on en étale avec art les tableaux, les lambeaux ; on vous poursuit de leur aspect dégoûtant, jusque dans les salles des cafés et des restaurants. Le cœur se soulève ; il faut payer la permission de manger. Vous payez l'ulcère à la jambe qui posait impitoyablement sous vos yeux, sur votre assiette ; il s'en va ; mais c'est pour faire place au goître, au scrofule, au chancre. Enfin on paie le dernier mendiant, l'aubergiste, qui vraiment semble s'entendre avec ces Lazares, pour rassasier les gens sans les nourrir ; et on se sauve, peiné, froissé, dégoûté, de ce lieu qu'on fuyait autrefois de crainte d'être séduit par ses délices.

Deux bateliers viennent m'offrir de me faire faire le circuit du golfe de Baïes, en descendant à tous les points de la côte qui offrent de l'intérêt.

Je suis impatient de quitter ce sol lépreux. Mes bateliers sont comme la plupart des Barcaroles de Naples, beaux, grands, robustes, à physionomie fine et énergique ; leur chaloupe est propre et légère ; elle se berce vivement sur la lame qui danse au rivage vive et légère comme elle.

Nous partons. Des rames vigoureuses nous lancent sur le golfe qui fut le port de la marine Romaine. A travers l'azur limpide des flots, je vois le fond pavé de débris de corniches, et de colonnes ; l'huitre y colle son écaille et sa bave ; le crabe rampe et pullule dans leurs festons et leurs acanthes ; ça et là, aussi, les piles des arcades de l'ancien môle élèvent leurs bustes tronqués, vers la surface des eaux qui les recouvrent, et qui chaque jour en détachent quelques pièces.

C'est de là que partait le pont de 5,000 mètres que, dans sa délirante ambition d'imiter un desposte en délire, Caligula fit jeter sur la mer de Pouzzoles à Baïes ! Triomphe digne du monstre intronisé, qui ordonnait au monde, de se courber en adoration devant son cheval, et se faisait un jeu de couper les têtes qui ne s'inclinaient pas. OEuvre de démence que la mer indignée écrasa de son écume, vengeant ainsi la terre, des outrages auxquels elle était vouée !

En face de nous, se dresse la masse noire et abrupte du Monte nuovo, tombeau de mille mètres, dressé par la nature, sur le gouffre où en 1538, elle engloutit le bourg de Tripergola, et le lac Lucrin. Du bourg, il reste un nom mutilé, Tritoli, que conservent quelques cabanes de pêcheurs et un fort des moins forts ; du lac, il reste une flaque d'eau, et le nom qui rappelle la pêche Lucrative qu'on y faisait autrefois, d'huitres et de poissons qui n'existent plus.

Laissant notre barque à la rive de Tritoli, un de mes bateliers, dont les jambes jouent aussi prestement à la marche, que ses bras à la rame, me fait contourner rapidement la base du Monte Nuovo, pour me conduire où ? Dans la vallée où la poésie et l'histoire ont placé les peuplades barbares des Cimmériens ; où, la fable a placé une des bouches de l'enfer, l'Averne, le lac aornos, dont les vapeurs empoisonnées tuaient les oiseaux qui s'en approchaient. Encore aujourd'hui, le lac et ses bords sont déserts ; mais, à voir la limpidité de ses eaux, les oiseaux nombreux qui nagent ou qui volent à sa surface, on croit y reconnaître plutôt un vallon de l'Elysée, qu'un bouge des enfers. Le ciel y est serein ; l'air y est pur ; tout y appelle la vie ; mais on n'y trouve que des ruines. On y distingue vers le nord, un temple d'Apollon de construction ovale, entouré de chambres, dans l'une desquelles est une source qui y a fait supposer des bains ; au sud, un temple de Mercure moins bien conservé serait peu visité, si du même côté ne se trouvait une grotte plus ou moins justement nommée Grotte de la Sibylle de Cumes.

L'entrée en est ombragée par un épais branchage, le même, dit-on, qui prêtait à la fameuse devineresse, les feuilles où elle écrivait ses oracles. Si les feuilles actuelles ne sont pas dégénérées de celles d'autrefois, il faut que l'art d'écrire le soit beaucoup ; car la main la plus légère de la plus légère de celles qui, dit-on encore, prononcent tous les jours les oracles de l'humanité, aurait bien de la peine à les écrire sur des feuilles pareilles. C'est ce qui fait peut-être, qu'elles ne les écrivent pas du tout, et qu'elles les changent si souvent.

Munis d'une lumière qui n'est pas très lumineuse, nous pénétrons parmi des éboulements, dans une galerie étroite, humide et ténébreuse. Après y avoir marché assez longtemps en descendant d'une vingtaine de mètres, nous trouvons le sol tellement couvert de vase et d'eau, que pour continuer à avancer, il faut que je me juche sur le dos de mon guide. Heureusement ce dos est presque aussi large, et bien plus fixe, que sa barque. Ainsi naviguant à travers eau et boue, nous arrivons enfin au Sanctuaire, à l'entrée duquel nous faisons une évolution des moins sanctiformes ; la voici : Cette entrée se trouvant plus basse que le reste de la galerie, pour éviter que je m'y heurtasse la tête, le prudent Matteo se retourna, et s'inclinant jusqu'à ce que les deux extrémités de son échine fussent à peu près horizontales, il fit lui-même, et me fit faire à la Sibylle, un salut dans le genre de celui que François 1er présenta à Charles-Quint.

La même évolution se répétant à chaque introduction de visiteurs et de visiteuses, on peut supposer que, si la prophétesse a depuis longtemps quitté son antre, c'est que, par son pouvoir de divination, elle aura aperçu de loin dans l'avenir, cette procession à laquelle elle n'aurait pas trop su comment parler.

Matteo, tout en barbottant dans l'eau, m'explique gravement qu'il y a au-dessous, de belles mosaïques ; qu'il y en a également à la voute. Et je l'en crois sur parole, car, pour les premières, on ne peut les voir que avec les pieds ; pour voir les secondes, il faudrait me tordre le cou, ce qui affligerait la prophétesse qui ne pourrait l'ignorer, et qui même l'aurait sans doute prévu et déploré depuis 3,000 ans. Du reste, je songe moins à la poésie du lieu, qu'à la fatigue de Matteo et à la mienne, comme encor, à la chance qui me menace, de le voir glisser dans la vase, et d'aller mesurer du nez et du menton, les susdites mosaïques. Aussi, lui faisant grâce de la description du bain et du lit de la Sibylle, bain et lit aussi peu propres à s'y baigner qu'à y dormir, je rappelle mon guide de ses extases, et nous sortons à reculons toujours, comme nous sommes entrés, mais cette fois du moins, notre salut est plus respectueux.

Rendus au jour, à l'air, à l'espace, nous courons regagner notre barque qui, comme ses aînées du temps d'Ulisse, a été tirée au rivage, dans un lit de grève. On la remet à flot, et de nouveau, elle danse, elle court. Une fois encore on s'arrête; une fois encore, il faut pénétrer sous terre, pour visiter les bains ou étuves de Néron. Mais avant d'en avoir parcouru moitié, on est arrêté, suffoqué par les vapeurs chaudes qui s'en exhalent; on en sort baigné de sueur.

En ces lieux, tout rappelle la sanglante histoire de celui qui ouvrit pour Rome, l'ère fatale où elle devait se voir affligée, flétrie d'autant de crimes et de hontes, qu'elle avait auparavant compté de gloires et de vertus. Au-dessus des bains était le palais où Néron conviait sa mère à des fêtes, quand il la fit noyer, assommer. A côté était la villa de Pison, où se trama la conjuration qui devait délivrer l'humanité, du monstre le plus affreux qu'elle eût encore produit. Plus loin, c'est un temple de Diane; un autre de Vénus; un troisième, de Mercure, remarquable par sa forme, et sa voûte elliptique. Mais ces monuments, qui tous les jours reçoivent le culte de la vénération des étrangers, sont tellement abandonnés des habitants que, comme la grotte de la Sibylle, le sol y est recouvert d'une fange épaisse, limon nourricier de reptiles immondes.

Quant aux Villas de César, de Pompée, de Marius, de Marcellus, de Livie, de Julie, elles n'ont plus d'autre trace, que le souvenir que l'histoire en a conservé.

Baïes lui-même, autrefois admiré, redouté pour ses charmes, où est-il? Sous l'eau, sous la vase, sous les ronces et les décombres. Quelques chétives habitations, un fort qui paraît mentir à son nom, comme celui de Tritoli; au dedans, habitans et soldats infectés de la lèpre morale du pays, infectés de la *malaria* qui s'exhale de tous les points de ce sol inculte et désert; voilà ce qui reste de Baïes.

Continuant à voguer au-dessus des ruines, au-dessus de l'ancienne route où roulaient jadis les flots d'un peuple luxurieux, et où ne roulent plus que les flots de la mer et les galets détachés des marbres qu'ils ont engloutis, nous passons à la place où Agrippine, Impératrice, mère d'Empereur, Agrippine, coupable elle-même, des plus grands forfaits, périt d'une mort aussi ignoble que cruelle.

Sur la rive est le tombeau où on recueillit son corps que les flots y rejetèrent, comme s'ils avaient horreur de sa vie, de sa mort. Ce tombeau creusé dans le roc, est revêtu intérieurement de bas-reliefs délicats, mais presque entièrement récou-

verts par la fumée crasseuse des torches grossières dont les
guides se servent pour y pénétrer.

Une autre construction souterraine rappelle là encore des souvenirs plus lugubres même que les tombeaux ; c'est une réunion
de caveaux étroits, profonds, que leur nombre a fait appeler il
Laberinto ou *le cento Camerelle*, mais bien mieux connus et
plus justement désignés sous le nom de Prisons de Néron. Ces
cachots souterrains s'enfoncent de plusieurs étages dans le sol.
D'un étage à l'autre, on communiquait par des trappes ; et, d'un
cachot à l'autre, par des portes de demi-hauteur d'homme, ce
qui forçait à y entrer en rampant. Un bourrelet de pierre longeant le bas des murs, était l'oreiller où les prisonniers ap-
puyaient leurs têtes brisées par le désespoir. Sans mouvement,
sans air, sans lumière, c'était la vie dans la mort, la mort dans
la vie. On en sort l'âme et la poitrine oppressées ; le cœur souffre et frémit ; on a besoin de recueillir d'autres impressions,
d'alléger, de rafraîchir la pensée a d'autres tableaux, à d'autres
souvenirs. Aussi, c'est avec un vif plaisir que, parvenu au sommet
du côteau voisin, on découvre son bel horizon. Le petit village
pauvre, mais pittoresque de Bauli, occupe le premier plan ; derrière et au-dessus, s'élève le mont Misène, dont les formes hardies et gracieuses redisent par tous leurs points, poésie,
Homère, Virgile ; au pied, est le golfe où aborda Hercule, où
aborda Énée ; le golfe, devenu ensuite le port de la flotte romaine, port qui, comme son frère de Pouzzoles, était grand,
riche, puissant ; mais qui, comme lui, a péri et n'a laissé pour
témoin de sa grandeur passée, que son réservoir souterrain
d'eau douce, si vaste, si bien construit, que le peuple, dans sa
naïve admiration, l'appelle la *Piscina ammirabile*.

A droite de ce port, et séparé de lui par une langue de terre
étroite, est un petit lac entouré du plus charmant paysage, que
se partageaient jadis les villas et les palais. Ces lieux étaient si
beaux, que les poètes y trouvaient leurs Champs-Elysées. Le
lac était leur Achéron ; aujourd'hui on l'appelle, *Il mare morto*,
nom d'une fatale vérité.

Mais, tandis que je contemple ces monuments d'autres âges,
le temps a roulé une fois encore autour du monde. En ce moment, il achève de pousser un flot de plus, dans l'O-
céan sans fin du passé ; ce flot emporte avec lui les
feux, les bruits, les lumières du jour. Quand je reviens à la rive,
elle est voilée d'ombres et de vapeurs qui flottent comme mes
pensées, dans un espace à la fois brillant et nébuleux. Mes
pensées fatiguées s'y bercent et s'y reposent ; mon corps est fatigué aussi ; lui aussi goûte un repos, un bercement divin, en se
livrant aux molles et vives ondulations de la barque, qu'un vent

frais d'ouest pousse rapidement à travers la rade émue. Trajet Elyséen trop tôt terminé.

Quand nous abordons, la jeune femme de Mattéo l'attend avec un bel enfant de trois à quatre ans ; et la joie de leur réunion, l'affection de leurs regards et de leurs paroles ; les caresses que le père donne à son enfant, montrent que partout la nature conserve des germes précieux, toujours prêts à produire les fruits les plus doux. Honte et malédiction à ceux qui les flétrissent ou les étouffent !

Mon retour de Pouzzoles à Naples sera solitaire ; car, il faut le dire, ici, aux portes de la capitale, même jusque dans ses faubourgs, dès que le jour a cessé, dès que commence la nuit, cette nuit de Naples, si belle, si fraîche, si pure, l'habitant ferme ses portes ; le voyageur cherche un abri ; les routes, les chemins sont déserts ; les brigands seuls les parcourent.

Les brigands ! sur un sol si fécond, toujours prêt à donner au travail une vie aussi heureuse que facile. Les brigands ! dans ce pays qui compte autant de couvents que de hameaux ; dans ce pays où le prêtre domine de tout l'empire du ciel et du pouvoir de la terre ! Rome aussi, Rome, cité de Dieu, dominant l'esprit et l'âme de ses sujets ; Rome voit dans toutes ses provinces, le brigand infester ses chemins peuplés de monastères. L'Espagne aussi, est instruite, inspirée, gouvernée, dominée par l'esprit monastique ; l'Espagne aussi, a ses misères de l'ignorance, de l'énervement, de l'absence d'industrie ; l'Espagne aussi, peuple ses routes de moines et de brigands !

Doit-on en conclure que, s'il y avait moins des uns, il y aurait moins, ou plus des autres ? Est-ce la fatalité qui veut que ces pays produisent simultanément ces deux existences de natures si diverses ?

Toujours est-il que, par le conseil du bon Mattéo, je renonce à mon projet de retourner à pied à Naples. Et ce n'est pas sans peine que, avec son aide, je trouve un voiturin qui consente à m'y conduire ; encore est-ce à condition que je lui paierai sa dépense de la nuit, car il ne pourra revenir que demain !

Grâce à sa crainte des brigands, je n'ai pas besoin de lui dire de presser son cheval ; en moins d'une heure, nous sommes arrivés.

Le lendemain, dès le matin, je suis en route pour visiter la contrée qui seule peut offrir un intérêt plus grand, plus vif, que celle que j'ai visitée la veille ; c'est celle où se trouvent réunis le Vésuve, Porticci, Herculanum, Pompei.

L'avenue de Porticci commence non loin du port, au *Largo di Mercato*, qui, comme les autres, est trop peu étendu pour l'affluence qui s'y porte. En effet, outre le mouvement du marché, on y trouve le quartier-général des Lazzarons ; plus celui des bateliers qui y viennent proposer des promenades en chaloupes ; plus celui des voiturins leurs concurrents, qui sont là avec leurs carrosses et leurs sédioles, aux couleurs, aux panaches, aux grelots éclatans ; plus le quartier-général de la police, avec son fort *del Carmine*, sa caserne des Suisses, et ses canons toujours prêts à parler haut et dur, à quiconque voudrait élever la voix. Lazzarons, voiturins, bateliers ont une haute taille, une physionomie, des gestes aussi énergiques que beaux ; il n'est pas jusqu'à leur costume, on pourrait dire leur nudité, qui ne s'accorde avec ce tableau plein d'animation. Mais cette énergie, cette animation, se dissipe en agitation fébrile, ou s'éteint en paresse, en indolence d'esprit et de corps. La pensée passe rapide dans ces cerveaux volcanisés ; elle n'a point de germe, point de fruit, point de trace. La patrie pour eux est un vain mot ; son histoire pour eux n'a ni passé ni avenir. Ce *mercato* où se pressent leurs groupes nombreux, est le théâtre où se sont déroulés les drames historiques de Naples ; ils l'ignorent. C'est là que les étrangers se sont passé, de main en main, le sceptre de leur beau pays ; ils l'ignorent. C'est là qu'a péri, avec l'infortuné Conradin, la dynastie napolitaine impériale ; c'est là que leur frère Masaniello, les appela à la liberté, à la gloire ; c'est là qu'il les a trahis, qu'il s'est trahi lui-même ; c'est là qu'ils le livrèrent, qu'ils se livrèrent eux-mêmes à ses bourreaux. C'est là qu'un jour, le fanatisme dévot rallumant dans leurs cœurs l'étincelle de patriotisme qu'il y tenait étouffée, ils se réunirent pour se ruer contre notre armée, et montrer, pour conserver leurs fers, plus de courage qu'il n'en fallait pour les briser. C'est là..... qu'ils fléchissent obéissants devant quelques montagnards étrangers, qui tiennent en main les armes qu'on n'ose confier aux fils du pays. Ils ont vu tout cela ; ils voient tout cela ; et ils ne le savent pas!

Cependant les armes, ils savent s'en servir ; mais ils les vouent au crime, comme pour se venger de ce qu'on méconnaît en eux, de ce qu'on y éteint les germes du bien que la nature n'avait pas plus refusé à leurs cœurs, qu'à leur sol et à leur climat. Nous avons vu comme ils sont redoutés vers Pouzzoles ; hé bien ici, à trois cents pas du fort et de sa garnison, il y a une caserne de cavalerie ; à côté de cette caserne, il y a un pont ; une voiture y a été récemment attaquée, dévalisée ; on est obligé d'y mettre une grand'garde toutes les nuits.

Ce pont si peu respecté des lazzarons, porte cependant une statue du saint qu'ils vénèrent le plus ; et cette statue rappelle un miracle des plus dignes de leur adoration : En 1767, pendant une éruption du Vésuve, un torrent de laves descendant vers la ville, menaçait de la brûler. Pour conjurer le danger, on ne vit rien de mieux, que d'apporter la tête du grand saint Janvier sur le pont. La lave s'arrêta. Le lit profond du ruisseau, qui devient souvent un torrent; sa rive relevée du côté de la ville; le refroidissement de la lave qui n'y arrivait qu'après avoir parcouru plus de trois lieues; toutes ces circonstances ont peut-être un peu aidé le miracle. Mais, à ceux qui douteraient, on dirait: La lave est-elle venue là? — Oui. — La tête de saint Janvier a-t-elle été portée là? — Oui. — Hé bien, ne demandons pas, nous, pourquoi on ne l'a pas apportée plus tôt; pourquoi on ne l'a pas portée plus loin?

De Naples à Porticci, il y a plus d'une lieue; mais on peut dire que c'est une rue qui y mène; quel autre nom donner à une ligne continue d'habitations, où une foule également continue de voitures, de cavaliers, de piétons, semble y prolonger le mouvement de la rue de Tolède?

Le palais de Porticci est beau, grand, admirablement situé, comme tout ce qui a vue sur le golfe de Naples; l'intérieur en est somptueux, mais comme tous les palais qui sont là et ailleurs. Aussi on laisse bientôt terrasses, salons, tableaux, chapelles, pour courir au Vésuve qui, pendant tout le voyage, a appelé la pensée; qui, dès qu'on approche de Naples, appelle les yeux et les pieds.

Je trouve d'abord des champs de laves calcinées où, entre les feux de la terre et ceux du ciel, on cultive la vigne, mère du *Lacryma Christi*. La maturité précoce des raisins m'engage à en goûter. Je crois que, avec le miel de tels fruits, on n'a rien à envier à celui qui coulait dans les ruisseaux de l'âge d'or.

A travers ces vignes; puis des taillis, des broussailles; puis des espaces vides, nus, hérissés de laves plus récentes, je monte, je monte, j'arrive au pied du cône de cendres que les éruptions ont superposé à la montagne.

Là, sur un tertre qui ressort comme une côte brisée du flanc du géant, s'élève une chapelle, un hermitage. Au milieu des débris et du chaos, les pieds sur un volcan, le regard plongé dans l'immensité du ciel et de l'horizon; loin au-dessus des feux, des fumées et des tumultes de la grande ville; celui qui habite cette solitude, peut oublier les hommes, la terre, et s'absorber dans Dieu.

Heureusement pour les voyageurs, il n'en est pas ainsi. Le bon hermite a, si non pour lui, du moins pour eux, un office bien garni, auquel on rend et on fait honneur, tout autant et peut-être plus, qu'à celui de sa chapelle. En effet, il est urgent de réparer les forces qu'on a usées à la montée; d'en acquérir de nouvelles pour monter encore. Je l'ai dit; on est au pied du

cône escarpé qui enveloppe le haut du cratère. Or la montée y est pénible, non seulement à cause de la rapidité, mais aussi, parce que ce cône étant recouvert d'une couche épaisse de cendres ou petites grèves volcaniques, le pas s'y appuie difficilement ; souvent même, on glisse au-dessous de son point d'appui. Dans ces reculades, il y a danger de tomber, surtout si le pied rencontre sous les cendres, quelque point résistant qui fait perdre l'équilibre.

Il faut donc bons pieds et tête sans vertiges, pour monter au cratère. Et encore, cela ne suffit pas ; il faut de plus, une escorte ; car l'industrie lazzarone exploite aujourd'hui le Vésuve. Il y a six semaines, une compagnie nombreuse, Allemands et Allemandes, Anglais et Anglaises, qui faisait l'ascension, a été troussée par des brigands. Quand je dis troussée, j'entends que c'est dans le sens des chevaliers de grandes routes, avec tout égard pour la modestie ; avec tout empressement d'alléger les voyageurs de ce qu'ils portent de plus lourd. Très peu chargé moi-même, je monte sans encombre, sans accident, sans chute.

Voilà le cratère ! Le regard plonge avec avidité, avec effroi dans les entrailles de la montagne, dans ces entrailles que le volcan déchire pour y puiser l'aliment de ses fureurs. La fumée s'en échappe et monte en longeant les parois verticales de cette cheminée qui a une demi-lieue de diamètre. Au fond, sont entassées, entre-croisées, des masses de rocs et de soufre qui recouvrent l'abîme.

Un vent violent souffle au sommet. Mon gendarme d'escorte et moi, nous nous y maintenons avec peine ; car ce sommet est une arête vive qui réunit, sans aucun plan, la paroi du dedans, à la pente escarpée du dehors. Le vent s'engouffre dans les cavités du cratère, où des vents souterrains lui répondent. Nos voix y provoquent des échos caverneux qui empruntent quelque chose de solennel de la hauteur, de l'isolement où nous sommes, du vide au-dessus duquel nous restons suspendus, vacillants, sans appui.

En suivant l'arête, sur une distance de mille mètres, je gagne le point le plus élevé. Alors, quel théâtre immense, magique, s'offre à ma vue ! J'oublie que c'est le Vésuve qui me porte. Mon regard se lance dans l'infini. C'est en vain qu'il veut atteindre les bornes de l'horizon vers l'Occident ; il s'y perd dans les espaces du ciel et de la mer. Mais, en revenant aux lieux qui m'entourent, avec quel ravissement ma vue se porte sur le golfe de Salerne, que je vois au-delà des monts de Castellamare et de Sorrente, développer ses rives verdoyantes et dorées, sa nappe d'argent, son pavillon d'azur. Avec quel charme et quel intérêt je revois, comme on peut voir du ciel, les lieux que j'ai visités la

veille, Pouzzoles, Baïes, leurs ports, leurs lacs et leurs monts!
De là aussi, mon regard voudrait sonder la terre, pour y
retrouver les siècles qui y sont enfouis; de là, il voit renées à
la lumière, les nobles ruines de Pompei! Mais le temps passe;
le vent souffle; le gendarme me rappelle. Il faut songer à
descendre.

Une fois encore, je contemple le cratère; une fois encore,
j'appelle ses échos, et ils répondent : adieu !

La descente est prompte et sans fatigue, non sans difficulté.
Les cendres roulant sous les pieds, pour peu qu'on les remue,
on glisse rapidement sans pouvoir marcher. Le tout est de savoir conserver son aplomb, sans quoi on risque de rouler soi-
même et de se faire beaucoup de mal. Pour moi, tête et pieds
ne me indiquant pas plus à la descente, qu'à la montée, je reviens sain et sauf à l'office, on sait lequel, de l'hermitage.

Pendant que je me repose et me rafraichis, l'hermite m'apporte
le registre sur lequel les voyageurs consignent leurs noms et
leurs observations. Les noms sont la plupart affublés de titres
plus ou moins authentiques, dont il semble que là, sur une montagne creuse, sur un sol qui tremble et se déchire, on sent plus
qu'ailleurs, la vanité, la fragilité. Les observations aussi plus ou
moins prétentieuses, sont la plupart, des élans boursouflés pour
mettre le sommet du Pinde, au-dessus de celui du Vésuve. Mais
le Pinde aussi a ses éboulements, ses poussières, ses fumées.
Quelques-unes cependant, sont de simples et naïfs aveux des mé-
comptes qu'on a eus, des chutes qu'on a faites. L'un dit :
« J'ai vu le cratère et ses et cœtera; bon pour une fois. » Un
autre : « I return to England; devil take Vesuvius ! » Une
dame : « J'ai monté sur le Vésuve, et j'y ai pleuré comme une
enfant. » Naïveté aussi gracieuse que ses larmes, qui sans doute
étaient belles, puisqu'elle en parle. En tout cas, cette naïveté,
ces larmes étaient bien différentes de celles d'un Anglais qui, s'étant
épris d'amour pour une jeune fille de Pise, et n'ayant pu l'épouser,
avait pensé que les feux, les déchirements du volcan pourraient
seuls comprendre sa douleur. Il était donc venu la raconter au
Vésuve; et, le trouvant bon enfant, sensible, complaisant autant
que savant, il la lui racontait en anglais, en français, en italien.
A tout cela, dit-on, le Vésuve n'avait qu'une réponse : *Lacryma
Christi*. Mais ces deux mots sont compris dans toutes les langues; ils sont magiques contre toutes les douleurs. Enfin, six
rimes françaises posaient une énygme que, bien sûr, le magique
Lacryma-Christi avait aussi suggérée; ces rimes disaient :

Quand un et un font deux,
C'est un moment heureux.

Cependant si parfois,
Tout en voulant s'ébattre,
Un et un se font trois
C'est le diable à quatre.

A l'hermitage du Vésuve, deux heures du matin.

Le Lacryma m'expliquait bien l'énigme ; mais je ne comprenais pas l'heure de la date. L'hermite me dit en souriant, que souvent des sociétés de curieux venaient passer la nuit à l'hermitage, pour..... y voir le soleil levant : « J'en ai bien vu, ajouta-t-il, depuis vingt-six ans que je suis ici ! » Sans lui demander s'il entend parler de diables à quatre, ou de soleils levants, je lui témoigne mon étonnement qu'il ait pu vivre autant d'années, dans cette solitude, entouré de dangers continuels. « Quant à la solitude, me répond-il, vous le voyez, c'est nuit et jour que je reçois des visites. Les dangers eux-mêmes, sont moins grands qu'ils ne le paraissent : D'abord, les éruptions s'annoncent par des signes certains que nous connaissons ; de sorte que nous pouvons toujours nous prémunir contre les accidents, ou même, au besoin, nous retirer. Ensuite les coulées de lave ne peuvent guère nous atteindre ; elles sont toujours détournées par le monticule dont nous occupons le sommet. La durée de mon séjour ici en est la preuve ; du reste, voilà des compagnons d'exil qui le prouvent encore mieux que moi, ajoute-t-il, en me montrant des arbres séculaires qui abritent la chapelle. » En ce moment, une nouvelle troupe arrive : « Voilà ma solitude. »

Arrivé au bas du Vésuve, non sans avoir fait couler encore quelques larmes de *Christi*, je vais sous ses racines, visiter la grande tombe d'Herculanum.

Il faut le dire, malgré mon ardente disposition à admirer, ou peut-être à cause d'elle, j'ai été bien désenchanté : Les fouilles se faisant à plus de vingt mètres de profondeur, non seulement il y règne une obscurité totale, mais, pour soutenir la voûte épaisse qu'on laisse par-dessus, et les palais, les villages modernes qu'elle porte, on est obligé de ménager, à de courts intervalles, d'énormes pilastres qui, de toute part, masquent, entravent la vue. De plus, comme on ne pourrait extraire les déblais sans trop de dépenses, à mesure qu'on avance, on les reporte dans les parties vidées d'abord; de sorte que l'espace qui reste libre, est très restreint.

Un seul monument n'a pas été recomblé, réenterré de cette manière ; c'est un théâtre d'architecture grecque, avec portique, colonnes, etc.; le tout magnifique, disent les savants et les guides parlants et imprimés. Mais ce que j'y ai vu par-dessus et par-devant tout, ce sont les pilastres dont j'ai parlé. Ainsi, à part le prestige de l'imagination qui dit que tout cela est grec et romain, on en voit tout autant dans une grande cave, plus les tonneaux, qui, pour n'être pas romains, ont encore leur mérite.

Pour rendre la chose plus intéressante cependant, on ne manque pas de dire qu'il y avait représentation à ce théâtre, juste au moment de l'éruption, et que, si on n'a rien retrouvé des spectateurs qui remplissaient ses vingt-un degrés, ce n'est pas une preuve qu'ils n'y étaient pas, mais, qu'ils n'y sont pas restés, et que la lave marchait moins vite qu'eux; circonstance qui offre une donnée très précieuse à la science, pour comparer la vitesse de la lave actuelle, à celle de la lave antique. Le roi de Naples ne peut payer trop cher les académiciens qui éclairent ainsi le monde présent, par les ténèbres de l'ancien.

Mes guides, sans doute fiers de leur science académique, me font payer royalement, ce qui achève de me mécompter et mécontenter de ma visite à Herculanum. Mais dès que je suis dehors, la vue du Vésuve, de la rade, de la route et de Naples, me rendent à l'entraînement de la satisfaction, de la curiosité. Demain j'irai m'indemniser à Pompéï.

Dès le lever du jour qui, à Naples, manque rarement de se montrer fidèle aux promesses du beau soir qui l'a précédé, j'engage un barcarole du Mercato, et, poussés par un vent frais d'Ouest, nous cinglons vivement le long de cette côte, dont chaque point est un tableau où se peint à grands traits, la lutte incessante de la destruction contre la création, et de la création, contre la destruction. En ces lieux, on voit une telle lutte avec un intérêt mêlé d'anxiété et de bonheur, car chaque inondation de lave semble y apporter de nouveaux germes de fécondité; chaque désastre y prépare un nouveau triomphe à l'énergie de la nature.

Les laves ont coulé jusqu'à la mer; elles la bordent de noirs rochers; elles la parsèment d'écueils. Mais la mer aussi a ses plantes et ses fleurs qui les enlacent, qui les recouvrent; elle a son limon fécond qui nourrit des myriades de poissons succulents. De nombreux pêcheurs se balancent sur leurs barques, au-dessus des écueils où ils ont plongé leurs filets; ils les retirent chargés d'une pêche abondante; chaque goutte d'eau lance des reflets d'argent; chaque écaille lance des reflets dorés.

Au-dessus de ces tableaux variés, Porticci, Resina, Torre del Greco, Torre del l'Annunziata, forment guirlande pour unir l'amphithéâtre de Naples, à celui de Castellamare et des monts sauvages, romantiques qui abritent contre les ardeurs du Sud, les bourgs pittoresques et populeux de Vico, Sorrente, Massa; lieux embellis par tous les dons d'un sol et d'un climat heureux;

lieux embellis par le souvenir du Tasse, de sa gloire, de ses malheurs, de sa piété pour sa sœur, de la consolation qu'il y trouva.

Cependant les bancs de laves que nous côtoyons s'élèvent; ils prennent des formes plus abruptes; la mer qui les bat, les a minés, les a creusés en voûtes; ils prennent mille formes; enfin, ils s'écartent pour ouvrir une petite rade, au fond de laquelle est Pompéi.

Nous abordons; mais il y a environ un mille à marcher, avant d'atteindre cette ville que la mer baignait autrefois. Le port et la ville ont été engloutis; des vignes, des champs, les recouvrent. Ici, du moins, les cendres du volcan n'ayant surchargé l'ancien sol qu'à une hauteur de quatre ou cinq mètres, les travaux se font à découvert; de sorte qu'ils tirent réellement cette ville morte, de sa tombe, et que, à voir son faubourg, sa porte, ses monuments, ses rues, l'illusion est complète; en quelques pas, on passe derrière dix-huit siècles; à chaque coin de rue, à chaque maison, sur chaque place, on s'attend à rencontrer des Grecs, des Romains.

Les premiers, les seuls Romains qu'on y rencontre, sont des conscrits napolitains, qui flânent aux fenêtres, qui baillent à la porte d'une caserne où, sans s'en soucier, sans s'en douter peut-être, ils succèdent aux hommes de fer de l'antiquité. Ils sont là pour protéger, surveiller les travaux des fouilles. Mais leur mollesse, et celle des travaux eux-mêmes, leur donne tout loisir de se livrer à une indolence aussi peu romaine que leur costume débraillé.

Près de cette caserne, d'anciennes prisons conservent encore les colliers et les fers auxquels on attachait ceux qui y étaient renfermés. Cette prison, ces fers froissent l'âme à la pensée que, de tout temps, dans sa carrière pénible et douloureuse, même là où le sol tremblant sous ses pieds le menaçait de la mort à tout instant, l'homme a dû lutter contre l'homme; frapper, être frappé!

Sur la place, devant la caserne, une fontaine, la seule qui coule dans cette ville autrefois renommée par ses belles eaux, arrose quelques saules pleureurs. Le feuillage éploré de ces arbres plantés à l'entrée d'une ville sépulcrale, semble dire: Voyez comme la vie conduit à la mort!

Mais, tandis que j'y lis cette pensée sévère, des éclats de joie partent de dessous ce même feuillage; et on m'apprend que la cantine de la caserne y a établi des tables pour le repos et le rafraîchissement des voyageurs. En effet, une compagnie de jeunes gens y boivent, y mangent, y chantent; ils songent moins aux fouilles de Pompéï, qu'à celles qu'ils font eux-mêmes dans de larges fiasques et un énorme pâté.

Je fuis cette scène si discordante avec celle qui l'entoure, et bientôt j'en suis séparé par l'immensité du temps ; je suis dans des rues ; dans des temples, dans des places où tout redit et semble y rappeler ce qui y a vécu. Les rues droites et bordées de trottoirs, mais larges à peine de quatre à cinq mètres, joignent à la tristesse du vide et du silence tumulaire qui y règnent, la terne monotonie de maisons qui n'y ont d'autre jour ni issue, que la porte d'entrée. En sorte que, tant qu'un Pompéï grec n'aura pas prouvé que les Athéniens bâtissaient autrement, il sera difficile de comprendre l'épisode de la vie de Socrate, où il est dit que, après force éloquence conjugale, l'épouse du philosophe lui jeta par la fenêtre, un pot de fleurs ou autre. Peut-on penser que, si les maris pompéïens supprimaient ainsi toutes les fenêtres du dehors, c'était par précaution contre ce qui pouvait en sortir ou y entrer à l'adresse de leurs femmes ? Cela donnerait une triste idée du bonheur des maris d'autre-fois ; par contre, le nombre des étages et fenêtres de nos maisons, doit nous donner une haute idée du bonheur des maris d'aujourd'hui.

Toutes les chambres sont carrées ou à peu près ; sans cabinets, ce qui revient à l'histoire de Socrate. Très peu de portes étaient vitrées ; de sorte que, pour voir clair, on les laissait ouvertes ; ce qui eût été par trop hospitalier, si ces portes-fenêtres eussent donné sur les rues. Elles ne communiquaient pas entr'elles, ce qui forçait à des entrées et sorties continuelles, très propres à donner à l'intérieur des maisons, le mouvement qui manquait dehors. Au milieu de chaque cour, était un bassin pour recevoir les eaux de pluie. C'était gala quand il pleuvait, on buvait, on se baignait, hommes, femmes, enfants, grenouilles. Il n'y avait pas plus de fenêtres aux bains qu'aux chambres ; c'était l'âge d'or.

Outre ces distractions de la cour, les chambres avaient leurs ornements intérieurs, consistant principalement en peintures allégoriques plus ou moins correctes, badigeonnées sur les murs ; et en pavés-mosaïques dont la fraîcheur, sinon le poli, devait délecter parfois les pieds des habitants et habitantes de ces sortes de caveaux.

Quant aux meubles, il ne paraît pas qu'il y en eût beaucoup, car on n'en a guère retrouvé, quoique le grand nombre de cadavres restés çà et là dans la ville, prouve qu'on a eu peu le temps de déménager. Malgré la caserne et sa garnison, dès que les fouilles découvrent quelque objet susceptible d'être enlevé, on le transporte à l'Académie de Naples, pour épargner aux voisins, la peine de le transporter p'us loin. Et c'est fort à regretter, car, si tous ces objets pouvaient rester à la place qu'ils avaient dans l'économie domestique, ils conserveraient pour eux-mêmes et pour le lieu, une physionomie d'actualité unique dans le monde. Quelques-uns des plus lourds, et de la moindre valeur, ont eu seuls le privilége de ne pas être déplacés; ce sont : Chez un boulanger, des moulins côniques à bras, pour moudre le blé; chez un marchand, les vases de terre cuite où il mettait ses denrées; chez un sculpteur, des pierres tumulaires, des statues ébauchées qui attendent depuis quinze siècles les derniers coups de ciseaux; sur le Forum, on réparait, on bâtissait des temples; là encore, restent à demi-taillés, ou prêts à être posés, les matériaux avec lesquels on allait les achever. Ce n'est pas la mort; c'est l'interruption de la vie qui est rendue plus sensible encore par la vue des fontaines taries, chargées, remplies de cendres. Ces sources actives de l'existence, où affluait la population pour ses besoins de tous les instants, sont sans eau, et dans la ville, dans les maisons, dans les rues, il n'y a plus personne qui leur en demande !

Une de ces fontaines, bien fragile, puisqu'elle est construite en coquillages, est conservée tout entière. Elle décore une des maisons les plus grandes et les plus ornées de Pompéï. Une inscription en lettres rouges, placée, selon l'usage, au-dessus de la porte, attribue cette maison à Salluste. Les peintures des chambres, moins dégradées qu'ailleurs, y ont aussi plus de correction; des marbres, des bronzes, des bijoux d'or et d'argent qu'on y a trouvés, ont témoigné du luxe qui y régnait. Ils ont coûté la vie à quatre habitants qui, sans doute, avaient trop de regrets à les y laisser, et qui y ont laissé leurs os.

Une maison qui doit être visitée, surtout par des Français, c'est celle qui a reçu et conserve encore aujourd'hui, le nom de Championnet, parce qu'elle a été découverte sous la direction et aux frais de ce général, pendant l'occupation de Naples par notre armée. Là, comme dans la maison de Salluste, on trouva des bijoux, des bracelets, des monnaies précieuses et..... des squelettes qui redisaient sévèrement la fable des rats et des belettes, l'histoire de tous les jours.

Puis ce sont des théâtres, des bains, des curies, des temples, des galeries et autres édifices appartenant à une grande ville. Tous sont rasés à quatre ou cinq mètres du sol; ce qui semble indiquer que les cendres avaient atteint cette hauteur, quand sera survenue la secousse qui aura abattu tout ce qui les dominait. Parmi ces temples, le plus curieux est celui qui était consacré à Isis. Outre la grandeur et le mérite de l'architecture, on y retrouve l'autel qui portait la statue-prophète; la niche où se cachaient les prêtres qui la faisaient parler; l'escalier secret

par où ils y montaient. Le cicérone qui montre toutes ces ruses
sacerdotales, ne manque pas de rire en pitié des peuples dont
on se jouait ainsi, et il ajoute : *Ma erano tutti pagani ; dei
Cristiani Cattolici, non si burla cosi di loro ; che anno il lume
di Dio.*

La voie Appienne traversait Pompéi par une rue plus large
que les autres, sans cependant l'être beaucoup, puisqu'elle n'a
que six mètres, y compris ses trottoirs. Mais, aux ornières profondément tracées dans ses pavés de lave, on peut reconnaître
la fatigue, le mouvement commercial et politique de cette grande
voie du grand Empire. Ces traces suggèrent une remarque qui
peut être précieuse aux antiquaires ; elles prouvent que les voitures de ce temps étaient beaucoup plus étroites que les nôtres.
La dimension des voitures explique-t-elle celle des rues, ou
celle des rues commandait-elle celle des voitures ? A eux de
décider.

Suivant ces ornières et mes réflexions presque aussi profondes
qu'elles sur les chars de guerre, les chars de triomphes qui les
ont faites, et les tombereaux de décombres qui y jettent leur
poussière, j'arrive à la maison dite des Vestales, à cause d'une
salle au milieu de laquelle est un foyer. On ne pouvait manquer
d'en faire une chapelle de Vesta, avec son feu sacré. Quant aux
vestales, où étaient-elles ? Il paraît qu'à Pompéi, il y en avait
tant, qu'on n'était pas obligé de les tenir sous clef, comme à
Rome et ailleurs. En effet, celles-ci n'avaient pas même leur logement dans le temple, du moins, à en juger par les traces
d'habitation qu'on y a trouvées, lesquelles sont : 1° des ornements de toilette, plus faits pour le théâtre, que pour le sanctuaire ; 2° le squelette d'un petit chien, animal trop réprouvé à
Rome, et, parfois, trop indiscret, pour être admis près de la
chaste Vesta, et de ses chastes filles ; 3° le squelette de qui ?....
Oh ! le nom seul du squelette, le squelette même du nom, aurait
troublé les prêtresses jusqu'aux cendres de leur feu..... On y a
trouvé un squelette..... d'homme !

Pour comble de contradiction, près de ce temple immaculé,
est une maison à grande ouverture, qu'on appelle avec autant
d'authenticité, le café. Tout à l'heure nous étions presque ame-
nés à croire que notre temple de Vesta n'avait pas de vestales ;
que dire d'un café où les bons Pompéiens venaient pour prendre
des demi-tasses qui ne devaient arriver que quinze siècles après
eux ? C'est presque aussi difficile à imaginer, qu'une Vesta sans
vestales, ou des vestales avec ce qui laisse après soi, un squelette d'homme.

Trébuchant, trébuchant dans ces ornières de l'histoire, plus
encore que dans celles du pavé Appien, j'arrive enfin à la porte

dité d'herculanum, porte à triple portique; par où je crois que je vais revenir au monde d'aujourd'hui, à moi-même. Mais non, voilà devant moi, un long faubourg, qui semble l'avenue d'un monde anté-pompéien ; il est bordé en grande partie de tombeaux et de constructions funèbres. L'une qui contient beaucoup de petites niches propres à recevoir des urnes cinéraires, et qu'on croit avoir été le tombeau des gladiateurs, a reçu le nom euphémique de Colombier, et donne ainsi un exemple de plus, de la naïve insouciance avec laquelle la vie se joue de la mort.

De distance en distance sont disposés des sièges offerts au repos des passans. Sur l'un d'eux on a trouvé une scène telle que la nature s'est réservé d'en montrer dans tous les temps, pour prouver qu'elle du moins ne varie, et ne faillit jamais : Un squelette de femme tenait dans ses bras, celui d'un enfant ; deux autres enfans étaient à côté d'elle. Il n'y avait pas d'inscription pour dire qui était cette femme ; mais quiconque a eu une mère, dira ce que était celle qui, pouvant se sauver elle-même, est restée là pour périr.

Quelques maisons peuplent aussi ce faubourg. On y distingue celle de Diomède, la première qui ait été découverte à Pompéi, et la seule qui ait conservé un premier étage. Elle est grande, décorée de peintures, de mosaïques; elle a comme les autres, une cour, un jardin intérieur, entouré d'un corridor à colonnes. Dans une des caves, sont encore une vingtaine d'amphores appuyées au mur, telles qu'on les y avait posées. Dans la même cave on trouva 17 squelettes de malheureux qui sans doute y avaient cherché un abri contre les cendres brûlantes, et qui y avaient trouvé la mort. Devant la maison, dans la rue, était le squelette de Diomède, se sauvant suivi d'un esclave. Ils emportaient des vases précieux !

Encor des tombeaux ; encore des ruines ; et je sors de cette ville squelette, épuisé d'y avoir ainsi trouvé, senti à chaque pas, les traits d'une grande vie morte, d'une grande mort qui revit.

J'ai rejoint la barque. Le retour sera lent et calme ; une légère brise du soir gonfle à peine notre petite voile latine. Je pourrai à loisir baigner mes pensées fatiguées, dans un repos délicieux, dans une contemplation ondoyante comme les flots qui me bercent. A travers les songes de cette douce rêverie, je vois passer comme de jeunes et riantes apparitions, les tableaux de l'Annunziata, del Greco, de Porticci, et leurs rives et leurs rochers, alors dorés par les derniers rayons du soleil qui se couche dans un océan de feu, derrière les monts poétiques de Baïes et de Misène.

Pour compléter la visite à Herculanum et à Pompéi, il faut

aller au Palais de l'académie voir la collection des objets mobiliers qui ont été extraits des fouilles.

Il y a là, on peut le penser, une profusion d'ustensiles tels que lampes, coupes, couteaux, fuseaux, siéges, trépieds, vases de toutes sortes, la plupart de dessin pur et de formes élégantes ; puis des bijoux, bracelets, bagues, pendants-d'oreilles ; puis encor une longue série de petits dieux Pénates, qui ont l'air dieux, tout comme tant de choses et de gens qui sont ce qu'ils ne sont pas ; puis des verres ciselés, coloriés ; puis des vitres, qui sont là en dépit de tant d'arrêts académiques, qui avaient prononcé que les anciens n'en avaient pas ; puis des rayons chargés de pains, pâtés et autres comestibles très-propres à exciter la curiosité, mais nullement la convoitise, et près de ces alimens du corps, une montagne de papyrus, alimens de l'esprit, qui ne semblent guère plus appétissans. Sans doute, ces objets sont très-curieux ; mais enlevés de leurs foyers, privés du rôle qu'ils y remplissaient, privés de cet accompagnement qui leur rendait l'action, l'actualité, ils ont entièrement perdu le vif qu'ils avaient sur place.

Dans le même palais, sont le musée des tableaux et celui des statues. Je me contenterai de dire que le premier est riche et beau comme doit l'être un musée de capitale italienne ; pour le second, je dirai qu'on y trouve l'Hercule, la Flore Farnèse, l'Apollon cytharides, la Diane d'Ephèse, les Gladiateurs, le Jupiter et Ganimède, l'Aristide d'Herculanum admiré par Canova.

Je ne sais si d'autres l'éprouvent ; mais quand je me suis ainsi imprégné des images des chefs-d'œuvre, le mouvement, la vue d'une foule me brise. Il y a souvent alors, tant de disparité entre ce que je viens de voir, et ce que je rencontre, que ce n'est pas sans souffrance, que je sens se rompre et se confondre les empreintes qui s'étaient ainsi modelées aux traits de la perfection.

Je fuis les bruits, les mouvemens de la rue de Tolède ; je gagne le mont que couronne le fort Saint-Elme. La montée est rapide, des murs qui bordent le chemin y masquent toute perspective, et y concentrent le feu d'un soleil de midi. Mais quand j'ai atteint le pied du fort, quand, de sa terrasse, je découvre dans son ensemble et dans tous ses détails, le panorama de Naples, avec ses places, ses rues, ses églises, ses palais, ses toits couverts de fleurs, et le panorama du golfe, avec ses villes, ses rives, son volcan, ses monts, ses îles, oh ! alors, j'oublie montée, murs et soleil ; je suis heureux que des perspectives, des échappées n'aient pas amoindri en le décomposant, l'effet d'ensemble d'un tel théâtre.

Devant le fort, et un peu plus bas, mais jouissant des mêmes aspects, est un grand et bel édifice, au-dessous duquel un jardin se développe en terrasses. C'est une ancienne chartreuse, convertie aujourd'hui en hôpital des invalides militaires. Le lieu était-il bien convenable à des chartreux qui s'y retiraient pour renoncer au monde ? Le parfum, le bruit, l'éclat des fêtes, les pompes mondaines de Naples qui sans cesse brillaient à leurs yeux, ou sonnaient à leurs oreilles, n'ont-ils jamais inspiré aux cénobites, que des sentimens de réprobation et de pitié ? S'il est vrai que le cloître a été souvent le refuge de cœurs déchirés par les passions, les feux toujours brûlants dans la ville des voluptés, n'auront-ils pas souvent rallumé des flammes dévorantes, renouvelé des tortures, rappelé des âmes délirantes vers les délices limoneuses de la terre ? Du moins pour des soldats invalides, pour des hommes à qui l'âge et les fatigues ne laissent plus d'autre jouissance que le repos ; pour des hommes qui, après avoir pris part aux grandes scènes du monde, aux grandes pages de l'histoire, se retirent de la carrière où ils ont signalé leurs vertus, leur courage, et se plaisent à y reporter leurs regards, au lieu de les en détourner avec effroi, quel lieu pouvait être mieux choisi ? La mer, la terre, le peuple, pour lesquels ils ont combattu, sont sous leurs yeux ; ils voient tous les mouvemens du port, de la place publique ; les solennités militaires où eux-mêmes ont brillé et où aujourd'hui.... Non, leur cœur doit saigner, leur regard doit se voiler de larmes ; car ce ne sont pas leurs fils, mais les fils de l'étranger, les Suisses, qui y brillent, qui y commandent !

L'église, digne du couvent auquel elle appartenait, sans être remarquable pour son architecture, a conservé une grande richesse de décors intérieurs : Elle est ornée de tableaux par Massimo, l'Espagnolet, Lanfranc, Chevalier d'Arpin, Caravage; on y remarque surtout, comme ouvrage à la fois de patience et d'habileté, les lambris du chœur et de la sacristie, espèce de mosaïque en bois de Brésil de différentes couleurs, où sont figurés les principaux faits de l'Ancien Testament. C'est le travail d'un chartreux Allemand qui y a consacré sa vie. A ce prix, sa vie fut sans doute une des plus belles, une des plus heureuses ; car là, dans la solitude, il vivait avec une seule pensée, une seule œuvre ; et cette pensée, cette œuvre marchait, grandissait ; lui préparait la gloire parmi les hommes, une place parmi les saints.

Pour descendre à la ville, la pente est si rapide, qu'il a fallu y établir des rampes à escalier. Du pied de ces rampes, part une rue longue et étroite, celle des Libraires, qui traversant celle de Tolède, va plonger au centre de Naples, de ses rues entre-croisées, aux maisons hautes et sales, aux nombreux couvents, aux nombreuses églises.

La première de ces églises, et en même temps, l'une des

plus belles, disons des plus riches, des plus ornées, est celle du Nouveau Jésus. Elle a reçu ce nom, des Jésuites, à qui elle appartient, ainsi que le couvent voisin, où ils élèvent et instruisent 600 fils des principales familles du royaume.

Croix grecque surmontée d'une coupole peinte par Lanfranc, elle fut ruinée par un tremblement de terre; puis rebâtie, mais avec moins de magnificence. Cependant on y voit encore les quatre évangélistes du même peintre, et beaucoup d'autres tableaux du plus grand mérite, par Solimène, Massimo, Fansaga, Luc Giordan, le Guerchin, etc. On remarque surtout la voûte de la chapelle à droite du grand autel, la peinture de cette voûte étant la première œuvre de Solimène, qui la peignit à l'âge de 18 ans. St-Ignace devait avoir les honneurs du lieu; aussi sa chapelle est enrichie de marbres africains sculptés par Fansaga, et de quatre tableaux, dont trois par l'Espagnolet. Sur le Largo devant l'église, est une espèce d'obélisque ou plutôt, de Pyramide revêtue de bas-reliefs de marbre qui représentent bon nombre de Saints et d'anges, ainsi que les principaux traits de l'histoire de la Vierge, dont la statue s'élève au sommet, et donne à l'ensemble du monument, le nom assez étrange d'*Aguglio della concezione*, ou Aiguille de la conception.

En face de cette église et de ce couvent du Nouveau Jésus, sont l'église et le vaste couvent de Ste-Claire. L'église du genre gothique, avait été décorée à la Napolitaine, de marbres, stucs et dorures; de plus, elle était enrichie intérieurement de fresques du célèbre Giotto. Un vice-roi a immortalisé son nom à la façon d'Erostrate, en faisant badigeonner toute la nef, pour, dit-il, la rendre plus clarteuse. Il ne reste de tant de chefs-d'œuvre, qu'une image de la Vierge, dans un petit autel ou niche huchée sur un pilastre.

A quelques pas de là, sur un autre Largo décoré d'un autre obélisque, est l'église de St-Dominique Majeur, gothique, à trois nefs, où on voit une assomption du Titien, un sauveur à la colonne, par Caravage; un autre de Giordan; et le fameux Christ qui s'anima un jour, pour dire à St-Thomas-d'Aquin, qui vivait dans le couvent voisin: *Benè de me Scripsisti Thoma; quam ergo mercedem de me accipies?* A quoi Thomas répondit: *Non aliam nisi te ipsum.* Or certainement, il n'en était pas ici, comme au temple d'Isis de Pompeï. Cette ville alors n'était pas découverte; et les Saints-Pères n'eussent pas inventé un tel moyen d'abuser dévotement la bonne foi publique. De plus, la preuve, c'est que le Christ est encore là, ainsi que la chambre que Thomas occupait dans le couvent; chambre qu'on a convertie en une chapelle; et puis, le cicérone de Pompeï ne l'a-t-il pas dit: *Dei Cristiani Cattolici non si burlerèble di loro.*

Dans le même quartier encor est l'église des merveilles, sinon la merveille des églises ; Ste-Marie de la pitié, fondée, entretenue, ornée des marbres les plus riches, de chefs-d'œuvres de sculpture et de peinture ; par la famille princière de Sangro, à qui elle sert de mausolée depuis le xvie siècle. Aussi est-elle peuplée de tombeaux qui le disputent entr'eux de richesse et de beauté. Toutes les places sont prises dans cet asyle de la mort; une église souterraine qui a été réservée dans ce but, lors de la première construction, va bientôt y suppléer. Deux des tombeaux forment deux autels consacrés, l'un à St-Odérision, l'autre, à Ste-Rosalie, patrons de la famille, dont les statues par Corradini passent pour des chefs-d'œuvre, ainsi que d'autres travaux de Fansaga, Santa-croce, Célébrano, etc. Mais les chefs-d'œuvre s'effacent auprès des trois merveilles du grand autel : Ce sont trois statues représentant, l'une une princesse ; l'autre, un prince, de la famille Sangro, et la troisième, un Christ mort, chacun enveloppé d'un voile ou filet taillé dans le même bloc. On peut s'imaginer la difficulté de sculpter ainsi ces statues à travers des mailles étroites et fragiles. Il est vrai que le mérite de l'exécution consiste plus dans la difficulté vaincue, que dans la correction, mais cela n'en est pas moins un exemple justement admiré de patience et d'adresse.

Il y a des gens qui prétendent que le voile du Christ est si admirablement travaillé, qu'on y voit la sueur de la mort. On ne peut pas dire que ces gens là soient des admirateurs aveugles, car moi qui l'ai regardé de mes deux yeux, je n'y ai rien vu, C'est peut-être aussi difficile à voir, que cela l'aura été a exécuter. Car ici, pas plus qu'à St-Dominique, on ne peut croire que les prêtres du roi très catholique auraient imité les prêtres païens, qui plusieurs fois ont fait suer eau et sang, aux statues de leurs Dieux. Plus de 500 autres églises offrent chacune, au culte religieux et au culte des arts, des trésors qui peuvent rivaliser avec ceux que nous venons de nommer.

Une d'elles cependant se distingue par sa filiation avec l'antiquité. Elle a succédé à un temple dédié à Castor et à Pollux. Tout dans cette église est marbre, albâtre, sculptures, peintures, dorures, pierres précieuses. Mais aussi, c'est que, outre les corps des trois saints Gaëtan, Marimonio et Avellino, elle contient ceux de 52 martyrs. On conçoit qu'on ne peut pas prodiguer trop de richesses, sur la tombe de ceux qui sont morts, pour témoigner de la vanité de ce qui en porte le nom. Près du temple était un théâtre que l'inscription *Tiberios Joulios Tarsos*, attribue à un affranchi de Tibère qui se nommait ainsi. On prétend que c'est sur ce théâtre, que Néron fit ses débuts d'Empereur-comédien.

Il faudrait citer toutes les églises de Naples, si on devait parler de toutes celles où brillent les pierres précieuses, l'or et l'argent. Cependant citons encore l'une d'elles, l'Oratorio qui, outre qu'elle ne leur cède en rien sous ce rapport, possède des tableaux et des statues, trésors de l'art créés par les Guido, les Solimène, Bernini, Pierre de Crotone, Raphaël, l'Espagnolet, le Dominiquin. Une adoration des Mages, par Sabatin de Salerne mérite une attention particulière, à cause des portraits historiques qu'elle contient. Le sacristain cicérone me dit à cette occasion : « Si dice che questa figura qui, è il ritratto di Ferdinando d'Arragone ; quèst'altra, d'Alphonso primo ; la terza, di Raphaël, e l'ultima di Bernardo Tasso, padre del gran poeta. Ma, non lo credo io ; che è pittura sacra. » Alphonse, Ferdinand, Raphaël, le Tasse ; voilà cependant des modèles pris en meilleure compagnie que la plupart des autres, qui viennent de si bas étages. Pourquoi les portraits en seraient-ils moins ceux des Rois-Mages ?

Quoi qu'il en soit, nous allons voir dans la Basilique du Saint des Saints, on peut presque dire, du Dieu de Naples, dans la cathédrale de St-Janvier, des merveilles bien plus merveilleuses, des authenticités bien plus authentiques. Fondée par Constantin le grand, sous l'invocation de Sainte-Restitue, à la place et avec les débris d'un temple d'Apollon, cette église, ruinée par le tremblement de terre de 1456, fut rebâtie par Alphonse 1er qui y fit ajouter la Basilique actuelle, en la dédiant à Saint-Janvier ; et depuis ce temps, le Saint reçoit toutes les prières, tous les honneurs, toutes les offrandes, en sorte que, à bien dire, la pauvre Sainte devrait s'appeler aujourd'hui, non Restitue, mais Destitue.

L'édifice est d'un faux gothique. La façade qui a de la grandeur, est ornée d'une multitude de festons et de figures ; deux colonnes de porphyre se dressent à la porte. A l'intérieur, 110 colonnes de granit et de marbre divisent la nef en trois parties. Le grand autel composé des matériaux les plus précieux, est surmonté d'une belle assomption de marbre blanc. A cela s'ajoutent des peintures par Giordan, Solimène, Pérugin, Santafède etc. A gauche de l'entrée, un vase antique de basalte sert pour les fonts baptismaux. Il a conservé les bas-reliefs qui le consacraient à Bacchus. Cette christianisation de Bacchus peut paraître étrange ; mais n'a-t-on pas pu le sanctifier aussi bien que nos Mages Alphonse, Ferdinand, Tasso, et consorts et consortes ?

Trois tombeaux, celui de Charles d'Anjou, de Charles Martel, et de Clémence sa femme, rattachent cette basilique à notre histoire. On remarque aussi celui d'un cardinal Caracciolo, qui se recommandé, dit-on, par sa composition ou invention. Or, il représente un squelette tenant en main un sablier, ce qui n'est pas très neuf ; et en outre, trois enfants qui découvrent un médaillon où est sculpté le portrait du cardinal. Certes, s'il y a en cela une invention, c'est d'avoir inventé que c'en était une.

L'église Ste-Restitue qui forme comme un des bras de la croix du vaisseau principal, n'est plus guère là que pour mémoire.

Mais en revanche, on voit s'ouvrir vis-à-vis, la chapelle de St-Janvier, surnommée le Trésor, à cause des sommes énormes qu'elle a coûté, et des richesses plus grandes encore qu'elle contient. Ex-voto du peuple Napolitain pour la peste qui l'a décimé en 1526, cette chapelle ne fut érigée qu'en 1608. C'était un peu tard ; mais aussi, le Saint ne s'était pas beaucoup pressé d'emmener la peste. — Il y a eu justice sur la terre comme au ciel. — La chapelle est ronde, décorée à l'intérieur, de 42 colonnes corynthiennes, qui encadrent sept autels. Tous les arts, tous les matériaux ont été mis à contribution, pour orner ce sanctuaire, où tout est marbre, pierres précieuses, argent et or. Aux jours de fête, on y expose 36 bustes d'argent massif des Saints protecteurs de Naples. La statue du grand protecteur le représente assis au-dessus du grand autel. Là aussi est le tabernacle aux portes d'argent, qui contient la tête du Saint, et deux fioles de son sang recueilli par une dame Napolitaine, au temps de son martyre.

Or, c'est ce sang qui prouve, si non qui fait, la grandeur de ce saint, par la propriété qu'il a, de devenir alternativement solide et liquide. Ainsi, quand la dame Napolitaine est allée pour remplir ses fioles, le sang était nécessairement figé, car elle ne l'eût pas ramassé aux pieds des bourreaux, qui n'auraient pas manqué d'y mêler le sien. Donc, premier miracle, quand la dame vint, le sang se fondit pour entrer dans les fioles ; et c'est ce qui attira l'attention, l'adoration des fidèles. La dame était seule pour affirmer le fait ; on aurait pu ne pas la croire sur parole ; mais le miracle se renouvela : On reconnut que le sang du saint se fondait toutes les fois qu'on le mettait devant sa tête, à moins qu'il ne voulût menacer la ville, de quelque vengeance sainte ou céleste. Cela reconnu, on résolut de tenter le miracle trois fois par an, en mai, en septembre, et en décembre, pour s'assurer si le saint n'était pas mécontent. Dans toute grande circonstances, on le consulte de la même manière. Alors, il est quelquefois de bonne composition, témoin la complaisance qu'il eut de se fondre à la demande de notre général Championnet, tout peu croyant qu'il était. Il est vrai que le général l'avait menacé d'aider la fusion, en le jetant au feu s'il faisait l'obstiné.

Le sort du peuple Napolitain étant ainsi renfermé dans ces

fioles, on conçoit ses anxiétés, ses frayeurs, ses vœux, ses offrandes, quand le sang parait hésiter à fondre ; on conçoit la jubilation, les chants de fête et de reconnaissance, les offrandes encor, quand il cède aux prières, et qu'il promet d'écarter quelque désastre, peste, famine, guerre, tremblement de terre ou autre. Combien de fois aussi n'a-t-il pas dû recevoir vœux et offrandes, des parens pour leurs enfans, des enfans pour leurs parens ; des jeunes amans, des jeunes époux.

Après de telles merveilles et de tels miracles, il n'y a plus rien à voir, plus rien à entendre. Aussi, dès le soir, j'ai demandé le visa de retour, et pour économiser le peu de temps qui me reste, je prends place à la diligence qui me ramène à Rome.

Je passe deux jours à revoir les principaux monumens de cette capitale de deux âges, de deux mondes. Enfin je les quitte, mais pour aller suivre leurs traces dans la plaine qui en est parsemée ; pour aller les voir à Tivoli, redresser leurs nobles ruines, les enlacer aux charmes, aux merveilles de la nature. La porte de Tivoli, l'Esquiline des Coriolan, des Fabricius, est aujourd'hui nommée Saint-Laurent, à cause d'une ancienne église de ce nom, l'une des Basiliques de Rome que l'on trouve à un demi mille environ. De très chétive apparence, cette église contient à l'intérieur, une tribune décorée de superbes colonnes de marbre violet, parmi lesquelles se distinguent les deux du fond, qui sont de porphyre. Voilà pour la richesse matérielle. Mais elle possède des trésors mystiques bien plus précieux : Ce sont les corps de Saint-Laurent et Saint-Etienne qui promettent les indulgences les plus copieuses, aux gens qui viennent y dire des prières et faire dire des messes. De plus, là aussi est l'entrée des catacombes de Saint-Cyriaque. J'avoue que, séduit par la rosée de lumière et de fraicheur qui alors inondait l'air, j'étais peu tenté de visiter ces caveaux imprégnés des ténèbres et des glaces de la mort. Mais comment résister à l'éloquence du sacristain ? Quand il m'eut montré les chapelles, manœuvrant de manière à me barrer le passage, il me dit : *Adesso, sua eccellenza non vorrà lasciar di vedere le catacombe, che sono le più antiche, le più belle, le più sante di Roma ; che qui sono venuti i primi cristiani a raccoglier il lume della vera fede. Non vorrà sua eccellenza lasciar de venir a questo fonte di luce.*

Et pour me conduire à cette fontaine de lumière, il va allumer sa lanterne qui est très-peu lumineuse. Nous avançons ; nous descendons. A chaque pas il me dit: *Guardi pure!* expression justement adaptée à la circonstance, car elle signifie à la fois: « regardez et prenez garde. » Seulement on regarde et on ne voit rien ; on prend garde et on se heurte la tête et les pieds. L'imperturbable sacristain entretient mon admiration et mon courage en me di-

8

sant à chaque coup : *Son tutte ossa di cristiani. Guardi sua eccellenza.* Et puis, il me raconte que nous pouvons faire comme
cela, deux milles et plus ; et toujours des os *che ne sono tanti,
tanti ! Guardi, guardi pure !*

Ainsi, des os et des *guardi* sans fin, voilà ce que j'avais à attendre dans ces boyaux de mines, qui semblent être les entrailles mortes de la terre. Je coupai court à l'éloquence du sacristain
en lui mettant quelque argent dans la main. Il comprit parfaitement
ce langage muet, car au même instant, levant sa lanterne, il dit
d'un air tout inquiet: *Davvero che credo che non ci sarà più molto
oglio. Peccato, che vi erano ancora tante cose da ammirarsi.
Ma, signor, sarà prudente ritornare.* Et nous retournons. En
homme de science et de conscience, il me raconte chemin faisant,
les prodiges dont ses catacombes ont été témoins, les *migliaja
di miglia,* les milliers de mille chrétiens qui s'y réunissaient, et
les miracles qu'ils y avaient vus, ce qui en supposait d'abord un
qui en valait bien d'autres, celui de faire voir dans de pareilles
ténèbres.

Enfin, je suis rendu au soleil, au calme, au silence. Je n'ai
plus à écouter que quelques pensées, que quelques réflexions
qui, de ces tristes lieux, me suivent sur une route presque aussi
triste qu'eux. Oui, cette route de Tivoli, chemin de l'Elysée
de Rome, n'a ni habitans, ni voyageurs. Une seule auberge-
poste est au milieu d'un vide de cinq lieues. Cela est peu fait pour
me distraire de mes pensées de catacombes ; et je vais ruminant
ce que j'ai lu, ce que j'ai entendu de ce monde souterrain.

Les catacombes, dit-on, ont été creusées par les premiers
chrétiens, pour s'en faire un refuge contre leurs oppresseurs.
Voyons si cela est possible : Les excavations sont nombreuses ;
il y en a sous tous les faubourgs. Quant à leur grandeur, il suf-
fira de dire qu'on a mesuré celles de Saint-Paul, et qu'on y a
trouvé plus de 10,000 mètres de développement, ce qui donne
un cubage de plus de deux millions de stères. Mille ouvriers
par jour ne feraient pas une telle excavation en cinq ans. Et
puis, comment cacher le travail de ces ouvriers, où cacher cette
montagne de déblais, dont on ne retrouve aucun vestige, ni là ni
ailleurs ? Et ces milliers de mille de squelettes chrétiens, où les
prendre dans Rome encore païenne ? Comment les porter là,
les y déposer sans être vu ? Et comment encor s'y réunir à milliers, pour y célébrer des solennités religieuses, toujours sans
être aperçus ? Tout cela paraît peu vraisemblable, tout cela paraît impossible. Pour expliquer les catacombes, ne doit-on pas
dire tout simplement : Ce sont des galeries que, dès l'origine de
Rome, on a ouvertes dans le sol, pour en tirer des matériaux de
construction que, sans cela, on eût été obligé d'aller chercher à

de grandes distances. A mesure qu'on ouvrait de nouvelles galeries, on a naturellement employé les anciennes, pour les sépultures auxquelles elles convenaient admirablement. Ainsi, pendant vingt siècles, tout Rome est sorti des catacombes, et y est rentré sans cesse. C'est la seule réponse possible aux questions : 1° Comment ont pu se faire ces immenses excavations? 2° Que sont devenus les millions de stères de déblais qu'on en a retirés? 3° D'où sont venus ces milliers de millions d'os qui y sont déposés ? 4° Où étaient les cimetières de l'ancienne Rome, dont on ne trouve nulle trace à la superficie du sol ? Rappelons-nous que les considérations ci-dessus ne concernent que les catacombes de Saint-Paul, et qu'il y en a dans tous les autres faubourgs.

Cheminant ainsi avec tombes, squelettes et os, j'ai à peine fini mes calculs et tiré mes conclusions, quand j'arrive au bord de l'Anio. Le fleuve est une petite rivière; ses rives sont sans relief ; le pont qui le traverse, ayant été détruit par Tottila, a été rebâti par Narsès, comme on bâtit dans les empires qui s'écroulent. Puis vient un autre pont plus petit, mais qui s'annonce de loin par l'odeur hydrosulfurique des eaux qui coulent dessous.

Ces eaux sortent d'un lac volcanique voisin qui, lui aussi, parle de loin par son odeur. C'est très peu attrayant sans doute; cependant il offre une curiosité naturelle qui l'est davantage ; ce sont de petites îles flottantes, longues de quatre à cinq mètres. Pour l'odeur, j'avais assez de celle du pont ; quant aux îles, je crus pouvoir me les figurer, et, pour tout hommage à ces curiosités, je m'en éloignai le plus vite que je pus.

La route poudreuse, fangeuse, parsemée de bouts déchirés de son pavé romain, mène à un tombeau dit de Lucanus, monument en ruine, dont le principal mérite consiste à donner son nom au pont de Lucano, sur lequel on traverse une seconde fois l'Anio. Ici on quitte Rome, son désert, sa plaine, sa triste nudité. Ici on est à Tivoli, ou du moins, on entre dans son Elysée.

Le premier tableau qu'on y trouve, a fourni au Poussin le modèle d'un de ses plus beaux ouvrages, c'est: Le pont lui-même; le fleuve ici vif et limpide; ses rives verdoyantes et fraîches; et derrière, en second plan, le tombeau de la famille Plautia, vaste tour qui, devenue forteresse au xve siècle, s'est vue alors couronnée d'un feston pittoresque de créneaux.

Une longue côte élève la route à travers des jardins, à travers des vignes qui sont disposées d'une manière toute particulière : Des treillages sont soutenus à un mètre et demi de hauteur, de manière à recouvrir entièrement le sol ; les vignes s'y enlacent et forment au-dessus une natte toute frangée de raisins. Ces rai-

sins, pendant naturellement en dessous, y jouissent d'une température plus constante. Mais il serait fort à craindre que dans nos
climats, elle ne fût constamment froide.

La ville est chétive; les rues tortueuses, grimpantes et sales.
Du Tibur tant chanté par les poètes, il n'est rien resté que ses
beautés naturelles. Et encore, le torrent même qui les lui prête,
a failli récemment les lui arracher. Tivoli est situé au sommet
d'un promontoir élevé, qui soutient à la même hauteur, le cours
de l'Anio supérieur. Aussi, après avoir gravi la longue côte dont
j'ai parlé, on est fort surpris de se retrouver au bord de cette rivière qu'on a laissée si bas; on est surpris de la voir décrire un
beau croissant devant une rive plantée d'arbres majestueux, peuplée d'élégantes et riches habitations. Il y a environ un an, la
digue de rochers qui soutenait les eaux, a été rompue par un dé-
bordement furieux. La brèche menaçait de s'élargir, de s'approfondir; un éboulement bruyant, écumeux, allait remplacer les
grottes, les cascatelles; Tivoli allait rester un pic aride.

Heureusement le pape actuel, qui a conçu et exécuté beaucoup de grandes choses, a compris l'importance qu'il y avait
pour Tivoli, pour Rome, pour le monde historique et artistique,
de ne pas laisser un tel désastre s'accomplir. Ses ingénieurs, ses
ouvriers sont occupés à refermer la brèche; déjà ils y ont réussi
en grande partie.

Ce beau lieu avait reçu dès l'antiquité, de nombreuses consé-
crations : on y voit deux monuments que l'on donne, l'un, pour
un temple de Sibylle; l'autre, pour un temple de Vesta. Mais
l'un et l'autre, sauf la beauté des détails, méritent le nom de
temples, comme nos chapelles méritent celui de cathédrales.
Que peut-on dire, par exemple, de ce nom de temple de Vesta,
emboîté dans une coupole de deux mètres de rayon? Il semble
qu'on ne puisse voir les monuments grecs et romains, qu'à travers un microscope qui grossit en raison de la distance des
temps.

Temples ou chapelles, et petites mais jolies comme elles sont,
ces deux constructions antiques sont admirablement placées
entre les aspects riants de Tivoli, de l'Anio, de sa rive, et des
précipices ténébreux, retentissants; elles sont là vraiment comme
un symbole du culte élevé entre le ciel et l'enfer.

Le premier aspect du gouffre est menaçant; mais lorsqu'on y
pénètre, on est tout entier à l'admiration. A travers les ténèbres
épaisses d'une caverne haute et profonde; à travers un rideau
de plantes rampantes, qui suspendent leurs franges légères à
un majestueux portique; dans une noire obscurité; dans le fré-
missement de l'air et de la montagne ébranlée; dans des tourbillons de vapeurs, on voit toute la masse du fleuve se précipiter,

bondir, se briser, retentir, étinceler à quelques rayons de lumière égarée dans cette nuit souterraine ; tandis que sur le devant, à gauche, une gerbe qui, par un conduit secret, s'est détachée du courant, suspend, étale au regard son écharpe de cristal et d'argent. Cet ensemble magique est justement appelé la Grotte de Neptune.

Plus bas, le fleuve pénètre de nouveau dans des rochers que leurs beautés, comme leurs dangers, ont fait aussi justement nommer la Grotte des Syrènes. L'Anio s'y plonge pour ne reparaître que mille mètres plus loin.

Au-dessus de ces convulsions, de ces brisements, vis-à-vis Tibur, à l'autre pente de la vallée, étaient les asyles de la paix et de ses délices. Catulle y chantait les charmes de la nature, les charmes de Lesbie ; Horace y chantait le repos, l'amitié, l'amour, la sagesse, le Falerne ; il y chantait les vertus de Mécène son protecteur, qui avait son palais en face du riant asile qu'il avait donné au poète.

Pas une pierre, pas un nom ne conserve le souvenir de Catulle et d'Horace. Une petite église, sous l'invocation de la Vierge de Quintiliolo, rappelle celui de Quintilius Varus, tristement célèbre par le massacre de ses légions. Et les habitants du pays, tout en adorant la Vierge, adorent Quintiliolo, dont ils font un saint et un martyr. Qu'en pense la Vierge ? Qu'en pense Quintilius Varus ?

De là, mon guide me ramène par une pente rapide, au fond de la vallée. Plusieurs fois je m'arrête pour contempler des cascades argentées, légères, bondissantes, qui étincellent et bruissent à travers des ruines et des bosquets, sur des rochers, sur des gazons. Ce sont les cascatelles destinées autrefois à l'ornement des jardins de Mécène, dont les ruines révèlent la grandeur. Il y avait bonne fortune pour moi, de voir ces cascades, car depuis quinze jours seulement, elles étaient rendues à la vie, par les travaux de la digue. Leur beauté méritait ces travaux ; elles y avaient un autre titre : Le canal qui les alimente, passe sous la ville, et y fait mouvoir plusieurs machines, forges ou moulins, qui auraient péri s'il était resté sans eaux.

Au fond de la vallée, coule un ruisseau que sa limpidité fait nommer Aquoria, eau d'or. Nous le traversons sur un pont antique, presque enterré par les alluvions ; puis un pont de bois nous reporte à la rive gauche de l'Anio.

De là, il faut courir, car le jour avance, et il me reste à visiter la villa Adrienne, cette villa où l'empereur Adrien avait imité tout ce qu'il y avait de plus remarquable dans son vaste empire. Aussi y voyait-on un lycée, une académie, un prytanée, un pœcile d'Athènes, une vallée de Tempé, une Canope d'Egypte, un

Tartare, des champs-élysées, un temple grec, un autre égyptien, et puis des thermes, un théâtre, une caserne prétorienne, enfin, le palais.

Mais c'est à peine si quelques pans de murs, quelques fondements enfouis sous les ruines, marquent encore la trace de tant de travaux; marbres, mosaïques, jaspes, porphyres, roulent brisés parmi le sol qu'ils avaient effacé, et qui les absorbe tous les jours. Tous les jours, la charrue, la bêche les retournent, les enfoncent dans le sillon; et l'humble légume, l'aliment du pauvre, croît au sanctuaire du temple, aux degrés du palais! Cependant, à ces matériaux précieux, on avait joint tous les tributs de l'art; des milliers de statues, peuplaient cette villa de merveilles; une d'elles a échappé à la destruction; c'est la Vénus de Médici.

Non loin de là, un temple-chapelle, dans le genre de celui de Vesta, a survécu aux temples grecs et égyptiens, aux palais et aux thermes; c'est le temple de la Toux! Que disent Jupiter, Minerve, les douze grands Dieux, si, du haut de l'Empirée, ils voient ce qui se passe, ce qui passe, ce qui reste sur la terre. Il y aurait de quoi faire tousser le roi des Dieux, ne fût-ce que pour anéantir de son *nutus ingens*, ce temple à la fois ridicule et moqueur.

Revenu à la ville, je reste jusqu'au dernier rayon du jour, au bord du fleuve, sous les grands arbres qui y conservent une fraîcheur horacienne. Le quai qui est vis-à-vis, et son cirque de maisons, reflètent leur physionomie gaie et vive à la surface unie des eaux, tandis que, sous les arbres mêmes, des groupes de promeneurs et de promeneuses, aux costumes, aux langages variés, représentent gracieusement tous les pays, dans ces lieux qui retracent tous les temps.

L'ancienne voie Tiburtine, encore pavée de ses dalles romaines, me porte au fond du vallon des Castatelles, où je la quitte pour prendre par l'Apennin, la direction de Rieti. Mon chemin, sentier de montagnes, pénètre dans une forêt solitaire, silencieuse, d'antiques oliviers. Ces arbres, creusés, meurtris par l'âge, sont peut-être contemporains de l'églogue et de l'idylle. Mais au lieu de Tircis et de Galathée, je ne rencontre sous leur ombre que trois montagnards en bonnets et vestes de peaux de chèvres, portant pour toutes houlettes, des escopettes fort peu pastorales. Ils me regardent d'un air qui, pour un moment, semble me témoigner par trop d'intérêt; mais mon chemin, pas plus que mon costume, n'étant celui des touristes amateurs ou dont on peut être amateur, ils reviennent bientôt au sentiment que de pauvres diables comme eux et moi, devraient toujours avoir entr'eux, celui de la bienveillance. Ils répondent cordialement au franc bonjour que je leur adresse. Je demande quelques indications, qu'ils me donnent en gens qui connaissent leur terrain. *Ma*, ajoute le plus âgé des trois, *sara forestiere lei?* Et apprenant que je suis Français, *oh la Francia, Napoleone, Murato! Ho fatto io il militare coi Francesi; che era un bello vivere allora. La mano, amico, Felice viaggio.* Tout ceci se passait à trois lieues de la frontière des Abruzes, bon voisinage, comme on voit.

Après la forêt, un chemin creux monte vers un lieu découvert, où quelques maisons éparses réunissent de rares habitants. De loin en loin, sur des sommets élevés, on aperçoit de petites bourgades qui s'y sont réfugiées, pour fuir les fléaux qui ont affligé la plaine, aux temps des invasions.

Il faut faire trois lieues pour atteindre l'une d'elles, Palombara, où enfin je trouve mauvais pain; mauvais vin, mais le tout assaisonné par mon appétit et la bonté de mes hôtes qui, peu habitués à voir quelqu'un d'étranger dans leurs montagnes, ont bien des questions et des ébahissements à faire.

Un pays dépeuplé encore, accidenté de hauts et de bas, mais sans grandeur, sans caractère propre; trois lieues; une longue montée, et j'arrive à Moricone plus petit, moins pourvu que Palombara, à moins qu'on ne compte pour régal du voyageur, une terrasse d'où on découvre une perspective étendue sur la Sabinie, ses montagnes boisées, ses vertes vallées, son désert. Je ne m'arrêterai pas longtemps à contempler la richesse de ce sol si abandonné, la dégradation de ses habitants si pauvres. La journée déjà s'avance; il faut me hâter de gagner la grande route, où enfin je dois trouver une auberge.

Une longue descente par un sentier de montagne aux pierres roulantes et glissantes, m'amène, non sans fatigue, dans la vallée que suit la route. Et cette vallée est délicieuse. Une prairie arrosée d'eaux vives y étale un tapis du gazon le plus doux; une forêt épaisse l'entoure, la recouvre de son ombrage. La journée a été brûlante, pénible; la route est là, je ne puis m'égarer. Oh! quel repos voluptueux.

J'y attends la nuit. Je devrais l'y passer tout entière.

En effet, après une heure de marche, que trouvé-je à l'auberge tant promise, tant désirée? Méchantes gens; méchant souper; méchante et sale paillasse, sans aucun couchage, dans un cellier humide. Je m'y jette tout habillé, ne sachant trop si je ne serai pas éveillé avant le jour, par mes hôtes dont la physionomie et l'entourage prêtent d'autant plus au soupçon, que l'habitation est entièrement isolée. Toute la nuit, c'est un va-et-vient qui n'est pas du tout fait pour endormir. Peut-être, ici, comme dans le bois d'oliviers, ai-je eu la protection de celui qui n'a rien. En tout cas , dès le premier rayon de jour qui perce mon soupirail, je n'attends pas le second, et je jouis doublement du calme, de la fraîcheur et de la sérénité d'une de ces matinées qu'on doit compter parmi les joyaux les plus brillants de l'Italie.

Cette matinée est d'autant plus belle , que le pays se pare de tout le luxe de la fécondité du sol, secondée par la culture. La vallée s'élargit, se peuple ; un beau cours d'eau la traverse ; une forte montée porte au bourg de San-Lorenzo , d'où l'on monte encore pour gagner, par des sommets arides, la vallée de Vélino. Là, une heure de marche, ou plutôt, de promenade à travers un charmant paysage, mène à Rieti, petite ville animée par du commerce et de l'industrie.

Une plaine parsemée de petits lacs , s'étend de Rieti jusqu'à une chaîne de montagnes , où le Vélino pénètre par une gorge étroite. A mesure qu'on avance, on voit les eaux courir plus rapidement. Bientôt elles prennent la vitesse d'une vanne , et elles plongent dans un abîme , d'où on entend rejaillir le fracas de leurs brisements ; d'où on les voit elles-mêmes rejaillir en tourbillons de vapeurs. Un sentier taillé dans le roc mène au bord du gouffre, où toute la masse du torrent se précipite d'une hauteur verticale de cent mètres. Il tombe, se brise, mugit, rebondit en colonnes qui s'élancent au-dessus des rochers, pour y retomber en une pluie continue. Les rochers tremblent, frémissent ; on croirait à chaque instant que cette digue contre laquelle se déchaîne tant de fureur, va s'écrouler ; on oublie que c'est la main de la nature qui l'a posée et qui la soutient depuis qu'elle a créé le monde. De cette première védette , le même sentier mène à travers les rocs, à une autre où on se trouve en face, à peu près à mi-hauteur de la chute. C'est là qu'il faut être pour juger de sa grandeur, pour jouir de toute sa beauté. C'est là qu'il faut voir ce fleuve de neige, tombant comme une avalanche éternelle ; c'est là qu'il faut en entendre les éclats et les tonnerres ; c'est là qu'il faut voir un soleil d'Italie étinceler sur cette nappe d'argent, d'où incessamment se détachent des gerbes légères, de vives fusées qui l'effacent par leur blancheur où s'impreignent les couleurs, les formes de l'iris.

> The roar of waters ! From the headlong height
> Velino cleaves the wave-worn precipice ;
> The fall of waters !, Rapid as the light,
> The flashing mass foams shaking the abyss ;
> The hell of waters ! where they howl and hiss
> And boil in endless torture ; how profound
> The gulf ; and how the giant element
> From rock to rock leaps with delirious bound ! (Byron.)

On y redit avec Virgile, ces mots d'une concise énergie, d'une admirable précision :

> Est locus Italiæ ; densis hunc frondibus atrum
> Urget utrinque latus nemoris, medioque fragosus
> Dat sonitum saxis, et toto vortice torrens.
> Hic specus horrendum, sœvi spiracula Ditis
> Monstratur.

Mais ce n'est pas tout encore ; on a vu la première chute haute de cent mètres ; hé bien les mêmes eaux plongent en deux ressauts, à cent mètres plus bas.

Pour voir l'ensemble merveilleux de ces trois cascades, il faut descendre au pied des rochers ; traverser le torrent sur un pont naturel qu'ils ont formé en s'entre-croisant ; puis un sentier mène à travers un bosquet de myrtes, à un berceau en balcon, d'où l'on contemple à loisir toute la grandeur et les beautés de ce triple théâtre. On contemple avec ravissement aussi la scène qui l'entoure. Les monts y sont recouverts de forêts épaisses ; les rochers y sont tapissés de mousses, festonnés de plantes rampantes ; de tous leurs interstices, jaillissent des sources qui portant en dissolution des substances pierreuses, les revêtent de cristaux brillants, de pétrifications d'une délicatesse infinie. Le berceau est entretenu par un vieillard qui reçoit un léger tribut des visiteurs. Il me dit qu'il y a vu souvent Caroline d'Angleterre, qui habitait dans les environs, avec son trop fameux Pergami.

Un chemin descend la vallée en suivant le bord du torrent qui longtemps encore ému, courroucé, gronde dans son lit qu'il ébranle. Son harmonie vive et sauvage, la fraîcheur de ses eaux, celle de petites cascades qui, à chaque pas tombent des rochers ; l'ombre des arbres qui les recouvrent, font de ce chemin, une promenade bien digne d'avoir été choisie pour les..... rêveries d'amours royales.

Bientôt, trop tôt, je joins la route de Terni. Là les ruines d'un village annoncent que ces lieux ont été le théâtre de scènes plus sévères : Les Napolitains ayant voulu profiter de la difficulté du passage pour y arrêter un régiment français, ils furent vaincus et le village incendié. Depuis, on l'a rebâti près de là, dans une position charmante, bien propre à recueillir les fruits de la paix. Espérons que la guerre ne viendra pas de nouveau, les lui arracher.

Terni est petit, n'a rien de remarquable que quelques pierres que l'on dit avoir appartenu, les unes, à un temple du Soleil; les

autre:, à un amphithéâtre ou à des bains. Je ne m'y arrête pas,
je continue pour Spolette.

La route est belle. Je la trouve animée par des groupes fréquents de paysans d'Ancône, revenant alors de la campagne de
Rome, où ils vont tous les ans, faire les cultures qui y resteraient
abandonnées faute de bras et d'industrie. J'y vois aussi, et j'y
admire, des bœufs magnifiques, blancs, sans taches, à l'allure,
aux cornes majestueuses, dignes fils des bœufs du Clitumne, que
les anciens réservaient pour les temples de Jupiter :

Hinc albi, Clitumne, greges et maxima taurus
Victima, sæpe tuo perfusi flumine sacro,
Romanos ad templa deûm duxère triumphos

Tout cela n'était pas trop pour me distraire d'une longue
montée que son élévation a fait justement nommer Somma. Du
reste, on est indemnisé de la peine qu'on a d'y arriver, par la
belle perspective qu'on y découvre sur Spolette, ses bastions pittoresques, sa citadelle et les monts qui l'entourent.

Spolette est, je crois, après Ancône, la ville la plus forte des
Etats du pape. Elle doit cet avantage aux escarpements qui la
protégent, bien plus qu'à l'art des fortifications, et à sa garnison,
composée de trois ou quatre cents soldats, presque tous déser-
teurs étrangers, dont, suivant la règle des Etats-Pontificaux, le
commandement appartient à un prêtre-gouverneur. Aussi est-il
douteux que, devant une nouvelle attaque, Spolette soutînt son
ancienne renommée militaire, cette renommée qui dit que, après
la bataille de Trasimène, elle arrêta, elle repoussa les troupes
victorieuses d'Annibal.

A peu de distance avant d'arriver près de ses murs, un pont
long et élevé, d'un bel effet pour le paysage, franchit un ravin
profond, pour conduire au Monte-Luco, ainsi nommé à cause
d'un ancien *Lucus* dont, dit-on, il subsiste encor un groupe de
chênes verts tellement anciens, que l'un d'eux mesure seize mètres de tour. Croyons aux prodiges, aux miracles, plutôt que
d'aller les voir, de crainte de ne pas les voir. D'autant que ce
n'est pas le seul que possède ce mont : La hauteur, la solitude,
la beauté du lieu, y avaient attiré les prêtres païens ; les mêmes
motifs y attirèrent au dixième siècle, des ermites et des moines
qui, avec les ruines de l'ancien temple, ont construit un couvent
et de nombreux ermitages. Au point de vue artistique, ces constructions sont d'un effet très-avantageux dans le tableau. Au point
de vue religieux, elles avaient fait de cette montagne, une des
grandes stations entre Rome et Lorette.

Spolette, assez animée dans sa petite enceinte, n'a rien de

bien remarquable, en monumens ; la cathédrale se recommande cependant par ses belles fresques du chœur, peintes par Lippi, aussi connu par ses aventures que par son art, Lippi, qui enfermé par ses parens dans un couvent, s'en échappe ; se fait soldat ; devient esclave des Barbaresques ; s'échappe une seconde fois ; revient dans sa patrie, et, tandis qu'il travaille à l'orner de ses chefs-d'œuvre, meurt empoisonné par les parens d'une femme qu'il avait aimée !

L'histoire ancienne a encore sa page tracée à Spolette, sur quelques débris d'un théâtre, d'un palais. Mais c'est au dehors, dans le ravin profond, creusé par la Maroggia, qu'il faut aller voir le monument des grands siècles, le pont-aqueduc qui avait 195 mètres de long et 130 de haut. Cependant il n'en reste que deux arcs et quelques piliers. Cet édifice déchiré par le temps ; ce ravin déchiré par le torrent ; ces eaux agitées qui incessamment viennent et passent sans retour, comme les flots de l'humanité, forment un tableau qui saisit l'âme, l'abaisse et l'élève. Mes regards s'y attachent ; je ne le quitte que quand il se voile dans la nuit, image des ténèbres qui couvrent le passé, qui couvrent l'avenir.

Spolette donne son nom à la plaine qui s'étend jusqu'à Foligno. Plaine féconde, bordée de côteaux, tapissée de vignes, d'amandiers, d'oliviers, d'orangers ; plaine cultivée, riche, peuplée, où les villages, les bourgs se succèdent presque sans interruption, comme s'ils voulaient à l'envi conserver la réputation du Clitumne qui y a sa source. Cette source magnifique, à quatre orifices, sort de dessous les rochers qui bordent la route, au lieu dit Alle vene, nom qu'il semble avoir reçu et conservé depuis le temps où Pline disait : « Hinc subter fons exit, et exprimitur pluribus venis. »

Puis les bourgs populeux de Trevi, de Monte falco revêtent le paysage de leurs jolies constructions, de leurs casins, de leurs villas, et Foligno étale ses rues grandes, droites, modernes. Il oublie, dans sa prospérité, dans son activité industrielle et commerciale, qu'il doit cette élégance, cette nouveauté, aux désastres qui l'ont détruit plusieurs fois. La même cause l'a privée de ses principaux monumens.

Au dessus de Foligno, la contrée sans être moins fertile, est plus accidentée dans ses formes. Les habitations aussi y sont nombreuses : C'est d'abord Spello avec un reste de porte antique ; puis le couvent et la belle église de Ste-Marie de la Minerve, nom Christo-païen qui lui vient de ce qu'elle a été substituée à un temple consacré à cette Déesse. C'est ainsi le pendant de la Vergine di Quintiliolo, et sans doute que ici, comme à Tivoli, il y a souvent de pieuses erreurs ; que l'invocation de

Sainte Minerve se mêle souvent à celle de Marie. A quelque distance à droite sur la *Fertile costa che d'alto pende*, est la petite ville d'Assises, patrie de Properce, de Métastase et surtout, de son Saint François, fondateur de l'ordre des Capucins. Cet ordre y a deux couvens, où l'on conserve la fameuse *portiuncula* du saint, source de tant de grâces divines, objet de tant de vœux et d'offrandes. De là, une montée et une descente longues et rapides m'amènent une dernière fois, sur les bords du Tibre bien petit alors, mais bien embelli par la riche vallée qu'il arrose.

Au-delà du pont, sur deux collines aux pentes douces, Pérouse développe ses faubourgs, ses terrasses, ses rues surmontées de nombreux dômes et clochers. Les abords de cette ville, qui compte près de 20,000 habitans, prennent presque l'activité d'une capitale. A l'intérieur, ses places, ses rues larges et bien bâties, sont animées par un mouvement trop rare dans la plupart des villes d'Italie. Ce qui ajoute encor à sa beauté, c'est que, entre ses collines avantageusement couronnées, l'une par la citadelle, l'autre par la cathédrale, elle possède un magnifique Corso, sans cesse occupé par une foule de promeneurs et gens d'affaires. Arrivant le soir à l'heure de la promenade, je le vois paré de tout son luxe d'élégance et de beauté, et la délicatesse des traits, la pureté du teint de la plupart des promeneuses, offre l'expression à la fois fidèle et gracieuse, des bienfaits et de la pureté du climat. Ce Corso et la place de la cathédrale ornée d'une belle fontaine et de statues, semblent être les deux centres du mouvement. La cathédrale, d'un beau gothique, et la plupart des autres églises contiennent des tableaux, œuvres de Vasari, de Raphaël, de Sacchi, de Guido, et surtout de celui qui a tant illustré sa patrie en lui empruntant son nom, le Pérugin.

Ma matinée sera vivement occupée à voir tant de chefs-d'œuvre, et puis, de nouveau, je traverse ce jardin de Pérouse où, de toutes parts, les fleurs se mêlent aux fruits ; où, de toutes parts, des ruisseaux d'eaux vives stimulent la végétation et entretiennent une fraîcheur délicieuse. Enfin je le quitte pour monter la haute côte de Manno, au pied de laquelle se dresse comme un spectre de l'antiquité, une tour étrusque, que ses énormes blocs noirs revêtent de deuil.

Les cultures, les champs, les vignes se succèdent presque jusqu'au sommet ; et quand on y est arrivé, quand on descend à l'autre pente, si l'influence du Nord retranche à la végétation, une partie des trésors que celle du Sud lui prodiguait tout à l'heure, on en est bien dédommagé par la vue de l'amphithéâtre qui s'y présente aux regards : C'est le lac Trasimène, long, large de quatre lieues, avec ses îles, avec ses coteaux, ses villages ; avec ses souvenirs de la grande histoire. Le soir s'abaisse quand j'en approche ; et le soir, en amortissant les teintes, en confondant les formes, semble appeler la contemplation du passé. Le soir avec ses voiles, avec son silence, semble dire : Voici l'heure où les ombres viennent hanter la terre ; l'heure, où elles reviennent visiter les scènes sur lesquelles elles ont paru, agi, succombé. C'est le soir que je descends dans cette enceinte, où dorment tant de débris, où, un jour, le carnage a fauché des milliers de Romains.

Je m'arrête à Passignano. Ce nom veut dire le petit passage. En effet, il est étroit ; ou plutôt, c'est l'impasse, la fosse où Annibal enterra l'armée de Flaminius. Le petit passage ! voilà comme la tradition a traduit ce grand souvenir. Et Annibal, que a-t-elle fait de son nom ? Mon hôte voyant que j'étais étranger, vint me dire : *Sara venuto a veder il campo della battaglia degli animali.* Puis il se met à me raconter que tout le monde sait que personne n'a pu vaincre les Romains, et que, si leur armée n'a pas été victorieuse là comme partout, c'est qu'elle a été attaquée par des animaux monstrueux, tels qu'on n'en avait jamais vu. Ainsi, voilà Annibal transformé en animal, et je l'aurais été bientôt moi-même, si je m'étais avisé de dire, que je croyais tout bonnement avec Polybe et Tite-Live, que Annibal et ses Carthaginois étaient des hommes ; que ses animaux miraculeux étaient de simples éléphans ; et que, au jour de la bataille, ces éléphans n'étaient plus qu'un.

« Annibas de molis epi tou perileiphthentos thèriou, diesôthè » meta pollès talaïpórias. » (Polybe.)

« Ipse Annibal elephanto qui unus superfuerat, etc.» (T. L.)

Bien convaincu donc que ceux qui avaient vaincu les Romains étaient des bêtes, et que mon hôte et moi, nous n'en étions pas, je me retire le plus tôt que je puis, pour aller méditer sur les enseignements que je viens de recevoir. La scène que j'ai devant ma fenêtre, est faite pour le recueillement, pour la contemplation : Les ténèbres muettes de la nuit, où s'efface toute l'activité créatrice du jour ; l'immensité du ciel, où s'absorbe tout ce qui passe sur la terre ; la surface du lac, miroir où tous les jours, cette vie, cette mort viennent porter leur empreinte sans l'altérer ; les lueurs de la lune qui percent l'obscurité ; les soupirs de la brise qui percent le silence ; tout élève, agrandit la pensée, l'appelle dans l'étendue du temps et de l'espace.

Le lendemain, n'en déplaise à l'histoire de mon hôte, et à ses commentaires, je suis au cœur de la bataille, avec ma page de Polybe, ma page de Tite-Live. Oui, c'est bien ce vallon à fond plat, longé de chaque côté par deux chaînes continues de côteaux, et fermé derrière par le défilé Passignano, dont Annibal occupe les hauteurs avec l'élite de ses troupes, tandis que sur les côteaux de droite et de gauche, il étend et cache ses deux ailes, disons les deux serres, dans lesquelles il va saisir, étreindre, écraser son ennemi.

« Ontos de kata tèn diodon aulônos epipedou, toutou de para
» men tas eis mèkos pleuras ekateras bounous echontos hupsélous
» kai sunecheis, para de tas eis platos, kata men tèn antikru,
» lophon epikeimenon erumnon kai dusbaton ; kata de tèn ap-
» ouras limnèn teleiôs stenèn apoleipousan parodon, dielthôn
» ton aulôna para tèn limnèn, ton men kata prosôpon tès poreias
» lophon autos katelabeto, kai tous Libuas kai tous Ibèras echôn
» ep'autou katestratopédeuse, tous de Baliareis kai logchophorous
» kata tèn prôtoporeian ekperiagôn hupo tous en dexia bounous
» epi polu parateinas hupesteile ; tous de hippeis, kai tous kel-
» tous omoiôs tôn euônumôn bounôn kuklô periagagôn, parexe-
» teine sunecheis, ôste tous eschatous einai kata tautèn tèn eiso-
» don, tèn para te tèn limnèn kai tas parôreias eis ton proeirè-
» menon topon. » (P.)

« Et jam pervenerant Flaminii copiæ ad loca insidiis nata ubi
» maximè montes cortonenses Thrasymenus subit. Via tantùm
» interest perangusta, velut ad id ipsum de industriâ relicto
» spacio. Dein lè paulô latior patescit campus, inde colles assur-
» gunt. Ibi castra in aperto locat, ubi ipse cum Afris modò his-
» panisque consideret. Baleares, cœteramque levem armaturam
» post montes circumdat, equites ad ipsas fauces saltús, tumulis
» aptè tegentibus locat ; ut ubi entrassent Romani, objecto equi-
» tatu, clausa omnia lacu ac montibus essent. » (T.-L.)

Ces descriptions de l'ordre de bataille, semblent avoir été calquées sur les lieux, au moment du combat.

Un hameau occupe le fond du vallon plat, *aulônos epipedou ;* il s'appelle *Case del Piano ;* puis on traverse un monticule assez élevé, espèce de promontoire des collines de droite, qui fut sans doute le pivot de la bataille. En effet, à son pied, un joli village, le premier de la Toscane, redit par son nom funèbre, *Ossaja,* qu'il est fondé sur les ossements des légions.

La Toscane reparaît là, avec sa physionomie heureuse et douce. C'est dimanche encore ; et, comme à Certaldo, je vois ses riches campagnes ornées par la nature et l'industrie ; je les vois ornées de leur belle population, parée elle-même de son air, de ses habits de fête. Les femmes y portent, comme dans la Roma- gne, le chapeau rond de feutre noir ; mais ses bords plus longs, et un panache de même couleur protègent et encadrent bien mieux leurs jolis visages.

Dans ces lieux cependant, on se tuait un jour avec tant d'a-

charnement, qu'on n'y sentit pas un tremblement de terre qui,
aux fureurs des hommes, joignant celles des éléments, renver-
sait au même moment des villes et des montagnes !

« Tantusque fuit ardor animorum ; adeo intentus pugnæ ani-
» mus ut eum terræ motum, qui multarum urbium Italiæ ma-
» gnas partes prostravit, avertitque cursu rapido amnes, mare
» fluminibus invexit, montes lapsu ingenti proruit, nemo pu-
» gnantium senserit. » (T.-L.)

Vignes et vergers mènent à la petite ville de Cortone, que l'on
voit de loin ceindre de sa couronne de murs étrusques, le mont
dont elle occupe le sommet. Là encore je trouve la population
en habits de fête ; mais ce n'est plus comme dans la campagne,
le costume national, porté avec l'ensemble qui lui est propre ;
c'est la mode empruntée de Paris, et maladroitement copiée par
l'afféterie de petite ville. L'air guindé, l'ébahissement de tous ces
gens inoccupés, à voir mon air et mon costume déguindés de piéton, me chassent de leur ville. Je prends à peine le temps d'aller
voir dans leur cathédrale, leur monument historique, le tombeau trouvé dans les environs, et qu'on a proclamé le tombeau
de Flaminius, par la raison qu'il n'y a point de raison pour que
ce ne soit pas de lui, puisqu'il ne porte aucune inscription.

D'une esplanade qui est au-devant des murs, je contemple avec
intérêt, la vaste plaine de la Chiana qu'elle domine ; plaine couverte de cultures, peuplée de nombreux bourgs et villages ; ce
tableau réjouit d'autant plus la vue, que c'est à la fois l'image
d'une grande richesse et d'un grand bienfait. Il y a peu d'années,
cette plaine longue de six lieues, large de deux, était entrecoupée
de marais qui la frappaient de stérilité, et infestaient l'air de
miasmes pestilentiels ; à ces maux, les torrents de l'Apennin
ajoutaient les dévastations de leurs débordements. L'industrie et
la science, secondées par un gouvernement paternel, y ont creusé
un canal d'écoulement qui a assaini les marais, les a convertis
en champs et en prairies ; tandis que des endiguements puissants
mettant un frein à la fureur des torrents, ne leur permettaient
plus de répandre dans les campagnes, que les eaux propres à les
féconder. Grâce à ces travaux bienfaiteurs, la population s'est
multipliée avec les richesses. C'est une avenue de jardins, de
bosquets, de maisons, qui mène à Arezzo.

Cette ville contient de huit à dix mille âmes. Délicieusement située à le pente d'un côteau qui s'appuie à l'Apennin, elle voit
se développer derrière elle, une chaîne imposante de montagnes,
tandis que, au devant, s'ouvre la large vallée de l'Arno, ondulée
de vallons et de collines, où tout respire paix et santé, au sein
de cet air pur dont Michel-Ange disait : *Se io ho nulla di*

buono nell ingenio, è venuto dal nascere nella sottilità dell'aria del nostro paese d'Arezzo. N'est-ce pas cette pureté, cette essence délicate de l'air qui avait inspiré l'âme la plus pure, la plus belle, l'âme de Pétrarque, qui eut là aussi son berceau. Mécène, Michel-Ange, Pétrarque, Redi, Vasari, voilà l'auréole de gloire et de vertus qui entoure le nom d'Arezzo. Elle reste pure, malgré les souillures dont l'immonde Bocci, dit l'Arétin, a voulu la tenir.

L'intérieur de la ville est remarquable par la bonne distribution, la propreté qui y règnent ; de belles églises, sa cathédrale gothique et leurs tableaux ; la grande place et son palais des Loggie et son portique en arcades, y prêtent de la grandeur ; et si Cortone était peu faite pour la mode, ou la mode peu faite pour Cortone, hâtons-nous de dire que la beauté, l'élégance des groupes qui peuplaient la Corso et la grande rue, prouvaient que la *sottilità* de l'air d'Arezzo ne se borne pas à embellir le génie.

Le val d'Arno supérieur ne cédera rien non plus en beauté, ni en richesse, au val inférieur. Les formes et la culture en sont même plus variées. Et puis dans ses vergers festonnés de raisins, sur ses côteaux tapissés de vignes, on fait la vendange ; et le beau temps, la bonté de la récolte si fidèle en ces lieux, animent partout la gaîté des vendangeurs. Ce n'est pas cette gaîté bruyante et désordonnée qui arrache convulsivement des gens grossiers au sentiment de leurs peines de tous les jours ; mais cette gaîté douce et calme que donne l'habitude du bien, du bonheur.

Je m'arrête à Incisa, dans une modeste auberge, tenue par de bonnes gens, dont la nombreuse famille est occupée à tresser ces pailles fines et légères, ces pailles de Florence, qui vont dans tous les pays, prêter leur voile, leur abri à la beauté. Ces jeunes filles avaient dans leurs traits et leurs doigts, la délicatesse de leur travail ; deux surtout eussent bien mérité de porter ce qu'il pouvait produire de plus beau.

Entre Incisa et Florence, s'élève un massif de trois à quatre lieues que le fleuve et la route contournent par un long détour ; une traverse le franchit en ligne droite. C'est le privilège du piéton de pouvoir, en circonstances pareilles, s'élever plus haut que les hautes gens. Non, jamais l'opulence n'a eu dans ses salons, ni dans ses parcs, le luxe de décors que je découvre lorsque dans mes haltes fréquentes, je porte le regard vers ce val d'Arno que j'ai parcouru la veille, et dont je vois le sillon sinueux s'élever graduellement vers les Apennins de Penna, de Simone, de Castello. Non, l'opulence dans ses insomnies, n'a jamais rêvé le spectacle qui se développe à ma vue quand, parvenu à l'autre pente, je découvre tout à coup Florence dans son berceau fleuri. On ne peut le rêver, on ne peut le décrire. Car ce n'est pas seulement la Florence d'aujourd'hui que l'on voit ainsi, parée de ses fleurs et de ses joyaux, trôner dans son Élysée terrestre, et peupler ses environs de sa brillante et nombreuse famille de villas, de temples et de palais; c'est Florence avec son histoire, ses monuments de tous les âges, les témoins, les tableaux de toutes les phases si diverses de sa vie, cette vie éclairée, fomentée de tant de soleils, bouleversée, déchirée de tant d'orages; c'est Florence restauratrice et mère des arts; mère des héros bienfaiteurs; mère des tyrans; fille et mère des plus grands génies

A sa porte, je trouve tous ces caractères réunis en un seul point, sur la colline de San-Miniato. Cette colline porte la plus ancienne basilique de Florence; et sa construction est tellement inspirée d'art, qu'elle semble avoir été destinée à révéler la renaissance de l'architecture. A côté, sa digne fille, l'église des Franciscains, est d'une beauté si candide, que le génie aux quatre âmes, celui qui fut à la fois sculpteur, peintre, poëte, architecte, l'appelait la *Leggiadra Villanella*, la belle paysanne. Or on sait ce que, en Toscane, ce mot de paysanne exprime de grâce et de délicatesse. Au dessous, ce même conquérant des arts, car il les domptait et ne pouvait se dompter lui-même, Michel-Ange devenu soldat, construisait les remparts qui, encore aujourd'hui, redisent son génie, son courage, son civisme, les malheurs et la gloire de sa patrie.

Mais, il faut le dire, le premier aspect de l'intérieur de Florence ne soutient pas l'inspiration du dehors : Des rues peu droites, peu larges, peu propres, peu peuplées; l'Arno peu grand, peu profond, peu clair; un pont aux petites arches, celui de Rubaconte; un autre en perspective, le Ponte Vecchio, surchargé de lourdes et basses constructions, comme l'était jadis son vieux frère, le Pont-Neuf à Paris; des quais sans parallèle et sans continuité; puis des rues encore plus petites, sombres, sales, puantes; et on est au cœur de l'ancienne Florence, ce foyer où couvèrent les passions qui trop de fois la déchirèrent, et les pestes qui trop de fois aussi décimèrent ses habitants.

A l'obscurité de ces petites rues, s'ajoute l'ombre terne et muette d'un édifice haut, noir, massif; palais, prison, forteresse, surmontée de créneaux et d'une tour noire; c'est l'ancien palais. C'est là que siégeait le sénat perpétuel de mille citoyens; ce sénat si jaloux de son autorité, qu'il n'en confiait l'exercice aux magistrats, que pour deux mois. C'est là que les Médici méditaient leurs bienfaits; méditaient, préparaient, avec leur propre grandeur, celle de leur patrie; méditaient son oppression; c'est là qu'ils ont brillé, qu'ils ont tremblé, qu'ils ont péri, qu'ils ont régné. Cependant quand on vient sur la place du Palais, on voit se lever le rideau qui voilait l'Athène de l'Italie : A la porte même du palais, sont deux chefs-d'œuvre de sculpture, l'un par Michel Ange, représentant David vainqueur de Goliath ; l'autre, par Bandinelli, représentant Hercule vainqueur de Cacus ; à côté, sur la droite, une fontaine avec un Neptune, par Ammanati, et une statue équestre de Cosme Ier, en bronze, par Bologna, complètent l'ornement de cette partie de la place. Les deux autres côtés, occupés en grande partie par des bâtimens particuliers, n'ont rien de remarquable. Mais le quatrième est formé par la Loggia de' Lanzi, cette œuvre de Bologna, que Michel-Ange proclama le plus beau portique du monde ; cette loge où on voit l'enlèvement d'une Sabine, par Bologna lui-même, puis le Persée de Cellini, et la Judith de Donatello, travaux dont chacun suffirait pour faire dire que ce portique est sans pareil.

À l'intérieur du palais, actuellement occupé en grande partie, par des bureaux d'administration, on voit encore pour traces de son passé, la vaste salle du conseil, devenue une sorte de musée national, où les fastes de l'histoire florentine sont représentées par des fresques de Vasari, et des tableaux de Ligozzi, Passignano et autres ; tandis que le parquet porte des statues par Rossi, Bandinelli, Bologna, Michel-Ange. On retrouve aussi çà et là, dans ce vieux monument de la république, des pages moins brillantes que celles qui y ont été retracées par l'art de ses fils : Ici, c'est la fenêtre par où le peuple en fureur envahissait le sénat, en prenant pour échelle, ce groupe même de David que nous admirions tout à l'heure ; là, c'est la fenêtre à laquelle fut pendu Salviati, archevêque de Pise, qui avait conspiré contre l'État ; puis, dans la tour de la Barberia qu'on devrait appeler peut être, Barbaria, la fenêtre encore d'où Cosme Ier observait le peuple ameuté contre lui ; puis, le cachot où il fut enfermé par le fougueux Albizzi, pour en ressortir plus grand, plus glorieux ; pour être proclamé Père de la patrie !

Ne quittons pas ce foyer de l'histoire Florentine, sans rappeler deux faits qui caractérisent la grande époque de l'art, son ardeur impétueuse, bouillante : Quand on voulut couler le Persée de Cellini, l'artiste malade apprenant que le métal manque pour l'achever, s'élance hors de son lit, amasse toute sa vaisselle, la jette dans le creuset ; et.... la joie d'avoir accompli l'œuvre qui l'immortalise, le guérit ! Michel-Ange venait d'achever son David ; oubliant qu'il en est l'auteur, il l'admire. Le Gonfalonnier Soderini vient le critiquer sottement. Michel-Ange lui jette une poignée de sable dans les yeux ! Et le chef de l'État est puni de sa sottise ; et on ne punit pas l'audace de l'artiste !

J'ai parlé du grand siècle de l'art ; mais tous les arts de tous les siècles sont réunis dans le musée Médici, près de la Loggia, qui en est en quelque sorte le portique. Ce musée occupe le premier étage d'un palais dit Les Offices, carré long, ouvert à un bout, et terminé à l'autre, par une arcade qui donne sur le quai de l'Arno ; magnifique construction commandée par Cosme Ier, exécutée par Vasari. Trois immenses galeries embrassant les côtés intérieurs, sont tapissées de tableaux, peuplées d'une foule de statues et de bustes antiques et modernes, tous chefs-d'œuvre-modèles que la munificence de l'état offre gratuitement à l'étude des peintres et sculpteurs de tous les pays. Tableaux, statues, bustes, bas-reliefs, morceaux d'architecture, sarcophages, tout est digne d'être admiré ; mais on oublie tout, pour contempler, presque pour adorer, des divinités de l'art qui trônent là comme les grands dieux dans l'Olympe. C'est Diane, Pomone, Vénus, Cupidon et Psyché, Vénus sortant du bain, Vénus et l'amour, une Léda admirée surtout, pour le charme de pudeur qu'elle conserve dans le ravissement de la volupté ; le Torse du Faune, le Laocoon de Bandinelli, le Bacchus antique et sa copie par Michel-Ange, modèle digne de sa copie, copie digne de son modèle ; et puis, ce qui sans doute serait inimitable, le groupe de Niobé et de ses quatorze enfans, percés des flèches de l'implacable Diane. Oh ! que c'est bien cette mère qui a quatorze morts dans le cœur ; qui les souffre toutes à la fois ; cette mère telle que Dante la vit au séjour des douleurs éternelles, *con occhi dolenti, tra sette e sette suoi figli spenti !*

Un grand nombre d'autres salles sous les titres de Salon des bronzes modernes, Salon des bronzes Etrusques, Salon des peintures grecques et romaines, Salon des dessins, Salon de l'Ecole vénitienne, de la flamande, de l'hollandaise, de la française, des monumens égyptiens, des camées, pierres précieuses, etc. etc., éblouissent les yeux et l'imagination, en leur offrant les trésors et surtout les chefs-d'œuvre de tous les âges, de tous les lieux ; chefs-d'œuvre dont la plupart portent les noms de Teniers, Poussin, Venloo, Le Lorrain. Rembrandt, Rubens, Van-Dyck, et ceux de la cohorte des anges de l'art Italien, cette cohorte qui, dans des temps de ténèbres, de troubles et de destruction, sembla descendre du ciel pour consoler la terre ; cohorte céleste qui, dans son glorieux élan, sut suivre de si près l'essor divin des Raphaël, des Michel-Ange, des Titien, des Carrache, des Cellini, des Salvator, des Fontana, des Guido.

Et ces galeries tapissées, peuplées ainsi d'admirables œuvres, ne sont elles-mêmes, en quelque sorte, que l'avenue de la Rotonde, ce sanctuaire trop vulgairement appelé la Tribune, où règne de tout l'éclat de la beauté de la création inspiratrice, la

Vénus à qui l'Olympe déchu a légué son empire, peut-être sa vengeance ; la Vénus qui, plus que les richesses, plus que la fortune, plus que les hautes qualités et le pouvoir du trône, a illustré le nom de Médici ; la Vénus

. . . . quam vivere credas
Et, si non obstet reverentia, posse movere. (Ovide.)

La Vénus,

The unruffled mirror of the loveliest dream
That ever left the sky, on the deep soul to beam. (Byron.)

Autour de cette déesse de beauté, et beaux encore auprès d'elle, sont : Un Apollon, rival de celui du Belvédère ; le groupe des Lutteurs ; le Rotateur, paysan qui semble écouter en repassant sa serpe ; un Faune ; enfin un Amour qui dort, certain que lui aussi, n'a pas perdu, ne perdra pas son empire. En face de ce ciel mythologique, sous le ciel nacré de la même coupole, des tableaux par les maîtres des maîtres, représentent des Jésus, des amours, des prophètes, une sibylle, un saint Pierre, un Endymion, une hérodiade, une bacchante, un saint Jean, un Hercule, des saintes Vierges et deux Vénus. Tous luttent de beauté, de séduction, avec les marbres grecs ; et la pensée est tellement absorbée, tout sentiment profane est tellement purifié, santifié par l'admiration, qu'on ne songe pas à cette anomalie de deux ciels si différents, ainsi confondus l'un avec l'autre.

Devant le palais-musée, du côté de l'Arno, une petite terrasse faisant saillie, semble promettre une belle perspective ; mais quoique l'usage veuille qu'on trouve tout magnifique à Florence, avouons-le, on ne voit là rien de remarquable. La rive opposée n'ayant pas de quais, n'offre à la vue que des derrières de maisons peu grandioses ; les eaux du fleuve sont bourbeuses, et si peu abondantes, qu'elles ont peine à remplir son lit étroit, malgré deux barrements qui les soutiennent ; à peu de distance, à droite, est le Pont-Vieux, et à gauche, le vieux pont par où nous avons passé en arrivant ; or, pont vieux et vieux pont sont équivalents, comme synonymes l'un de l'autre.

En suivant le quai de gauche, on arrive à la place d'Arno, qui a au plus cinquante mètres carrés, d'où une rue courte, mais large et bien bâtie, mène à la place Santa Croce qui, elle aussi, se dit magnifique, avec ses cent vingt mètres de long par quatre-vingts de large. D'un côté est un palais-forteresse, comme tant d'autres qui dans Florence, rappellent sa vie d'agitations, de dangers, de luttes ; vis-à-vis, est l'église dont la place prend le nom.

La façade de cette église n'a ni ornement, ni légéreté, ni grâce, mais, en revanche, l'intérieur est orné d'une foule de tableaux par Vasari, Salviati, Gaddi, Giotto, Taddée, Ligozzi, et cent autres. De plus, Panthéon national, on y voit les tombeaux des fils les plus illustres de Florence et de l'Italie, parmi lesquels on lit avec vénération, les noms de Galilée, Filicaja, Machiavel, Michel-Ange, Alfieri. Le monument de Michel-Ange, touchant par ses souvenirs, l'est encore par son exécution : ce sont ses élèves qui l'ont érigé ; ce sont eux qui ont sculpté les statues qui y conservent sa triple couronne de sculpteur, de peintre, d'architecte. Il en méritait deux de plus, celle du poète et celle du citoyen. Le monument d'Alfieri, œuvre de Canova, est touchant aussi par la pensée que là, le dernier artiste de l'Italie a enséveli son dernier poète.

Du reste, Alfieri revit tous les jours près de sa tombe, sur le théâtre auquel il a donné son nom, et où on redit ses chefs-d'œuvre.

Près de là aussi, un autre théâtre, celui de la Pergola redit les harmonies de la musique, art qui en ces lieux, survit à tous les autres, comme si le ciel avait voulu que, après sa vie d'aigle, la belle Italie mourante eût son chant du cygne.

Des théâtres ?...... Tout à côté de celui-ci, il y en a un troisième ; il est grand ; il est nombreux ; la scène y est toujours occupée........ c'est un théâtre de douleurs ; c'est le vaste et magnifique hôpital de Maria-Nuova, où hommes et femmes sont accueillis, soignés par la charité, guéris par la science. Les constructions sont aussi grandes que belles ; de vastes cours et jardins y donnent à profusion aux malades, des flots d'air pur, des flots de vie.

La ville qui sait si bien recueillir et soulager l'humanité souffrante, ne devait pas l'abandonner à sa naissance. Derrière l'hospice de Maria-Nuova, est celui des Orphelins, noble construction qui développe à l'un des côtés de la place de l'Annunziata, son portique, œuvre de Brunelleschi.

Cette place de l'Annunziata, quoique petite et formée en trapèze, est, je crois, la plus belle, ou, du moins, la plus architecturale de Florence. En face du portique de Brunelleschi, règne celui de son émule San Gallo ; au fond, au-dessus d'un troisième portique, s'élève la belle façade de l'Annunziata ; tandis que, sur l'aire même de la place, une statue bronze équestre de Ferdinand I, par Bologna, et deux fontaines par Cacia, forment un trépied qui, outre la beauté de ses détails, a l'avantage de dissimuler l'irrégularité de son cadre.

A l'intérieur de l'église, parmi de nombreuses peintures, fresques et toiles, on remarque un crucifix en bronze, de Jean Bologna, qui lui-même appréciait tant son œuvre, qu'il fit cons-

truire à ses frais, la chapelle où il est exposé; puis deux anges
par Ammanati, et surtout, une descente de croix par Bandinelli.
Ce tableau, outre son mérite d'exécution, a reçu un caractère
particulier de son auteur qui y a mis son propre portrait sous le
nom de Nicodème. Cela n'empêche pas le portrait d'être un saint
bien révéré. Cela ne compromet pas non plus le moins du
monde, l'authenticité de deux pièces de monnaie qui sont dans
le trésor de l'église, et qui valent à elles seules, plusieurs trésors; car ce sont deux des deniers que Judas a reçus pour prix
de sa trahison. Ces pièces viennent de trop bonne source, pour
qu'elles ne soient pas de bon aloi.

Une petite rue, une petite place, mènent à la petite église de
Saint-Marc, riche de tableaux, riche de statues, riche surtout
de et par la renommée dont jouit le couvent qui y est annexé,
renommée peu monacale, disent les uns, très monacale, disent
les autres, puisque les bons moines l'ont gagnée par leur habileté à fabriquer des essences exquises. Croyons que, tout en fa-
briquant et expédiant ces essences aux toilettes de la coquetterie, l'imagination de ces hommes pieux est assez mortifiée pour
ne pas suivre la même route, et ne pas leur répéter ce que disent les miroirs trop indiscrets ou trop fidèles.

Une rue que sa largeur fait nommer la Larga, rue droite et
bien bâtie, mène de Saint-Marc, à la Grande Place, au milieu
de laquelle s'élève la cathédrale accompagnée de son baptistère et de son campanile, sorte de minaret élégant, détaché de
l'édifice principal. Cette cathédrale est grande, d'une belle construction, ennoblie par sa coupole haute de 133 mètres, large de
50; mais il est à regretter que, comme à Sienne, on ait eu
la malheureuse idée d'y superposer alternativement des lits de
marbre noir et blanc. On a ainsi découpé sa hauteur par des
bandes horizontales, sur lesquelles le regard monte et s'arrête
d'échelon en échelon, au lieu de saisir la grandeur de l'ensem-
semble. L'intérieur se distingue surtout par la majesté
hardie de sa coupole, où Zuccheri et Vasari ont figuré un
jugement dernier, admirablement peint, admirablement placé.
Au-dessous, le grand autel entouré de colonnes s'harmo-
nise avec la scène qui l'entoure. Cependant, c'est au sein de
cette scène agrandie par la solennité du service divin, qu'un
jour Julien de Médici tomba sous les poignards des conjurés;
c'est de là que Laurent son frère, menacé des mêmes poignards,
mais se défendant valeureusement avec son épée, se réfugia dans
la sacristie qui l'abrita derrière ses portes de bronze, jusqu'à
ce que ses assassins furent mis en fuite. Là encore, des monumens illustres rappellent de plus doux souvenirs; ce sont les
tombeaux de Giotto, de Brunelleschi, auteur de la coupole qui

lui prête aujourd'hui son ciel; ce sont des statues par Santorino, Jean de Pise, Donatello, Luc de la Robbia; c'est le bas-relief du grand autel, la dernière œuvre de Michel-Ange.

Le baptistère, rotonde octogone, surmontée d'un dôme, est orné au dehors et au dedans, de tableaux, de statues, de mosaïques; cependant toute l'attention, toute l'admiration se concentre sur ses trois portes de bronze, l'une, par André de Pise; les deux autres, par Ghiberti; portes si belles, que Michel-Ange qui paraît partout où il y a un éloge à donner, ou une gloire à mériter, voulait qu'on les réservât pour le ciel.

Cathédrale et baptistère sont beaux, sont ornés, mais on est loin d'y voir la profusion de décors qu'on trouve dans une église voisine, dite Saint-Laurent de Médici, à cause des tombeaux qu'elle renferme. Cette église de famille est la plus riche de Florence; cependant, autant elle surpasse les autres à cet égard, autant elle est surpassée elle-même par sa chapelle des princes, dôme hexagone où tout est bronze, marbre, diaspre, agate, lapis-lazzuli, calcédoine, pierres précieuses, argent et or. C'est la richesse du luxe; le luxe de la richesse; mais on ne peut dire que ce soit celui de l'art.

Le luxe de l'art, il faut le demander à la nouvelle sacristie qui, avec ses deux mausolées de Laurent et de Julien, est l'œuvre de Michel-Ange. C'est là qu'on voit ses quatre statues demi-couchées, du Matin, du Soir, du Jour et de la Nuit, la Nuit dont un poëte a dit :

> La notte che tu vedi in si dolci atti
> Dormire, fù da un Angelo scolpita
> In questo sasso, o perche dorme a vita;
> Destala se nol credi, e parleratti.

Vers auxquels Michel-Ange lui-même, aussi bon citoyen que poëte; aussi bon poëte que sculpteur, ajouta :

> Grato m'è il sonno e più l'esser di sasso;
> Mentre che il danno e la vergogna dura,
> Non veder, non sentir m'è gran fortuna;
> Però, non mi destar; deh, parla basso.

C'est là aussi qu'on voit la Vierge et Jésus que cet homme prodigieux n'avait que ébauchés quand il perdit la vue. Aux coups hardis, violents, qui ont profondément entaillé ce marbre, on reconnaît la vivacité impétueuse, et en même temps, l'admirable justesse avec lesquelles travaillaient ces mains, si fidèles outils de l'imagination la plus ardente, la plus sublime. On reconnaît le travail inspiré de celui qui, comme il le disait naïvement lui-même, avant d'entailler un bloc, voyait à travers ses formes brutes, la statue qu'il allait en tirer.

C'est Michel-Ange aussi qui a construit, contigu à l'église, le superbe palais qui contient la bibliothèque Laurentienne, fondée, dotée par les Médici, contenant une foule de livres et manuscrits précieux, parmi lesquels un Virgile, un Tacite, des commentaires de César, le Décaméron original de Boccace et le Longus avec la tache d'encre que y a faite notre pamphlétaire Courier, tache désormais plus célèbre, plus commentée, moins comprise que le texte qu'elle recouvre.

Au milieu de ce sanctuaire de la science, on conserve avec un respect religieux, une relique d'un de ses plus fervents, de ses plus illustres apôtres; c'est un doigt du Galilée, ce doigt qui tant de fois, comme une aiguille polaire, montra à l'humanité, la voie par où elle devait sortir de l'océan de ténèbres où elle était égarée.

Encor une petite rue, encor une petite place, et nous sommes sur celle de Santa-Maria-Novella, longue de 150 mètres, large de 100, mais irrégulière comme toutes les autres. Vers les extrémités, sont deux semblants de pyramides larges et courtes, écrasées par leur forme, et encore plus, par le nom léger d'obélisque dont on les coiffe. Ces soi-niant obélisques servent de bornes pour des courses de chars, qui se font quelquefois sur ce cirque infiniment peu circulaire. Voilà pour le sol. A un des côtés, celui du Nord, on voit l'église qui est d'une architecture si belle, si pure, si candide, que Michel-Ange l'appelait *la Sposa*, la mariée. Malgré cette candeur, cependant, il y a à l'intérieur un peu de ruse artistique : Pour approfondir la perspective des arceaux, on les a rétrécis graduellement vers le fond, mais avec tant de réserve, que l'artifice est entièrement dissimulé. Cette petite ruse est-elle un trait de plus de ressemblance avec les jeunes mariées? Elles seules peuvent le dire.

De Maria-Novella, par la courte, mais large rue dei Fossi, on gagne le pont de Carraja. Là on jouit d'un bel aspect sur l'Arno que l'on voit à l'Est, bordé de doubles quais, et sur le plus beau pont de Florence, celui à qui ses trois arcades ont valu le baptême christo-profane de pont de la Trinité.

En face du pont, sur le quai du sud, est un palais à coupole, à portique orné de statues ; c'est un des plus grands, des plus somptueux de la capitale de Toscane, c'est..... l'auberge princière de Schneïderft.

La rive gauche, sœur puinée de la rive droite, est plus parée dans son ensemble et ses détails. Elle a pris en liberté son espace ; elle y court dans de belles rues larges et droites. Elle aussi a ses églises riches, ornées; elle a de plus, le palais neuf, le palais Pitti, résidence actuelle des Grands-Ducs.

Ce palais a le caractère de son lieu et de son temps. Bâti en 1440, par Cosme Ier, il a de la grandeur, de la beauté; mais l'élégance y est remplacée par la force. Comme tous les palais de Florence, il dut être à la fois, une habitation somptueuse, et une forteresse capable de briser les assauts des partis ameutés. Deux avant-corps, espèces de bastions, dont l'un est un arsenal, encadrent la façade principale et un petit trapèze, carré irrégulier qui forme la place du palais. Ces trois façades, de tailles en bossage, y donnent un aspect sévère, presque triste, qui s'assombrit encore, par la pensée des drames qui se sont passés à l'intérieur; drames affreux, où un frère tue son frère, et périt lui-même, sous le poignard de son père; où un vieillard souillé d'amours impudiques, tue son serviteur indiscret; où un mari étrangle de ses mains, sa femme, l'infortunée Isabelle!

Aujourd'hui, heureusement, au dedans comme au dehors, tout respire la douceur et le calme, qui semblent s'exhaler de l'air et de la terre, en cet heureux climat. Et puis aussi, l'admiration du beau fait oublier tout autre sentiment, quand on parcourt les Salons-Musées tapissés de chefs-d'œuvre, parmi lesquels on trouve les Parques de Michel-Ange, la Madeleine du Titien, la religieuse de Léonard de Vinci, la conjuration de Salvator Rosa, le Saint-Marc de Barthélemy della Porta, enfin, plusieurs tableaux par le divin Raphaël, entr'autres sa vision d'Ezéchiel, sa madonne au baldaquin, sa madonne au manteau, sa madonne à la chaise; madonnes belles comme la Vénus grecque, plus belles qu'elle, puisqu'elles sont embellies de ce qu'il y a de plus beau, de plus saint dans la nature, l'amour maternel.

Derrière le palais, s'élève en amphithéâtre un vaste jardin royalement, mais monotonement décoré de bassins, de statues et d'interminables murs de charmilles qui interceptent l'air, le regard et, pour toute compensation en fait de variété, offrent trois cages-labyrinthes symétriquement les mêmes, composées d'anneaux concentriques coupés de rayons réguliers, dans le genre des cercles-manèges des gymnases. Cependant la nature du lieu, ses pentes, son panorama de la ville et de ses environs, la citadelle même qui le domine et complète la défense du palais, tout y présentait les élémens d'un jardin paysager qui traité à la manière anglaise ou allemande, aurait eu peu de rivaux en Europe.

Ajoutons que, pour parfaire l'action administrative et gouvernementale du palais Pitti, de là, jusqu'au Palais-vieux, et passant par le Ponte Vecchio, il règne une galerie couverte qui offre en tout temps, une communication rapide et sûre, entre ces deux centres du pouvoir.

A la sortie de Florence, un arc-de-triomphe dit de San Gallo ouvre majestueusement sa grande route du nord.

Cette route serpente d'abord à travers des collines couvertes de vignes et d'oliviers; puis elle gravit une longue côte, d'où une dernière fois on découvre le bassin de Florence; puis encore plusieurs autres montées et descentes, et on est au pied de l'Apennin. A mesure que le sol s'élève, la température baisse. Déjà le feuillage atteint par les brumes de la montagne, a quitté sa verdure pour prendre ses teintes variées d'automne; déjà je rencontre les troupeaux qui descendent des hauts pâturages où ils ont été passer la chaude saison; déjà aussi des nuages épais et lourds enveloppent les sommets et en cachent les perspectives.

Trois heures de montée presque continue me portent à Monte-Carello. Une pluie, un vent violent m'y accueillent. Je monte encore. Enfin je suis au culm. Autrefois ce culm était dangereux à cause des vents qui y soufflaient souvent avec une telle force, qu'ils renversaient hommes et voitures. Un mur qu'on y a récemment construit, a écarté tout danger.

Ces vents et les tempêtes qu'ils occasionnent, ont fait dire à la plupart des commentateurs, si non à tous, que c'était en cet endroit que l'armée d'Annibal avait tant souffert, lors de son passage par l'Apennin. J'ai cartes et notes en poche; ce serait bien la place pour les confronter avec les lieux; mais le vent et la pluie, la nuit qui approche, me chassent à Cavigliajo, où nous aurons plus de loisir pour discuter, commenter nous-mêmes. Polybe nous manque complètement; Tite-Live, au contraire, entre dans beaucoup de détails; il sera notre guide.

Etablissons d'abord le point de départ de l'armée carthaginoise: Annibal, après avoir vaincu sur les bords de la Trébie, les consuls Cornélius Scipion et Sempronius, s'établit pour l'hiver, autour de Plaisance qui est restée au pouvoir des Romains. Il les resserre dans cette place; il tâche de les priver des ressources qui leur arrivent par le Pô; dans ce but, il s'empare du bourg de Vicum-Viæ, qui est à trois lieues plus bas. Voilà comme il emploie son hiver.

« Omnes clausi undique commeatus erant, nisi quos Pado
» naves subveherent..... Ad Vicum-Vias ire pergit..... Dedi-
» tione factá, præsidium intrá mœnia accepère..... Hæ fuére
» hybernæ expeditiones Annibalis. »

Dès lors, comme le froid est très rigoureux, il laisse ses soldats se reposer.

» Dum frigora intolerabilia erant, militibus quies data est. »

Puis aux premiers signes, quoique encore incertains du prin-
temps, quittant ses quartiers d'hiver, il marche sur l'Etrurie.

« Ad prima ac dubia signa veris, profectus ex hybernis, in
» Etruriam ducit. »

La rapidité, la brièveté de cette phrase indique la rapidité, la
brièveté du mouvement. Elle ne peut donc s'attribuer à l'immense circuit de Plaisance à Fiésoles par Bologne, surtout
quand on observe que, des positions qu'il occupait sur la Trébie,
Annibal pouvait atteindre l'Etrurie en deux ou trois jours de
marche, en passant par le col du Taro et de la Magra, où est
aujourd'hui la route de Pontremoli et Belforte.

Mais ce premier essai de passage ne réussit pas. Arrêté par
la tempête, Annibal reste sur place avec son armée pendant
deux jours; puis, quittant l'Apennin, il revient près de
Plaisance.

« Transeuntem autem Appenninum, adeo atrox tempestas
» adorta est, ut Alpium fœditatem prope superaverit..... Biduum
» eo loco mansère..... Digressus Appennino, retro ad Placen-
» tiam *castra movit.* »

Evidemment ce n'est pas en deux mots qu'on indiquerait une
telle retraite, si elle avait dû se faire par un espace de cinquante
ou soixante lieues, coupé de montagnes et de torrents, où les
Romains qui occupaient toute la vallée du Pô inférieur, l'auraient arrêtée à chaque pas. Et puis, si Annibal avait réellement
atteint le sommet de Cavigliajo, à supposer encore qu'il s'y fût
arrêté à s'y morfondre, on ne sait pourquoi, comment se ferait-il
que, juste au moment où la principale difficulté était vaincue,
au moment où il avait le choix, ou d'exécuter son projet et de
chercher un remède à tous ses maux en descendant au Sud, ou
de renoncer à son succès et de se replonger dans les rigueurs
de l'hiver en descendant au Nord, comment se ferait-il qu'il eût
pris ce dernier parti? Cette halte de deux jours, suivie d'une retraite, n'a donc pu avoir lieu sur le sommet de la grande chaîne,
mais sur celui d'une chaîne secondaire qui y servait d'échelon.
S'il en est ainsi, cette observation mène droit sur le rameau de
l'Apennin qui sépare le val et le col de Taro, de la vallée de la
Nura et de la Trébie. Arrêté là, le général Carthaginois aura at-
tendu pendant deux jours un temps meilleur, pour traverser
la grande chaîne. Alors, trompé dans son attente, il sera redes-
cendu vers Plaisance; *digressus Appennino, ad Placentiam castra
movit.*

Voilà pour le premier passage; voyons ce que nous trouve-
rons pour le second :

La tempête a été tellement affreuse, qu'elle a surpassé les horreurs des Alpes. Annibal ayant perdu des hommes, des chevaux, sept de ses éléphants, se replie sur Plaisance, et vient camper à dix milles de cette ville. Le lendemain, il en est à trois milles ; le troisième jour, les deux armées se livrent un combat acharné où elles souffrent beaucoup toutes deux, sans succès prononcé ni de part ni d'autre. Alors Annibal affaibli se retire dans la Ligurie, c'est-à-dire, qu'il gagne la haute Trébie, où il trouve un pays moins dévasté et des positions plus faciles à tenir. Sempronius profitant de ce mouvement qui démasque le Taro, passe la montagne et va à Lucques, pour y attendre et y arrêter l'ennemi. Or on ne va pas à Lucques, pour attendre un ennemi qui doit arriver par Bologne.

« Eo loco velut obsessi mansère multi homines, multa jumenta, elephanti quoque ex his qui superfuerant, septem absumpti..... Digressus Appennino, ad Placentiam castra movit, et ad decem millia progressus consedit. Postero die, tria millia passuum inter bina castra fuere..... Postero die, vario eventu pugnatum est. Pugna raro illâ magis sœva. Pari clade discessum est. Secundum eam pugnam, Annibal in Ligures, Sempronius Lucam concessit. »

Quant au lieu par où Annibal sortant plus tard de ses nouveaux quartiers, a définitivement traversé l'Apennin, Pline n'en parle pas ; sans doute parce qu'il pense inutile de le faire, vu qu'il n'y en a pas d'autre que le Taro, pour passer des bords de la Trébie en Étrurie. De plus, c'est aussi le seul chemin qui ait pu l'amener vers ces fameux marais où il a tant souffert.

« Multis hominibus jumentisque fœdè amissis, ipse Annibal æger oculis, elephanto qui unus superfuerat vectus, altero oculo capitur. »

Sur toute la route par Bologne, il y avait montagnes et torrents, mais pas un marais. Tandis que les environs de Lucques en sont encore couverts aujourd'hui, depuis ceux de Viareggio, jusqu'à ceux d'Arentano et de Funcecchio. En outre, Pline dit positivement que cette marche difficile se fit par les rives de l'Arno, et cela, pour gagner Fiesoles qu'on eût trouvé à trois lieues avant l'Arno, en venant de Bologne.

« Propiorem viam per paludem petit, quâ fluvius Arnus per eos dies solito magis inundaverat, Fiesulas petens. »

Au point de vue militaire, si en parler est permis à qui n'y connaît rien, je dirai : La pensée qui paraît avoir dominé le plan d'Annibal, en quittant l'Espagne pour venir attaquer Rome, a été de se tenir le plus qu'il lui a été possible, en communication avec la mer, c'est-à-dire, avec les flottes carthaginoises, qui lui fournissaient vivres, argent et soldats. Ainsi, dès qu'il a passé les Alpes et gagné la bataille du Tessin, libre de continuer sa route sur la rive gauche du Pô, il passe sur l'autre rive, et là il appuie sur sa droite, de manière à occuper toutes les issues de l'Apennin, dont la crête n'est qu'à quatre ou cinq lieues de la mer. Cette position est capitale pour lui, puisque, outre ce voisinage si avantageux, elle lui livre le passage du Taro et l'Etrurie qui est dégarnie de troupes. On veut le déplacer; il livre la bataille de Pavie; et, après la victoire, au lieu de poursuivre des avantages qui l'écarteront de sa base, de son pivot d'opérations, il reste sur son terrain, et semble dire : « D'ici, je menace à la fois le Nord et le Sud de l'Italie; car je puis à mon gré porter la guerre à gauche ou à droite de l'Apennin; je divise ainsi les forces des ennemis en concentrant les miennes. » Dans ces conditions, est-il possible de supposer qu'il ait renoncé à tous les avantages qu'une tactique habile lui avait livrés et conservés; est-il possible de supposer qu'il ait été, sans aucune nécessité, affronter les difficultés que lui offrait la route par Bologne, route hérissée d'obstacles, hérissée d'ennemis?

Cette position d'échec prise par Annibal, faisait le côté faible des Romains qui, après leurs défaites sur le Tessin et la Trébie, avaient commis la faute de s'isoler dans Plaisance et Crémone, au lieu de s'appuyer à l'Apennin. Aussi, dès que le deuxième combat de la Trébie force Annibal à gagner le haut de la vallée, on voit le consul s'empresser de passer le Taro qui se trouve ouvert, et d'aller occuper Lucques. Pourquoi n'a-t-il pas gardé les montagnes? Pourquoi a-t-il abandonné sans combat, cette belle position? Pourquoi n'a-t-il pas accablé les Carthaginois, au passage, au sortir des marais? Je l'ai dit, je ne suis rien moins qu'un juge; mais le résultat a été la bataille de Trasimène.

Tandis que je fais mes réflexions bellico-scientifiques, la pluie tombe, le vent souffle comme pour me dire : Que pensez vous de l'idée que Annibal aurait eue de venir nous fêter ici pendant deux jours et deux nuits, et d'inviter à la fête, nos deux vieilles sœurs la gelée et la neige?

Le matin quand je pars, tout est nuage, vent et eau. N'ayant pas de caprice à la carthaginoise, je me hâte de descendre, sans m'arrêter à voir les deux merveilles du voisinage, l'*Acqua buja*, source d'où s'échappent des gaz qui s'enflamment lorsqu'on en approche une lumière; et le *Fuoco del legno*, petit volcan de 3 ou 4 mètres, dont la flamme bleue de jour, est rouge pendant la nuit. Du reste, lumière, gaz et flamme, eussent probablement flambé très peu, sous ce déluge.

Je descends les rampes longues et roides de Pietra-Mala et de Scarica-l'asino, sans leur demander compte des perspectives qu'elles me promettaient sur le champ étendu de la Lombardie, voire même, dit-on, jusqu'à l'Adriatique. Enfin, à Pianoro, plaine d'or, le soleil perçant la masse des nuages, je trouve un pays riche comme son nom; vallée aux formes délicates, aux contours gracieux, aux tableaux riants; population nombreuse, active, animée, aux costumes pittoresques, aux traits embellis, adoucis par le sol et le climat.

Il semble même que ces physionomies s'ennoblissent et s'affinent aux approches de Bologne la lettrée, la savante, l'artiste; de Bologne qui n'a pas oublié les jours de liberté et de gloire où elle voyait naître son fils adoptif Jean, les trois Carrache, le Guide, le Dominiquin, le Guerchin, l'Albane; les jours où Malpighi, Manfredi, Galvani, Cavazzoni, Galilée appelaient douze mille élèves à son université; les jours où elle devenait mère des quatre Muses Bolonaises, — la philosophe Laura Bassi, — la docte Clotilde Tambroni, — la canoniste Novella d'Andrea, si savante qu'elle suppléait son père; si belle, qu'elle se voilait pour parler; — et Properzia de Rossi, musicienne, peintre, sculpteur, qui, seconde Sapho, mourut d'amour. Non, Bologne n'a pas oublié ces gloires divines, car, de nos jours, elle a donné à ces muses, un nouvel Apollon, Rossini.

L'aspect de la ville à l'intérieur, est digne de sa grandeur, de sa renommée : De grandes rues bordées d'arcades hautes et légères, se distinguent par l'élégance de leurs constructions, la propreté, la fraîcheur de leur aspect. Au moment où j'arrive, rues, arcades et fenêtres sont occupées par des foules de spectateurs qui attendent la course des chevaux. Et je dois me féliciter de la pluie qui m'a baigné toute la journée, puisque c'est elle qui m'a réservé le plaisir de voir ce concours brillant, de voir la course elle-même. En effet, à peine ai-je pris place dans les rangs, que, au milieu d'un silence palpitant, et avec la rapidité de la flèche, je vois passer trois coursiers, sans cavaliers, sans freins, sans aiguillons, autres que le feu du courage et de la gloire. Et qu'ils sont beaux dans leur liberté, dans leur ardeur, dans leur élan ! Leurs longues queues, leurs longues crinières semblent des ailes qui les portent sur le vent. Un instant après, des brava! brava! éclatants, répétés sur toute la ligne, annoncent que c'est la noble cavale *Bianca* qui a gagné la couronne.

Mettant à profit ce beau reste d'un si mauvais jour, je suis le mouvement qui se répand dans les rues. Ce mouvement me conduit d'abord vers la cathédrale, vaste mais terne édifice; puis à Saint-Pétrone, église gothique, grande, ornée, remarquable surtout par la beauté de son jour qui lui vient d'en haut; puis, sur la grande place où est le Palais-Public avec ses offices, sa police, etc.; où est aussi la fameuse fontaine de Neptune, œuvre colossale de bronze, où Jean de Bologne a représenté le dieu des mers, armé de son trident et semblant dire son redoutable *Quos ego*....... Et cette attitude, cette menace ne sont que trop bien placées; car les flots sont si peu abondants, qu'on peut croire qu'ils ont peur de sortir. Enfin, c'est sous la première ombre de la nuit, déjà épaissie par de nouveaux nuages, que je vois les deux tours penchantes, beaucoup moins belles, mais beaucoup plus hardies de construction, que celle de Pise. Ces tours hautes, l'une de 100 mètres, l'autre, de près de 50, sont là depuis huit siècles, menaçant d'écraser de leur tête sans appui, les maisons d'alentour.

La pluie me ramène à l'auberge et promet de me conduire plus loin. Un voiturin qui retourne à Milan, m'offre de m'y porter en deux jours et demi. Le temps est mauvais, le trajet long par un pays plat, monotone; ce voiturin est vraiment une bonne chance; j'en eusse prié le grand saint Dominique et les deux madonnes de Bologne, que je n'eusse pas été mieux servi.

Nous approchons bientôt de la frontière du duché de Modène, territoire le plus fertile de cette plaine de Lombardie, pays le plus fertile de l'Europe. Prés et champs ont cédé leurs récoltes aux greniers; mais on voit à l'aspect des bourgs et des villages, que ces récoltes y répandent l'abondance. D'arbre en arbre, le long de la route, sont suspendus des festons de pampres qui, eux aussi, ont fourni leurs copieux tributs.

Modène est propre, élégant comme Bologne; le palais, dans ses petites dimensions, se proportionne à celles de l'état qu'il gouverne; une église voisine étale à l'intérieur, une parure qui est presque celle d'un boudoir.

Au delà, ce sont encor des pampres, des champs, des prés, de belles routes; un système parfait de canaux d'irrigation qui s'entre-croisent en tout sens; mais c'est aussi toujours l'irrigation d'en haut, qui ne cesse pas.

Pour éviter les lenteurs de la police, nous tournons la ville de Reggio; c'est en même temps un bon moyen pour voir ses environs tant vantés par l'Arioste : *Y luoghi ameni di che il nostro Reggio, il natio mio nido, à sua parte.* Mais le temps n'y prête nullement une couleur poétique.

L'entrée de Parme est imposante : Une rue large, droite, longue d'un millier de mètres, le traverse tout entier. Cette rue, bien bâtie, propre, populeuse, mène à la grande place, encadrée elle-même, de beaux édifices. Près de là, par une disposition heureuse et rare, sont rassemblés presque sur le même point, le Palais-Ducal, la bibliothèque, l'académie, les théâtres, le

Palais-Episcopal, la cathédrale et le baptistère. Ces édifices sont grands, beaux ; je les cours pendant une heure de jour qui reste quand nous arrivons. C'est aux lumières d'une bénédiction du soir que je visite l'intérieur du dôme où l'on admire, mais où je ne puis qu'entrevoir les chefs-d'œuvre de Lanfranc, du Parmesan et surtout, du Corrège.

Le lendemain enfin, le tems s'est un peu éclairci, et je puis voir le beau rideau de l'Apennin dont la route se rapproche. A de courts intervalles, se succèdent les fécondes vallées dont les troupeaux enrichissent le pays, et rendent fameux le nom de Parmesan.

Mais dans ces contrées, l'ame de la nationalité, de la patrie est morte ; l'habitant doit y vivre, y végéter comme son troupeau ; sans cesse les ciseaux d'une double censure politique et cléricale, y coupent les ailes de la pensée, et la chargent de chaines. Une étrangère y règne, une étrangère qui ne peut pas plus comprendre la grandeur d'un peuple, qu'elle n'a compris la grandeur du trône où l'ambition d'un héros l'avait appelée au nom de la fortune et du génie. Elle pèse là, de toute la lourdeur qui l'a empêchée de s'élever ; elle y pèse avec les canons, avec les soldats que lui prête la pesante Autriche.

Soumise aux mêmes entraves, au même joug, Plaisance en est plus affaissée. Sa tristesse dément son nom, si bien mérité cependant par son heureuse situation. Sur ses grandes places, dans ses grandes rues, dans ses grands édifices demi-déserts, règnent le vide et le silence ; l'herbe couvre ses pavés que foulent des pas trop rares.

Un pont de bateaux joint la rive gauche, la rive autrichienne du Pô, à ce poste avancé, à cette tête de pont toujours prête à porter le fer et le feu au cœur de l'Italie. De doubles batteries tiennent sous la bouche des canons étrangers, le grand fleuve italien, *Fluviorum rex Eridanus*. Mais la flamme de ces canons ne pourra éteindre celle du patriotisme qui brûle dans tous les cœurs ; la voix de ces canons ne pourra étouffer celle de l'histoire qui près de là, à Lodi et à Marignan, redit tous les jours la gloire que nos armées y ont conquise, sous la bannière de la chevalerie, comme sous celle de la liberté ; cette voix qui depuis trois siècles, répète à la France et à l'Italie : « Ils ont tout, fors l'honneur. »

La brillante cité de Milan voit avec stupeur le sauvage Croate, le morne Hongrois, promener leur terne et impassible allure, dans ses rues naguères animées par nos marches rapides, par nos garnisons variées et mobiles, par l'éclat de nos fêtes.

Associé plutôt que soumis à la France, l'habitant de ces lieux partageait nos succès, nos triomphes. Les barrières de la nature, comme celles de la politique, étant brisées ou abaissées, les deux peuples unis marchaient ensemble dans le champ de la grandeur, de la prospérité; ils échangeaient librement leurs besoins, leurs produits; Milan situé sur la frontière commune, recueillait les fruits de ces échanges; fondé par nos ancêtres, il recevait de la France une nouvelle existence..... Un souffle de la fortune a frappé de mort cette grande vie à son berceau; un choc violent a séparé les deux peuples; il ne reste que quelques traces de nos bienfaits; et ces traces en rappelant la grandeur passée, accusent la décadence actuelle; Elles montrent que l'ancienne enceinte avait trois lieues de circuit qui avaient peine à contenir sa nombreuse population; elles montrent que la ville nouvelle en occupe à peine le tiers. Pour expliquer un si grand désastre, elles disent que Milan fut souvent déchiré par de sanglantes dissensions; qu'il fut dépeuplé par la peste; que placé au pied des Alpes, à la porte de l'Italie, il fut plus que toute autre ville, exposé à l'invasion des Barbares que le Nord verse éternellement vers le Sud; elles disent qu'il fut assiégé cinquante fois et vingt fois saccagé.

Les rues sont généralement grandes et belles, quoique peu régulières. On distingue surtout la Strada-Romana par où nous entrons; longue, droite, large, on y voit se presser en tout temps le mouvement de la population de la ville et des campagnes, celui du luxe, celui du commerce.

Cette rue mène tout d'abord à l'église Saint-Nazaire, où se trouve un monument à la fois Français et Italien, le tombeau de l'illustre Trivulce, ce guerrier Sans-repos, si digne de combattre à côté du guerrier Sans-peur; Trivulce qui après avoir versé son sang pour nos rois dans dix-huit batailles rangées, mourut à 80 ans, du chagrin que lui causèrent les ingrats dédains de François Ier. Il composa lui-même sa courte épitaphe: *Qui nunquam quievit, hic quiescit. Tace.*

Près de cette église s'élève, ou plutôt, s'étend le plus beau, le plus vénérable, le plus glorieux monument de Milan, son Hôpital-général, un des plus vastes et des plus riches du monde, construit aux frais d'un simple cordonnier qui, mourant sans famille, déposa ainsi aux mains de la bienfaisance, les dons que lui avait prodigués la fortune.

Une petite rue obstruée de piétons et voitures, mène à une petite place qu'une grande fontaine fait appeler Piazza Fontana; puis on est devant la cathédrale, il Duomo, édifice gothique, de marbre blanc qui, par sa grandeur, le prix des matériaux dont il est construit et la multiplicité infinie de ses détails, se range parmi les trophées les plus célèbres de l'architecture. Il a cependant de graves défauts: Sa façade principale en pignon sans clocher, n'a rien de monumental ; elle semble couper la nef, plutôt que l'achever ; sa forme sans dessin, sans légèreté, perd en partie le mérite des festons, rosaces et statues qui la décorent. De plus, l'édifice manque entièrement de perspective ; resserré dans un espace étroit, il n'y a sur le devant, qu'une petite place irrégulière, bordée d'arcades d'un seul côté, tandis que de l'autre, mais obliquement et en seconde ligne, est le palais royal, qui lui-même n'a de perspective que les canons et les Croates qui sont à sa porte.

Cependant il est imposant de voir l'aspect gigantesque de cette masse de marbre blanc : Au dehors comme au dedans, murailles, clochers, tourelles, toitures, voûtes, colonnes, tout y est blanc, tout y est marbre ; et ce marbre est brodé, festonné, transparent comme de la dentelle ; et plusieurs milliers de statues en peuplent tous les replis, toutes les saillies.

A l'intérieur, cinquante-deux colonnes supportent une voûte plus grande que majestueuse ; cet intérieur est mal éclairé. On le regrette d'autant plus, qu'il y a beaucoup à observer : C'est d'abord, à gauche, la chapelle du baptistère, œuvre de Pellegrini, enrichie des peintures, des sculptures les plus précieuses ; puis, c'est la chapelle dite dell' Albero, à cause de son magnifique candélabre en bronze ; puis les deux tribunes entourant deux colonnes, de bas-reliefs en cuivre par André Beffi ; puis encore, et surtout, le grand autel avec ses merveilles artistiques et religieuses. La première de ces merveilles est la statue horriblement admirable, de Barthélemy écorché ; la seconde est la chapelle souterraine où on conserve le corps de saint Charles, dans une châsse de cristal de roche montée en argent et en vermeil, et entourée des emblèmes des vertus du saint, figurés par les produits les plus rares, les plus précieux de la ciselure, de l'orfévrerie, de la sculpture. Enfin la troisième est le *Chiodo Santo,* ou clou de la croix, qu'on voit suspendu au-dessus de l'autel, entre des lampes qui brûlent nuit et jour. Ce clou a été donné à la ville par saint Charles, lors de la cruelle peste de 1576. De qui l'avait-il reçu ? Voici l'histoire, qui est presque plus merveilleuse que le clou lui-même : Un jour pendant que le fléau exerçait ses plus grands ravages, le saint eut une vision qui lui dit que le *Chiodo Santo* était à Milan, chez un marchand de ferrailles. Il alla dès le matin chez le marchand de cloux ; il y trouva un clou. La vision, le miracle était accompli ! Saint Charles porta le clou, pieds nus, par la ville ; on le suivit en procession. La peste ne cessa pas ; mais, sans cela, elle eût nécessairement duré plus longtemps. Là aussi on conserve la baguette de Moïse. Il est vrai qu'on en prétend autant à Saint-Jean-de-Latran et ailleurs. Mais cette baguette qui abreuvait un peuple entier, a bien pu s'arroser elle-même, et pousser des rejetons qui expliqueraient la chose et satisferaient tout le monde.

Quant à l'extérieur, les merveilles sont partout. On porte à onze mille les statues, tant grandes que petites, qui le décorent. Ce nombre est-il à la façon de celui des chambres du Vatican? Je l'ignore; mais je puis dire que, quand on parcourt les combles, le regard se perd dans une multitude infinie de statues et d'aiguilles gothiques; c'est un sol de marbre, une forêt de marbre, un peuple de marbre.

La plus haute des aiguilles s'élève à trente-trois mètres au-dessus du comble, qui lui-même en a septante-trois de haut. On parvient à la lanterne par un escalier merveilleux de légèreté, de hardiesse; pivotant sur son noyau sans aucun appui extérieur, il suspend dans l'air sa vis de marbre transparent comme l'albâtre. Quand on y monte, on craindrait, si la crainte pouvait s'allier à l'admiration.

Et là, quand enfin le regard peut se détacher du spectacle multiple qui l'environne, avec quel ravissement il plonge dans le beau ciel, dans le vaste horizon de la Lombardie! Là cent lieux célèbres jalonnent l'espace, comme les faits qui les ont illustrés, jalonnent le cours invisible du temps. A l'Orient, ce sont les champs d'Arcole, les rives de l'Adige où, sur les traces des légions romaines, nos phalanges républicaines animées par l'enthousiasme de la liberté et de la gloire, d'une main comprimaient la rébellion des populations que les intrigues de l'ennemi et les malheurs de la guerre armaient contre elles, et de l'autre, combattaient cet ennemi qui semblait renaître à chaque désastre. Affaiblies par les fatigues et les combats, minées par la misère et la famine, elles relevaient au sein de tant de souffrances, le front auguste de l'héroïsme; anéantissaient en dix mois, cinq armées commandées par les plus habiles généraux, et leur enlevaient cent-dix drapeaux, dont elles voilaient les plaies de la France! Au Sud, d'autres gloires, les mêmes gloires veillent dans les échos de Marignan, de Lodi, de Pavie, de Marengo. A l'Ouest et au Nord, brillent les sommets glacés des Alpes, qui ont frémi sous les pas de nos héros. Le vent y a soufflé; et leurs traces glorieuses sont perdues! Quelques années, quelques flots du temps, et le silence, le désert règne sur leurs tombes; et l'ennemi que tant de fois ils ont renversé, foule en paix la terre qu'ils ont conquise; la terre où ils sont ensevelis; la terre où il ne reste d'eux que leurs lauriers!

De ce théâtre, peut-être le plus grand du monde, je descends à un théâtre bien petit, quoique lui aussi, soit un des plus grands; je vais à la Scala, voir, entendre l'opéra de Joseph. Rubini, qui en remplit le rôle principal, y a attiré une foule compacte; la scène est brillante ; la musique est digne des chants ; mais la salle peu éclairée, est de plus attristée par l'aspect des loges grillées en forme de geôles, qui privent le spectacle de son principal ornement.

Un beau soleil m'appelle de bonne heure à la Villa-Réale, qui possède un délicieux jardin du genre pittoresque, arrosé de belles eaux ; puis, je vais au musée de Brera, visiter sa riche galerie de l'école Lombarde et Vénitienne ; et à côté des œuvres des Luino, des Vinci, des Veronèse, des Titien, admirer encore, un Sposalizio de Raphaël ; l'Agar répudiée, du Guerchin ; l'Adultère, de Caracci ; la Danse des amours, de l'Albano ; la Samaritaine, du Dominiquin. A cette galerie de tableaux, est jointe celle des statues dans laquelle, outre les plâtres des prinpales œuvres antiques et modernes, sont des marbres de Marchesi, de Thorwaldsen, de Canova. Dans ce palais aussi, on joint les préceptes aux modèles ; des professeurs distingués y enseignent les beaux-arts ; d'autres y enseignent les sciences. Ils y ont un observatoire qui passe pour un des plus beaux et mieux fournis qui existent. Il peut prétendre du moins que placé au sein de cette immense et riche plaine du Pô, il offre aux observations, le plus beau, le plus vaste champ, et cela, sous un des ciels les plus limpides.

Musées, bibliothèques vont de pair. Allons à la bibliothèque Ambroisienne. Là comme dans toute autre catacombe de la science, règne la solennité du silence voilé par d'épais rideaux qui semblent dire : Que faire ici de l'éclat du soleil, puisque toutes les lumières y sont réunies ? Là sont force livres et manuscrits, dont le cuir noir comme celui de leurs sœurs les momies égyptiennes, a comme elles, le parfum cadavérique des siècles passés, parfum tant goûté des savants antiquaires. Mais toutes ces choses ont peu d'attraits pour des touristes passagers, qui ont à peine le temps d'en humer la poussière, et de voir qu'ils ne voient ni lumière ni soleil. Aussi, l'un d'eux que je rencontrais là, disait-il plaisamment, que tous ces livres avaient l'air d'être reliés en chagrin.

Il en est un cependant, qu'on ne voit pas sans un vif intérêt ; c'est un Virgile annoté par Pétrarque, qui y a inséré, à l'honneur de Laure, quelques lignes d'amour inspirées par le feu, écrites avec des larmes. Là encore, sont des lettres dont le nom veut dire aussi amour, mais en même temps, poignard, passion et sang ; ce sont les lettres de Lucrèce Borgia au cardinal Bembo. Une de ces lettres renferme une mèche de cheveux adressée à ce sacrilège amant. Combien de fois ces cheveux auront frémi d'ardeur et de fureur !

Milan a contenu près de deux cents couvents, plus de deux

cents églises, il en conserve encore au moins moitié. L'église de St-Sébastien est justement renommée pour la quantité de pierres précieuses qui décorent son grand autel. Comment tant de richesses ont-elles pu échapper à tant de désastres? Ou plutôt, comment la ferveur religieuse a-t-elle pu les renouveler tant de fois? — St-Laurent est remarquable par la singularité de sa construction intérieure; c'est un octogone dont quatre pans sont concaves et garnis de deux rangs de colonnes superposées, tandis que les quatre autres sont rectilignes, et garnis d'un seul rang de colonnes de hauteur double. Il y a ainsi, à la fois, variété et simétrie, mais sans grandeur. — Ste-Marie à Celso, est une petite merveille d'architecture, de peinture, de sculpture, à laquelle ont contribué les génies du Bramante, de Fontana, d'Appiani, de Bordone, et plusieurs autres de leurs émules. — St-Eustorge le cède à Sainte-Marie, pour l'architecture et les ornements; mais il possède une relique qui ne le cède à aucune autre; c'est le tombeau où étaient les Trois Rois, avant qu'on les transportât à Cologne. Si les Rois étaient saints, leurs cendres l'étaient aussi; donc elles sont à Cologne; donc elles ont été dans le tombeau qu'on montre à St-Eustorge; donc il est bien vrai que sa seule odeur guérit les malades qui s'en approchent. — Enfin, St-Ambroise résume à elle seule, toutes les gloires artistiques, historiques, religieuses de Milan : Luino, Gaudence, Ferrari, Bramante, y ont fourni la première part; pour la seconde, l'histoire raconte que St-Ambroise l'a consacrée, y a officié; que c'est sur son parvis que l'homme du peuple et de Dieu se dressa devant Théodose-le-Grand, et lui interdit de passer outre, tant qu'il n'aurait pas expié sa cruauté envers ses sujets; elle dit encore que c'est là que les empereurs d'Occident recevaient d'un humble prêtre, la couronne de fer; cette couronne que le fils du peuple, Napoléon, posa orgueilleusement sur sa tête, en disant : « Malheur à qui y touche ! » sans songer que, en disant cela, il la touchait lui-même, et prononçait ainsi un anathème que l'histoire aussi n'a que trop justifié. Quant à la renommée religieuse, c'est dans cette église que saint Ambroise fonda le rite ambroisien; c'est là qu'on conserve ses reliques. C'est là aussi qu'on voit sur un style, un serpent d'airain apporté on ne sait d'où, par conséquent, venu de lui-même depuis le fond du désert où Moïse l'a nourri. Ce soin de le nourrir était du reste aussi facile que difficile, car une fois introduits dans un tel étui, les aliments devaient y tenir longtemps. C'est tellement vrai, qu'on ne sait encore s'il est mort ou s'il est en vie.

Sous la double invocation, de l'homme saint, et du saint serpent, on a pieusement converti en caserne, un couvent voisin, tandis qu'un autre devenait un hôpital militaire.

Cette caserne se trouve sur les confins de la partie habitée de Milan, et d'un vaste champ ouvert, au milieu duquel l'antique citadelle dresse ses tours, ses murs, à l'air sombre, à l'air de prison.

Du côté de la ville, les remparts et les glacis nivelés ont fait place à une promenade, ou plutôt une pelouse qui, tout en contribuant à l'agrément et à la salubrité des quartiers voisins, ménage la défense de la forteresse, en démasquant ses abords. De l'autre côté, l'espace plus étendu forme un vaste champ de Mars entouré d'une double ligne d'arbres. A droite, on voit s'élever un cirque construit par Napoléon, à l'instar, presque à l'égal des anciens: Long de 238 mètres, large de 119, on prétend qu'il peut contenir sur ses dix anneaux de degrés, 50,000 spectateurs. Ceci me semble furieusement exagéré. C'est du reste un peu comme ailleurs. Comptons en au plus 10,000, et admirons même dans ces dimensions réduites, le génie qui en si peu de temps, et en tant de lieux, a pu faire de si grandes choses.

Ce champ de mars avait reçu à juste titre, le nom de Forum Napoléon. Le cirque en effet, n'était pas le seul ouvrage dont le conquérant voulait l'orner : A l'extrémité, en face de la citadelle, il bâtissait un arc-de-triomphe aussi noble, aussi beau, plus grand que ceux de Rome ; c'était là que devait aboutir, comme à un couronnement, sa grande œuvre de la route du Simplon. L'arc n'était pas achevé, quand celui à qui il était dédié, tomba. L'Autrichien le continue ; mais ses bras semblent fléchir à la tâche ; l'inspiration créatrice est perdue.

Cette inspiration devait enfanter des prodiges ; elle devait bâtir un palais à la place de la citadelle ; de là elle devait ouvrir à travers des quartiers tortueux, une rue somptueuse menant à la cathédrale. Route du Cenis et du Simplon, arc-de-triomphe, forum, colysée, palais et splendide perspective du dôme, voilà ce que avait conçu le génie ; ce qui a péri avec lui.

De Milan à Sesto, le pays est aussi aride et monotone, qu'il sera ensuite varié, intéressant. Je marche sous l'impression des souvenirs qui me suivent ; à la voix de ceux qui m'appellent vers la Suisse, vers la France. Déjà la nuit s'abaisse, quand un voiturin m'invite à prendre place dans son *ritorno* ; il sera demain dès le lever du jour à Sesto.

Et en effet j'y vois le jour pénétrer de ses premiers traits ; les brumes argentées qui flottent à la surface du lac. Déjà des barques arrivent ; d'autres partent ; et, mon passeport visé, je me berce au mouvement cadencé des rames. Le lac est calme, limpide ; c'est un miroir digne de son cadre ; et ce cadre, c'est à droite, le promontoire verdoyant, escarpé d'Angera appuyé sur ses rochers et ses bastions ; à gauche, c'est Arona avec sa couronne de monts, de vignes et de forêts, avec son port, son quai, ses maisons blanches, et sa statue colossale de St-Charles-Borromée. Cette statue de bronze, haute de vingt-deux mètres, surmontant un piédestal de granit haut de quinze, s'élève majestueusement au-dessus des rives qui furent le berceau de ce bienfaiteur de l'humanité. Elle est le témoignage solennel, comme elle fut l'hommage touchant, de la reconnaissance des peuples qu'il avait secourus. Recueillons ces sentiments qui s'harmonisent si bien avec les grands souvenirs qui s'y rattachent, les belles et douces scènes qui l'entourent. N'entendons pas le cicérone qui m'appelle, qui me poursuit, pour m'offrir de me montrer « L'ineterneu di sta statoue qué si peut monetar la scalière qué a ine la jamba et qué la mervilia si est que si peut s'asseoir ine l'ineterneu di son nase. » En effet, il n'est pas un livre; il n'est pas un guide qui, parlant de cette statue, ne cite comme ce qu'elle a de plus remarquable, cette faculté qui est offerte à tout curieux ou curieuse, de poser dans son nez, ce que, même en créant les animaux les plus immondes, la sage et modeste nature en a le plus écarté. Combiens et combiennes, (style cicérone) ont mis la chose à l'épreuve, où l'épreuve à la chose, sans songer au ridicule, pour ne pas dire mieux ou pire, de cette salutation, que certes le Saint ne doit pas prendre en odeur de sainteté.

A partir d'Arona, c'est la nouvelle route, la grande route du Simplon, qui conduit le long du lac. Large, unie, bordée d'une galerie continue de bornes de marbre blanc, elle couronne la rive en suivant et brodant tous ses contours.

Bientot le lac double de largeur, et, quand on arrive à la pointe si bien nommée de Belgirate, Beaux Tours, on le voit se partager en deux bras puissants, pour embrasser la base du Monte Rosso, fils des Alpes, qui abrite là, de son épais manteau, les rives fleuries d'Intra, Palanza, Bleno et leurs îles, les îles Borromées, corbeilles de fleurs et de fruits, divinement posées au sein du miroir qui doit en redire éternellement le printems éternel.

Le bras de gauche, riche de ces bijoux de la terre et de l'eau, en rapproche amoureusement ses bords; il s'étend peu à l'Ouest. Mais celui de droite, paré de plus fières beautés, aux formes hardies et grandioses, se lance dans un lointain de dix lieues, à travers les sombres rideaux du Canobbio, du Canero, à l'Ouest, et ceux du Camboroggio à l'Est; rideaux entre-croisés, de deux mille mètres de haut.

Tels sont les tableaux qui occupent, qui appellent la vue et les pas, de Belgirate à Stresa. Là des barques attendent les voyageurs, pour les mener aux îles. Ma nuit sans sommeil, et quatre heures de marche ont préparé pour moi, les délices du repos, dans le trajet auquel un beau ciel, et mon dernier soleil d'Italie joignent toute la féerie des jeux de l'ombre et de la lumière.

Les îles sont au nombre de trois, rapprochées, peut-être un peu trop, de la rive du Nord. L'une, l'île des Pêcheurs, est occupée, presque entièrement couverte par un groupe de simples, même pauvres habitations, autour desquelles des barques, des filets, expliquent à la fois la pauvreté et le nom du lieu. L'autre, la plus grande, a reçu, à ce titre, le nom d'Isola Madre. Au haut de sept terrasses couvertes de bosquets de lauriers, d'orangers, de cyprès, que aucun souffle de l'hiver ne vient jamais flétrir, elle porte un palais qui a de la majesté, mais peu de pittoresque. Enfin, la fille favorite du lac, l'Isola Bella, a été tellement ornée, transformée par l'art et le luxe, que, comme tant d'autres enfants-gâtés de la richesse, elle a perdu toute grâce naturelle. Là, dix terrasses voûtées s'élèvent d'étage en étage, à quarante mètres de hauteur, pour aboutir à une plate-forme de treize mètres carrés. L'ensemble de l'île a ainsi une forme pyramidale, raide et lourde, dans laquelle se confondent et s'effacent les formes et les feuillages variés des grenadiers, des cèdres, des oliviers, des myrthes, des citronniers, des orangers, et de cent autres plantes méridionales qui y entrelacent leurs branchages chargés de fleurs et de fruits. Sur la plate-forme, est un Pégase assez lourd pour avoir besoin de se reposer depuis longtemps, et se reposer longtemps encore, de l'effort qu'il a dû faire pour y voler. Disons-le, la beauté de l'Isola Bella est au dehors, dans les tableaux, les perspectives que, de son sommet, on découvre tout à l'entour sur le lac, ses rives, ses villas, ses couvents, ses villes, ses montagnes, ses vallées, et l'immense amphithéâtre des Alpes qui déroule au-dessus, les cimes, les chaînons éblouissants de ses glaciers. Cette île aussi a son palais qui semble sortir des eaux, à la rive de l'Ouest. Les appartements supérieurs contiennent des œuvres distinguées du Jourdan, du Titien, de Lebrun ; mais, ce qu'il a de plus remarquable, ce sont les salles du rez-de-chaussée, dites *Sale terrene*, construites en forme de grottes, et pour plus d'illusion, entièrement revêtues d'une mosaïque grise qui y prête une teinte toute locale. De belles statues de marbre blanc en reçoivent un vif relief ; une fontaine y répand son murmure et sa fraîcheur.

Une lieue encor sur le lac ; et ma barque me porte à Fariolo, à l'entrée de la vallée profonde où pénètre la route.

Pendant la nuit, le beau temps a fait place à la tempête ; le vent du nord-ouest bondissant par-dessus les Alpes, pousse devant lui des masses de nuages. A peine suis-je en route, qu'une pluie glacée tombe à flots ; elle tombera tout le jour.

Le sombre du ciel, le sévère des montagnes forment avec les riants tableaux de la veille, un contraste qui a de la grandeur. Les torrents gonflés mugissent de tous côtés ; ils s'élancent, ils tombent en cascades ; la Toccia inonde la vallée ; elle y roule des bancs de grève et de fragmens de rochers. Deux ponts à péage la traversent, ponts fragiles, destinés à être emportés et rétablis tous les ans, puisque dans ces lieux désolés, l'art humain ne peut pas mettre de bornes à la dévastation.

Tant de mouvement et de bruit, tant de grandeur m'excitent à la marche, malgré la pluie qui me baigne. Enfin, quand j'atteins Domo d'Ossola, bourg où la nouvelle route a stimulé d'une manière bien remarquable la vie industrielle et commerciale, je vois le soleil percer les nuages, les repousser derrière les montagnes, et verser sa douce lumière, sa bienfaisante chaleur, dans ces lieux tout à l'heure si froids, si sombres. Il reste encor une heure à ce beau soir ; j'irai coucher à Crevola.

Dans ce court trajet, que de belles choses à observer. Car Domo d'Ossola occupe un délicieux et riche vallon, large d'une lieue, long de deux à trois, où se réunissent les quatre vallées d'Antigorio, de Vedro, de Bugnanca, de Molesco, dont les perspectives se terminent aux sommets du Mont-Gries, du Simplon et du Moro.

Domo d'Ossola, la demeure des os! D'où vient donc un nom si funèbre à un si beau lieu ? Plusieurs prétendent que c'est là que Marius vainquit pour la seconde fois, les Cimbres et les Teutons. Cette opinion est contestée. Cependant, le lieu semble très propre à arrêter une invasion débouchant de quelqu'une des vallées qui y aboutissent. Il est donc très probable que, sinon Marius et les Teutons, d'autres y ont combattu assez et trop pour justifier ce nom d'Ossola. C'était du reste une route de guerre ; deux pierres milliaires qu'on y a trouvées, portaient chacune l'inscription : *hâc iter Cœsaris.*

Crevola est à l'entrée de la gorge sauvage de Vedro, que remonte la route du Simplon. Là commencent les difficultés, les grands travaux : De cette gorge, sort un torrent fougueux, le Vedrio qui roule au fond d'un ravin de plus de cent mètres ; on voit encore l'ancien chemin qui y descendait en serpentant, pour remonter plus péniblement de l'autre côté. La nouvelle route franchit le ravin sur un pont d'une construction hardie, soutenu en son milieu, par une pile haute de 50 mètres. Sur ce pont, j'attendis les derniers rayons du jour, ne pouvant me lasser d'admirer le contraste que formaient, d'une part, les fracas et les déchiremens du Vedrio ; de l'autre, la riante vallée d'Ossola et sa couronne solennelle de glaciers.

A Crevola, je m'endors au bruit du torrent, du vent et de la pluie qui, pendant toute la nuit, menacent d'un fâcheux lendemain.

Cependant ce lendemain sera beau. Au lever du jour, un vif vent d'Est refoule les nuages au-delà des monts ; et le soleil étincelle sur les neiges qui, depuis hier, ont tapissé leurs flancs. Il y a bonheur pour moi dans ce beau jour ; car combien de grandes choses il va me montrer, pendant la montée de six lieues qui porte au sommet du Simplon.

La route taillée dans le marbre, bâtie, ferrée de marbre, bordée dans toute sa longueur, de bornes de marbre, s'élève par une pente douce, mais continue, au-dessus du Vedrio, toujours plus fougueux, toujours plus mugissant. Les pluies de la nuit ont amassé des eaux sur les montagnes ; les neiges qui fondent y joignent de nouveaux torrents. Ces eaux bondissent de toute part sur les rochers, et y multiplient sous toutes les formes, de magnifiques cascades : l'une s'élance d'un seul bond, sur sa base qu'elle ébranle ; l'autre se rompt en plusieurs sauts, et se résoud en poussière ; une autre glisse le long des parois obliques qu'elle couvre d'écume ; toutes sont belles ; leur ensemble est admirable.

Dans cette gorge étroite, profonde, entre des roches verticales de mille mètres de haut, la route taillée en corniche est sans cesse entre deux abîmes ; l'un qui la domine et la menace de ses ruines ; l'autre qui est béant au-dessous, toujours prêt à l'engloutir, et à la livrer aux fureurs du torrent qui déchire ses fondements. Quelquefois même les pentes deviennent tellement escarpées, que la route n'y trouve plus d'appui. Il faut alors qu'elle aille en chercher à l'autre flanc ; des ponts franchissent hardiment le gouffre. En un point, cependant, on voit des deux côtés, se dresser des rochers également hauts, également droits ; on ne pouvait surmonter l'obstacle..... on l'a percé, et la route y pénètre, le traverse par une galerie haute et large, longue de 80 mètres, entièrement taillée dans le roc vif.

Le mauvais tems de la veille ayant suspendu la circulation du commerce et des voyageurs, je traverse seul ce val de Vedro ; je suis seul, tout à moi et à lui, pour en contempler, pour en ressentir les sublimes horreurs, les sublimes beautés. Outre les travaux de la route, les seules traces que l'homme ait laissées de son passage en ces lieux si sévères, si menaçants, ce sont les croix qui, de distance en distance, marquent les places où ont péri des voyageurs engloutis par les avalanches, ou écrasés par des éboulemens de rochers. Après ces deux lieues, l'espace s'élargit un peu. Quelques pâturages y alimentent un groupe de chétives habitations sous le nom de Divedro. Des chalets isolés sont déjà entourés de neiges qui ne les quitteront que dans huit ou neuf mois.

Bientôt l'enceinte se referme, et, de nouveau, la route pénètre entre des rochers plus hauts, plus droits, dans une gorge plus profonde, plus étroite que la première; c'est la gorge dite de Yéselles, à cause des rampes escarpées, des échelles qu'on était obligé d'y gravir autrefois. Là se multiplient pour la nouvelle route, les tranchées en corniche, les remblais, les murs d'appui, les ponts; là, plus que jamais, le torrent écume et brise; les cascades bondissent et plongent; tout est enveloppé d'ombres et de vapeurs humides et froides.

Un autre petit groupe de maisons, Isella, est à la sortie de Yéselles; c'est aussi la sortie du Piémont. Et ce n'est pas sans surprise que, au sein de cette nature encor si près de son chaos, on trouve, quoi?.... un bureau de douane, ce symbole mystifiant de la perfection sociale et de la protection du commerce.

Un autre groupe d'habitations, sous le nom de San-Marco, est le dernier qui appartienne à l'Italie; dont la frontière est marquée à quelques pas de là, par une petite chapelle.

Puis, au détour d'un rocher, on voit s'élever une tour carrée, haute de sept étages. C'est la tour de Gondo, bâtie autrefois par les seigneurs Valaisans, pour garder le passage. Mais aujourd'hui que nos armées ont montré que pour elles, il y a des passages partout, et qu'on ne peut les garder nulle part, elle sert de magasin et greniers à une auberge qui est à côté. C'était une belle place cependant, pour y mettre douaniers et agens de police. Plaignons donc le peuple, plaignons le commerce aux quels on refuse de tels protecteurs.

L'espace qui s'est un peu élargi se resserre de nouveau; les rochers se redressent, s'avancent et se croisent; là encor, il a fallu les percer; on les traverse par une galerie longue de 200 mètres. Deux ouvertures latérales éclairent ce passage souterrain et en même tems y lancent les poussières d'eau, les tonnerres du torrent qui se brise à côté.

Quand on ressort à l'air, à la lumière, la vue est agréablement surprise par l'aspect de la magnifique cascade du Frissinone qui, d'un sommet élevé, déroule majestueusement sa vaste nappe d'argent.

C'est aussi dans ce lieu, où l'art a conquis son plus grand triomphe, que l'on voit gravé sur le rocher, ce simple appel qu'il fait à la postérité : ÆRE ITALIANO, 1805.

De là, plusieurs ponts, une autre galerie de 80 mètres, mènent au village Alpestre de Gsteig, d'où en une demi-heure, et

par des lieux plus ouverts, moins tourmentés, j'atteins les
quinze ou vingt maisons qui portent le nom de Simplon. C'est
dimanche, il est une heure après midi; les rares habitans de
cette région glaciale sont groupés devant un rocher, où ils recueillent les rayons d'adieu que le soleil leur envoie à la veille
de leur long hiver.

Une bonne auberge offre au sein de ce désert, un confortable
que souvent on chercherait en vain dans la plaine. C'est le cas
de me rappeler que je viens de monter six lieues, sans autre
lest qu'un déjeuner de châtaignes à Rivedro. Je trouve déjà at-
tablés, quatre voyageurs qui vont en poste chercher les délices de
Naples. Lacs, fleuves et montagnes les occupent peu. Ils ont des
amis à Naples; ils auront des sociétés, des festins, des bals, des
spectacles, des femmes charmantes, des conquêtes et des victoires. On s'admire, on triomphe d'avance. Ce n'est qu'au moment de partir, que l'un d'eux s'avise à dire : Mais, à propos,
puisque nous sommes sur cet Olympe neigeux du Simplon,
voyons donc ce qu'en dit notre guide. Et tirant de sa poche un
petit livre dont les feuillets ne sont pas encore ouverts, il se met
à chercher, couper, fouiller; puis il s'écrie : Ah! par Dieu,
voilà qui est fort! Je trouve bien Saint-Gothard, Saint-Bernard,
mais de Saint-Plomb, pas plus que de Saint-Cuivre! — Mon
cher, répond d'un air grave un des trois autres, ne sais-tu pas
qu'il y a de l'aristocratie au ciel comme sur la terre; qu'il y a
de grands-Saints dont on parle beaucoup, et qui ont des pouvoirs, des honneurs en proportion de leur rang; tandis qu'il y
en a une foule d'autres dont on ne parle pas, et qui sont trop
heureux quand ils obtiennent une petite chapelle dans quelque
trou de montagne comme celui-ci, où ils perchent parmi les
chouettes et les marmottes? Du reste, rien de plus juste, ajouta-
t-il en caressant complaisamment ses moustaches et sa barbiche;
l'homme est l'image de Dieu; ainsi la terre est l'image du ciel;
donc, mon cher, pas plus de ciel que de terre sans aristocratie,
et, par conséquent, sans de petites gens, sans de petits Saints.
Voilà l'histoire de ton Saint-Plomb. Buvons, si tu veux, un verre
à sa santé, et partons; car nous avons là-bas nos divinités qui
nous attendent.—Et on but, et on s'en alla, charmés d'avoir remis le livre en poche, d'avoir remis Saint-Plomb sur son autel,
et encore plus de l'y laisser.

Pour moi, tout édifié par ces révélations sur les aristocrates
et les menus du ciel, je me remets en route pour aller coucher
à l'hospice. Car le Simplon a son hospice comme le Saint-Bernard, dont il est une succursale ou annexe. Tenu par les mêmes
religieux, cet hospice m'offrira la même hospitalité, et je tiens à
voir la réalité de tant de choses merveilleuses qu'on en dit.

Le village est à 1,500 mètres de hauteur; l'hospice est à 2,000. Une heure de marche y mène à travers une contrée ouverte, mais occupée en grande partie par des marais, des tourbières et des broussailles. L'aspect est rigide. J'en suis plus impatient de me réchauffer au foyer hospitalier. Enfin je suis à la porte; mais.... personne. J'entre; j'appelle:... personne. J'entends causer et rire dans une salle du rez-de-chaussée; j'y vais; ce sont trois garçons domestiques de l'hospice, qui jouent aux cartes; ils continuent sans se soucier de moi. J'attends; rien, ni personne. Comment cela?—Peut-être me trompé-je; mais voici comme je l'explique, et comme du reste, cela m'a été confirmé par gens de réalité et d'épreuves. Quand je me suis présenté à l'hospice, la saison et l'heure n'étaient plus celles de la curiosité et de ses honoraires qui sont honorés là comme partout; de plus, mon costume voyageur frotté aux cordages de la Louise, au soleil et à la poussière de la Provence, de la Romagne et de Naples, frotté aussi à la pluie, au vent de l'Apennin, montrait rudement sa corde qui n'était pas des plus fines. Donc, aux yeux de ces gens de l'hospitalité, je n'étais qu'un pauvre diable qui venait la leur demander. Or là, pas plus que ailleurs, on ne se presse pour les pauvres diables. — Je maugrée tout cela, en attendant qu'on s'aperçoive que j'attends. Mais, rien. On continue de jouer. C'en est assez; c'en est trop; je pars résolu de marcher toute la nuit, plutôt que de subir une hospitalité si inhospitalière. Et domestiques et religieux ont encore à me dire de rester.

Le jour baissait alors et me réservait un des plus beaux, un des plus imposans spectacles que j'aie vus de ma vie. Près de moi, tout autour de moi, s'élevaient d'immenses glaciers; des brumes légères réfractant les rayons obliques du soleil, s'imprégnaient de toutes les couleurs de l'iris, et lançaient sur ces monts de glaces, mille reflets diaprés, qui de là, replongeaient dans les ombres des précipices et des vallées. Cette enceinte entr'ouverte au nord et au sud, laissait voir à travers le voile d'un lointain nébuleux et brillant, les formes et les teintes vaporeuses des glaciers de l'Oberland Bernois et ceux du Fletsch-horn. Pour agrandir encore ce spectacle immense, il y régnait partout une immobilité, un silence aussi vaste, aussi solennel que lui.

Oh! je bénis mes religieux, de ne m'avoir pas retenu entre leurs quatre murs.

A ce col de la nouvelle route, les fondations sont jetées pour un nouvel hospice, qui sera digne d'elle par son étendue et son architecture. Mais depuis de longues années, ces fondations attendent en vain l'édifice qui doit les surmonter. On doit, dit-on, en reprendre incessamment la construction.

Dès ce point, commence la descente à l'autre pente.

A peine j'y ai marché vingt minutes, que je traverse une galerie de 50 mètres, au-delà de laquelle quatre cascades tombent du glacier du Kaltwasser. Je vois leur blanche écume à travers la nuit déjà épaisse; j'entends leur bruissement à travers le silence; quatre ponts franchissent leurs torrens; une autre galerie perce un autre rocher et, à un kilomètre plus bas, une maison de refuge m'abrite pour la nuit. J'y trouve des gens rudes, mais bons, qui me donnent pour souper du pain et des œufs; pour coucher, une caisse remplie de bruyères sèches où je trouve un sommeil trop profond pour en sentir la volupté.

La descente aura moins d'intérêt que n'en avait la montée. Ce sera un tracé habile, appuyé à des pentes rapides par d'immenses travaux de terrassemens. Il y aura encore des ponts, des précipices où les avalanches multiplient les dangers en hiver; mais les rochers de schistes ou d'ardoise que l'on côtoie, sont loin d'avoir les formes âpres, élancées, menaçantes; des marbres, des granits de Yéselles et de Divedro; ils n'ont opposé à la route, qu'un seul bloc que perce une galerie de dix mètres. Ces longues pentes du nord étant, comme je l'ai dit, exposées à de terribles avalanches, on a construit à proximité des endroits les plus périlleux, des Maisons de refuge où vivent des cantonniers chargés de porter secours et de donner asyle aux voyageurs surpris ou menacés par la tourmente.

La marche est facile sur cette route dont la pente n'est nulle part au delà de 1|25. Je la suis sans m'arrêter, jusqu'à Glüs où un beau pont couvert franchit le torrent du Simplon qui, sous le nom bien mérité de Saltine, va se jeter près de là dans le Rhône.

A Glüs, je retrouve les pas de mon voyage en Suisse de l'année dernière. J'y retrouve mes anciens hôtes qui me reconnaissent, et m'accueillent presque comme un compatriote, comme un ami. Je n'ai pas besoin de dire le charme de cette reconnaissance.

L'âme s'épanche, l'imagination se repose dans ces lieux connus. J'y retrouve aussi, je reconnais mes vallons, mes rochers, mes cascades; j'y retrouve les ruines de la muraille qui autrefois fermait la vallée; et puis Vièche et son pont, et sa rivière, aussi grande que le Rhône qui, comme tant d'autres illustrations, ne la supplante, que parce qu'il vient de plus haut et de plus loin. Du haut du pont, en suivant de l'œil ce cours puissant, violent, une fois encore je contemple, j'admire au fond, au-dessus de sa vallée, le rival du Mont-Blanc, le Mont Rosa, cette rose blanche, au calice d'une lieue, chaste et pur hommage que la terre élève éternellement vers le ciel, sur sa tige de cinq mille mètres.

De là à Susten, sur une longueur de quatre lieues, une belle chaussée neuve, mais qui a la monotonie de la ligne droite, me laisse tout loisir de caser dans ma mémoire, les images des tableaux que depuis deux jours, j'ai vus se succéder dans une si riche profusion.

A Susten, l'aspect pittoresque de Leûk sur son pallier élevé, flanqué de ses deux vieux châteaux, m'appelle à la rive droite du Rhône. Il est nuit quand j'arrive à l'auberge où un bon accueil, un bon souper et un bon lit me font oublier la fatigue du jour, et me préparent pour celle du lendemain.

Et le lendemain, ce repos ne sera pas de trop; car j'aurai quatre lieues à marcher, et plus de mille mètres à monter avant d'atteindre les bains et mon déjeuner. Il est vrai, le chemin de montagne qui y mène est des plus variés. Remontant le ravin escarpé de la Dala, vraie sœur de la Saltine et du Védrio, outre l'alternative des prés et des forêts que l'on traverse, on a de chaque côté, quelquefois au dessus de soi, les scènes les plus hardies de rochers : A gauche, c'est, à une grande hauteur, le chemin en corniche qui va de Sierre et Salges aux Bains ; à droite, plus haut encore, c'est le village d'Albinen et ses rochers, et son chemin d'échelles.

Les bains eux-mêmes, quoique à une hauteur de 1,600 mètres, occupent le fond de ce que, si le rapport des dimensions le permettait, on devrait appeler un bouge, tant les rochers qui les environnent, sont droits, nus, hérissés, compacts. Ce fond a de l'étendue ; de beaux pâturages y alimentent des métairies ; mais, de toutes parts, excepté la gorge par où on arrive, se dresse un mur de Titans, un mur de mille mètres.

Depuis plus d'un mois, les bains sont déserts. Mais les baigneurs ont laissé derrière eux, ce qui, pour moi, est bien plus essentiel, l'auberge et partie de leurs provisions. Je m'y attaque en raison du chemin que j'ai fait, et de celui qui me reste à faire ; et je me mets à monter la rampe. C'est un lacet qui se replie vingt fois sur lui-même, pour s'accoler à ces parois verticales, où il est tellement incrusté que, nulle part, soit du haut, soit du bas, on n'en aperçoit la trace ni la direction. Sentier de moins d'un mètre de large, continuellement, des rochers le surplombent ; continuellement il surplombe lui-même des précipices. Cependant le sol en est ferme et uni, la pente est peu roide; il n'offre donc point de dangers pour les personnes qui ne sont pas sujettes aux vertiges ; mais il faut être sûr de sa tête pour pouvoir y compter sur ses pieds.

Sur le sommet, je trouvai une difficulté qui faillit m'embarrasser davantage : Il était couvert de neige nouvelle ; de sorte que la trace du sentier étant perdue, la marche y était très-pénible à cause des blocs, des pierrailles où mes pieds buttaient, glissaient sans pouvoir les éviter. J'avais bien, il est vrai, pour me guider, les hautes perches que, selon l'usage dans les grandes Alpes, on avait déjà plantées de distance en distance, pour jalonner le chemin d'hiver ; mais ce chemin ne suivant pas celui d'été, si le danger était évité, la difficulté ne l'était pas. Cette plaine de neige surmontée de pics déchirés et nus, à travers lesquels l'œil se perdait sur d'immenses glaciers qui de toute part fermaient l'horison ; au-dessus de cet horison, un ciel sans azur, un ciel noir comme la nuit ; sur ce vaste linceuil, à travers cette nuit, un soleil étincelant mais froid ; la solitude, le silence, tout s'harmonisait en une inspiration imposante, solennelle, qui eût causé de l'effroi si elle n'eût été si grande.

A cette hauteur, au milieu de ces neiges, un espace d'environ une demi lieue conserve une teinte terne, presque noire, c'est un lac. Déjà ses bords se couvrent des glaces sous lesquelles il restera enseveli durant neuf mois. Là aussi est une maison, une auberge. Mais occupée seulement pendant la belle saison, déjà elle est abandonnée ; déjà elle est entourée des neiges où bientôt elle sera ensevelie.

Pendant deux lieues, le même plan un peu incliné au nord, suit la base des rochers du Rinderhorn qui l'ont hérissé de leurs débris. L'un d'eux s'y est entièrement écroulé il y a une trentaine d'années ; le sol est jonché, surmonté de ruines.

Enfin la descente commence, d'abord dans une gorge étroite entre des rochers, où je retrouve les premiers vestiges de végétation ; puis, par une pente rapide d'environ une demi-heure, j'atteins le haut de la vallée de la Kander, et un quart d'heure de marche m'amène à Kandersteg, but de ma journée.

L'auberge ne le cède en rien à celle de Leük ; elle me réserve de plus une surprise bien agréable : Vis-à-vis la chambre où je couche, au fond d'une sombre vallée, et au-dessus des glaciers qui l'enclosent, s'élève dans toute la majesté, dans tout l'éclat de sa robe et de sa couronne nuptiale, la Jungfrau, la Fiancée, la Vierge des montagnes, qui elle aussi porte éternellement vers le ciel, son front virginal, symbole de candeur inaltérable. Le ciel était calme, pur, sans souffle, sans vapeur, sans nuage ; la lune dans son plein éclairait cette scène sublime !

Pays prodigieux que cette contrée des Alpes : Il y a trois jours, à leur pied, au sud, j'étais entouré des fleurs, des fruits, des plantes du tropique ; depuis deux jours, à leurs flancs, sur leur tête, je suis entouré de neiges et de glaces profondes, éternelles comme celles du pôle. Hier je montais, je descendais à travers une nature morte, déchirée, des rampes qui semblaient se refuser au pas de l'homme. Aujourd'hui un chemin qui serpente à l'ombre de noyers, dans de gras pâturages, me conduit à travers les plus rians tableaux, vers la riche plaine de Frütihgen.

Je fais trois lieues dans ce jardin que viennent encore embellir les ruines de deux antiques châteaux, et au-delà de la Kander, alors paisible autant que pure, au confluent de sa vallée avec celle d'Adel-Boden, je vais trouver le bourg de Frütingen, le riche entrepôt de leurs produits.... Mais non, ce village, le plus beau des beaux villages de Berne n'est plus ! Il y a deux mois, un incendie l'a détruit; ses maisons laissent à peine assez de vestiges pour qu'on en reconnaisse la place; les vergers d'alentour sont à demi-consumés !

Cependant j'apprends, je vois avec admiration, qu'un si grand désastre n'a pas causé de misères ! Dans ce pays industrieux et riche, les vertus de la montagne, les vertus républicaines ont entendu la voix de la fraternité. Pour tous les incendiés, le foyer de l'hospitalité a remplacé celui de la famille; de toutes parts, des dons généreux sont venus à leur secours. Déjà plusieurs maisons ressortent de leurs cendres, et, on l'espère, le courage, l'industrie des habitans, ainsi secondés par leurs frères, auront dans peu d'années effacé jusqu'aux dernières traces de tant de ruines.

Au-dessous de Frütingen la vallée d'abord élargie, est bientôt resserrée par la base du pyramidal Niesen, que l'on voit de loin, dresser son aiguille haute de 1,800 mètres. La Kander ronge cette base et s'y creuse un ravin profond, que franchit un pont d'une construction aussi solide que hardie, pour reporter la route à la rive droite, où bientôt elle s'approche du lac de Thun.

Quand j'arrive à Spietz, une barque va partir pour Unterseen; c'est ma route; je pars. Un vent frais d'Ouest nous pousse vivement; et dans ce trajet de trois lieues, j'ai tout loisir de contempler le beau cirque qui nous entoure : Spietz lui-même, avec son port, son château, sa tour, ses maisons en amphithéâtre, se présente avantageusement sur la rive que nous quittons. Plus loin, en arrière, de nombreux villages forment un cordon qui se relie gracieusement à la ville, aux faubourgs, aux cottages et chalets de Thun. Toute cette rive du Sud-Ouest est ondulée, accidentée, couverte d'habitations et de cultures variées; on y voit même mûrir le raisin. Mais au Nord, les Blumen et Gemmien-alpen dressent une haute et noire muraille, entrecoupée seulement de quelques anses et vallées étroites, tandis qu'au Sud-Est, la masse du Leissingen surmonte et resserre la rive, pour encadrer la riante perspective de la plaine d'Unterseen et d'Interlaken. Plaine favorisée de tous les dons de la nature, elle l'est aussi par la prédilection des touristes qui s'y rendent de tous les points de l'Europe. Placée entre deux lacs qui y maintiennent presqu'en tout temps une douce température, elle compte à peine trois mois d'hiver, tandis que des glaces éternelles, des mers de glace chargent les sommets des monts qui l'avoisinent. Les deux lacs eux-mêmes offrent des buts nombreux d'excursions, et les promeneurs les plus citadins, les promeneuses les moins promeneuses, peuvent en quelques heures visiter les magnifiques cascades du Staubbach, du Giesbach, du Reichenbach, en passant de l'une à l'autre, avec tout le confort des guides, des mules, des stations fréquentes. Ce chemin de six à sept lieues, leur montre en outre toutes les phases des grands glaciers, sans en excepter les avalanches, ces *Staub-lawinen* qui ont tout ce qu'il faut pour être belles, sans être dangereuses. Puisse-t-on en dire autant de toutes les belles touristes qui les ont contemplées.

Aussi cette plaine d'Unterseen et Interlaken est un jardin aux avenues bordées de noyers magnifiques, à l'ombre des quels se promènent les habitués des Tuileries, du Prater, du Regent's-park. De vastes et somptueux hôtels font croire qu'on va entrer dans une capitale; et ce n'est pas sans surprise ni sans intérêt que, à côté de ces constructions modernes bien peu alpestres, on voit encore d'antiques maisons de bois qui conservent les traditions de plus de trois siècles.

De pensée en pensée, de tableau en tableau, j'arrive à Interlaken. Je cherche l'auberge la moins fashionable quand, *Fahren sie hinüber?* me dit un batelier de dessus sa barque qu'il démarre; *Es ist retour; nur fünf Batzen?* Le soir approche; mais ce soir est si beau; la lune si belle hier, sera si belle encore aujourd'hui; et demain, peut-être le mauvais temps, et trente ou quarante batzen à tirer de ma bourse qui n'en a plus guère. J'irai coucher à Brienz.

Pendant quelque temps encore, je puis contempler l'immense entassement de montagnes dont les derniers degrés se dressent comme des murailles, au Nord et au Sud du lac. Déjà leurs sommets gigantesques le Nestelstock, la Hinterflue, le Schwarzhorn, le Faulhorn, jettent leurs vastes ombres sur les géants-pygmées qui les entourent; déjà ces ombres descendent sur le lac; mais déjà aussi, à tous les foyers des rives et des montagnes, s'allument les feux, les lampes qui rassemblent les familles; déjà les étoiles brillent au ciel; elles semblent se hâter d'annoncer, d'éclairer la marche pompeuse de la lune, qui ne tarde pas à paraître. Les feux, les lampes, les étoiles, la lune se répètent plus vives et plus brillantes à la surface, au sein du lac. Partout règne un silence, un calme mystérieux. C'est dans de tels instants, dans de tels lieux, que les poètes ont dû rêver que le ciel se mariait avec la terre.

Cependant un bruissement léger d'abord, mais qui bientôt prend la grande voix des brisements d'une cataracte, nous annonce que nous approchons des chutes et des rochers du Giessbach ; nous en voyons les poussières, les rubans argentés ; et quelques coups de rames nous portent à Brienz.

Heureux, trois fois heureux, *ter quaterque beatus*, d'avoir profité de ma barque du soir ! Le matin quand je me lève, un brouillard épais voile toute la contrée. C'est presque à tâtons que je gagne Brunigen, et que je monte la pente rapide du Brünig. Enfin, quand je suis au col, ce brouillard même déroule à mes yeux un tableau magique : Il commençait à baisser, de sorte que je le dominais entièrement ; je le voyais donc s'imprégner de toute la lumière d'un beau ciel ; je le voyais rouler ses vagues argentées au-dessus des vallées ; du sein de cette mer vaporeuse, je voyais sortir comme des îles, les sommets des montagnes, les pics des rochers, les dômes des collines ; et, du fond de ces vagues légères, j'entendais s'élever les éclats de plusieurs Tyroliennes qui s'appelaient, qui se répondaient, et aux quelles répondaient d'harmonieux échos.

A mesure que je descends, le brouillard s'abaisse ; il est entièrement dissipé, quand j'approche de Lungern et de son petit lac.

Dès lors, je puis jouir complétement des doux aspects de cette vallée d'Unterwald, où prés, montagnes, forêts, villages, habitants, tout respire et inspire paix, vertu, bonheur. De toutes parts, des monts élevés l'enclosent ; mais pas un n'a ses flancs déchirés ; pas un n'a sa tête chauve de végétation ou hérissée de rocs et de glaces ; tous, à leurs sommets comme à leurs pentes, sont revêtus de magnifiques forêts, de gras pâturages. C'est une enceinte également propre à garantir les habitants contre les tempêtes du dehors et contre ses séductions ; c'est un foyer où l'amour de la famille, de la liberté et de la patrie s'est conservé vif et pur ; c'est le foyer où sont nés les libérateurs de la Suisse, les Melchthal, les Baumgarten, les Nicolas de Flüe, les Winkelried, dont le souvenir vit dans tous les cœurs. La vallée est étendue autant qu'il le faut pour fournir abondamment aux besoins, à la vie pastorale de ce petit peuple ; elle est large, mais ornée de ses deux lacs, et ondulée dans toute sa longueur, par deux lignes de côteaux qui, parallèles aux monts de l'enceinte, semblent former les degrés de ce bel amphithéâtre.

Je longe le petit lac de Lungern, calme et pur comme l'air qu'on respire à ses rives. Une succession presque continue de jolis villages mène au lac de Sarnen, long d'une lieue, et couronné aussi de nombreuses habitations aux murs blancs, entourées de jardins, de prés, de vergers, ombragées d'immenses noyers. Le oli et propre Sarnen en termine la perspective que relève la colline de Landenberg.

Sarnen ! Unterwald est fier de cette colline ; car c'est là que se dressait le donjon du tyran ; c'est là que le vieux Melchthal, le martyr de la liberté, a souffert pour elle les plus cruels supplices ; c'est là que, le 1ᵉʳ janvier 1508, elle a triomphé. Le château a été rasé ; le peuple libre a élevé à la place, l'arsenal où il a déposé ses armes victorieuses ; c'est là que tous les ans, les fils du canton viennent les prendre, pour s'exercer à imiter leurs pères ; c'est là que leurs pères se rassemblent pour délibérer sur les intérêts communs.

De Sarnen, un berceau de noyers et autres arbres à fruits conduit à Alpnach, port de la vallée, au fond d'un golfe paisible et solitaire du lac de Lucerne. Je trouve dans ma petite auberge l'hospitalité honnête, franche et grave du montagnard. Pendant que je soupe, mon hôte, jeune, grand, robuste, revient des sommets de l'Engelberg, où il a été chasser le chamois ; il en rapporte un qu'il a tué. Il avait quitté Alpnach depuis la veille ; il avait couché sur la montagne. Sa famille l'accueille, l'entoure avec une touchante affection et en même temps, avec ce respect que l'on conserve en ces lieux, pour tout ce qui est respectable.

Ne trouvant pas de barque pour Lucerne, à moins d'une contribution qui dépasse les dimensions de ma bourse, il me faut prendre le sentier qui franchit la Renk. Cette montagne qui s'appuie à la masse du Pilate, me promet de la fatigue, mais, en revanche, le panorama du lac et des Alpes.

Les deux promesses seront remplies ; d'abord il faut monter longtemps et raide ; ensuite, quand j'arrive au culm, je me trouve au centre d'un horizon aussi vaste que beau : A l'Ouest, c'est le sol si énergiquement ondulé qui s'étend de Lucerne vers Soleure et Bâle, jusqu'à la chaîne du Jura ; au Nord, c'est le Lindenberg, l'Albis, le Righi et le sombre rideau qu'il tire au-dessus de son miroir de huit lieues, tandis qu'à l'Est se développe, taillée de ses golfes profonds, la rive méridionale du lac, avec ses coteaux, ses monts, ses villages, sa jolie ville de Stanz, posée comme dans un berceau, entre le Bürgen et le Rossberg ; et plus loin, la pointe du Grütli, ce lieu sacré où les trois libérateurs de la Suisse, Werner, Erni et Walter se rencontraient pendant la nuit, pour délibérer sur les moyens d'affranchir leur patrie ; ce lieu sacré où, le 17 novembre 1307, chacun d'eux vint avec dix conjurés des cantons de Schwytz, Uri et Unterwald ; pour jurer de briser le joug des tyrans, serment qui fut si glorieusement accompli, le premier jour de janvier suivant. Plus loin à l'Est, plus loin au Sud, mon regard courait sur une crête immense de glaciers.

Une descente rapide me porte à Lucerne. L'aspect extérieur de la ville, avec ses églises, ses vieux murs et ses tours, est pittoresque ; l'intérieur l'est plus encore, à cause de ses constructions antiques, et surtout, à cause du beau cours de la Reuss et de ses ponts couverts, dont deux sont longs de trois à quatre cents mètres, et datent de l'ère de l'indépendance. Ces ponts offrent en tout temps une promenade agréable. On y est abrité contre le vent, la pluie, le soleil ; de distance en distance, on jouit des plus belles échappées sur la ville et la rivière, sur le lac et son port. Là circulent en tous sens, de nombreuses barques de commerce ou d'agrément ; là, des oiseaux d'eau, fils adoptifs de Lucerne, promènent leurs légères escadres. Au-dessous des toitures des ponts, sont suspendus des tableaux qui représentent les faits les plus illustres de l'histoire de la république suisse, une danse des morts, et d'autres sujets religieux. Mais, malgré leur nombre, ce ne sont pas ces peintures qui peuvent faire la renommée de Lucerne. Sa gloire artistique autant que nationale, est au jardin Pfyffer, dans le monument qu'elle a consacré à la mémoire des gardes suisses qui ont péri à Paris, le 10 août 1792.

Là, sous la noble devise : *Helvetiorum virtuti ac fidei*, on voit une grotte taillée dans un rocher, et sous cette grotte, et taillé dans le même rocher, un lion colossal en haut-relief. Dessiné par Thorwaldsen et sculpté par un suisse, le jeune Ahorn de Constance, ce lion, percé d'une lance, couvre de son corps, le bouclier fleurdelisé qu'il ne peut plus défendre. Le sujet, le dessin, l'exécution, sont dignes de ceux à qui il est consacré, de ceux qui le leur ont dédié, de ceux qui l'ont exécuté. Ainsi scellé à la base des montagnes, il semble dire que la fidélité courageuse, dont il est l'emblème, fut aussi inébranlable qu'elles.

Tandis que je contemplais ce monument, que je lisais avec respect les noms de ceux dont il rapelle la mémoire, survint une compagnie guidée par son cicérone. C'était une grande dame pâle, sèche, semblant aussi rigide et froide que le roc et sa grotte ; puis, un dandy mince et pliant comme son bambou, portant moustaches et longs cheveux, cette livrée obligée des artistes sans art, des lettrés sans lettres, des bravos sans bravoure, des faiseurs qui ne font rien ; puis une grande jeune fille blonde, pâle et plate comme sa mère, mais paraissant sentimentale comme l'est la fille de toute mère qui ne sent rien. Le cicérone ayant installé sa compagnie à l'un des points techniques indiqués par les catalogues, se mit à débiter son chapitre. Pendant tout ce temps, la grande dame regardait le bouclier, que sans doute elle estimait beaucoup pour être froid, droit, plat, invulnérable comme elle. Le dandy se dandinait, regardait le coco de son bambou, se regardait lui-même, et sans doute il pensait : Moi aussi, je suis un lion. La grande fille ne regardait rien, ou plutôt regardait au fond de son cœur, quelque rêve pastoral, dans lequel le bambou devenait une houlette, et le dandy, un Némorin. Tout cela laissait un libre cours à l'éloquence du cicérone. Mais quand il en vint au sculpteur de Constance. — Oh ! c'est parfait, parole d'honneur, s'écria le jeune lion ; c'est Constance qui a fait le monument de la constance ; c'est parfait, ma parole. Mais chichérone, menez-nous donc voir la carte-en-relief ; car j'aime à me donner du relief, moi. C'est ça ; je suis en veine ; allons. — Et la grande dame s'en alla en jetant un dernier regard au bouclier. Et sa grande fille s'en alla, prenant un air de Constance victimée qui semblait dire : — Où est le bouclier qui me protégera contre des traits pareils ? — Et moi, je pensais : Allez-vous-en, mesdames ; allez-en prendre aussi vous, du relief ; vous en avez besoin.

Au lieu de les suivre pour aller voir cette table, espèce de béthléem, où un général Pfyffer a figuré, à la réduction de près d'un millième, les cantons de Lucerne, Unterwalden, Uri et Schwitz, ce qui lui donne le mérite d'une patience bien peu guerrière, bien peu Générale, je vais au bord du lac ; je reviens sur les ponts, contempler dans leur imposante réalité, les immenses reliefs des Alpes.

La pluie me bat, le brouillard m'enveloppe jusqu'au pied de l'Albis. A mesure que je gravis la montagne, le temps s'éclaircit, mais l'horizon reste voilé de nuages ; de sorte que, arrivé au sommet, je suis loin d'y retrouver la perspective que j'y ai admirée à mon premier passage.

La pluie encore quand j'approche de Zurich. C'est à travers son voile épais et sombre, que je revois cette ville que j'ai vue si belle, si animée ; c'est baigné de l'eau pure et trop fraîche du ciel, que je revois la Limmath qui m'a tant séduit par sa pureté, par sa fraîcheur, lorsque je la vis absorber et éteindre les ardeurs de la canicule.

Un beau matin m'appelle de bonne heure sur la route. J'y traverse un pays riche et orné, mais sans caractère. De bonne heure aussi, j'atteins le pont couvert d'Eglisau. Ce pont remarquable qui traverse le Rhin sur une seule arche, semble bien propre à revendiquer pour ce genre de construction, une faveur qui l'abandonne, je crois, injustement. En effet, la couverture très peu dispendieuse en elle-même, donne aux charpentes une durée presque égale à celle de la pierre (*) ; de plus, son élévation per-

(*) Nous avons vu que les ponts de Lucerne datent de plus de cinq siècles.

met de donner aux ceintres de support, un très grand développement, tout en conservant des courbes puissantes ; enfin, un pont couvert est un abri souvent très utile aux voyageurs. On y trouve donc à la fois, économie, facilité, solidité, longue portée d'arcs ou d'angles, sans étirement de courbes. Ce que l'on fait maintenant demande peut-être plus d'art et de science ; c'est plus difficile à faire ; mais cela en vaut-il mieux ? Du moins, cela vaut plus, si cela vaut ce que cela coûte.

Mes réflexions faites, et mon dîner pris à Eglisau, je gagne Rheinfall, impatient de revoir la chute du Rhin. Mais si hier il y avait trop d'eau à ma seconde visite de la Limmath, aujourd'hui il s'en faut de beaucoup que je retrouve la cataracte aussi grande, aussi puissante que je l'avais vue alors que la fonte des neiges y joignait ses torrents. La chute est belle encore ; cependant ce ne sont plus ses tourbillons, ses gouffres, ses nuées de vapeurs, ses tonnerres, ses ébranlements.

Je suis presque ce tableau qui rapetisse l'image que j'ai conservée du premier. Je vais coucher à Stühlingen.

Coucher n'est pas toujours dormir ! Stühlingen est Badois, et comme tel, il est dans la jubilation depuis trois jours ; on y boit, on y mange, on y chante, on y danse, on s'y bat, on y crie. Et pourquoi tant de vacarme, tant de licence ? Parce que, depuis trois jours, il y a un nouvel évêque à Fribourg. C'est une manière tant soit pas trop édifiante de célébrer une fête épiscopale ; mais on n'en fait que plus de bruit. Jusqu'à quatre heures après minuit, on saute, on siffle ; on bat et on se bat des mains ; on bat et on se bat des pieds. Alors seulement je puis m'endormir ; et certes ce n'est pas sans avoir bien des fois béni l'évêque de Fribourg et sacré ses bruyantes ouailles.

A Stühlingen commence la contrée connue autrefois sous le nom redouté de Forêt-Noire. Mais elle n'a plus guère de noir que son nom ; car, quoique encore bien boisée, elle est fréquemment entre-coupée de prairies, de cultures, et peuplée de beaux villages. Cependant, en approchant de la vallée qui descend à Fribourg, les aspects s'assombrissent ; des sapinières viennent border la route ; une rampe rapide mène dans une gorge profonde ; c'est le val d'Enfer. Et cet enfer encore est loin d'être infernal ; c'est une vallée solitaire, romantique, qui n'a de forêts et de rochers, que ce qu'il faut pour être des plus pittoresques. Peut-être même ce nom d'Enfer ne lui sera-t-il venu que de son contraste avec le paradis, le *Goldenes Land* de Fribourg.

Rien, en effet, de plus heureux, de plus doux au regard et à l'âme, que l'aspect de Fribourg et de ses environs. A deux lieues avant de l'atteindre, la vallée s'élargit pour embrasser la contrée la plus riante, la plus fertile, où les fermes, les fabriques, les moulins, les cottages sont épars parmi des prés, des côteaux arrosés d'eaux vives et couronnés de forêts, au-dessous desquelles se déploient des vergers, des jardins et des vignes. C'est au sein de cette richesse, que se voit Fribourg avec ses rues propres, gaies ; avec sa charmante, sa mignonne cathédrale gothique. La fête y a encore laissé quelques traces, guirlandes et bouquets ; mais les chants, les bruits ont cessé ; j'y retrouve le sommeil qui m'a fui à Stühlingen.

Suivant la chaîne du Schwarzwald, je traverse une multitude de villages et de bourgs populeux, tandis qu'à ma gauche je vois la magnifique plaine du Rhin s'étendre jusqu'à nos Vosges.

A Offenbourg, je rencontre un *retour-wagen* qui me mène à Kehl ; le même soir je couche à Strasbourg. Demain je serai à Nancy.

TABLE DES MATIÈRES.

FIN.

www.ingramcontent.com/pod-product-compliance
Lightning Source LLC
Chambersburg PA
CBHW052349090426
42739CB00011B/2360